LA RAISON
ASSIÉGÉE

AL GORE

LA RAISON
ASSIÉGÉE

TRADUIT DE L'ANGLAIS (ÉTATS-UNIS)
PAR CLAUDINE RICHETIN

ÉDITIONS DU SEUIL
27, rue Jacob, Paris VIᵉ

Titre original : *The Assault on Reason*
Éditeur original : The Penguin Press,
a member of Penguin Group (USA) Inc.
© original : Al Gore, 2007.
All rights reserved

ISBN original 978-1-59420-122-6

ISBN 978-2-02-097099-0

© ÉDITIONS DU SEUIL, OCTOBRE 2008
POUR LA TRADUCTION FRANÇAISE

www.editionsduseuil.fr

À mon père,
le sénateur Albert Gore Sr.
(1907-1998)

Introduction

Peu de temps avant que notre pays ne se lance dans l'invasion de l'Irak, Robert Byrd, l'un de nos plus anciens élus, sénateur de Virginie, prit la parole en séance et déclara : «Dans son ensemble, cette chambre garde le silence. Un silence terriblement inquiétant. On n'entend aucun débat, aucune discussion, aucune tentative pour présenter à la nation les arguments pour ou contre cette guerre particulière. Rien. Le Sénat des États-Unis reste passif et muet[1].»

Pourquoi le Sénat gardait-il le silence ?

En s'interrogeant sur l'apathie de la Chambre, Byrd formulait précisément la question que se posaient des millions d'entre nous : «Pourquoi la raison, la logique et la vérité semblent-elles jouer un rôle de plus en plus réduit dans la manière dont l'Amérique prend désormais les décisions importantes ?»

Pour beaucoup d'Américains, ce recours persistant et systématique à la contre-vérité, en dépit d'évidences multiples, semble avoir atteint un niveau qui était jusque-là inimaginable.

Un nombre croissant de nos concitoyens se demandent à haute voix : «Qu'est-il arrivé à notre pays ?» Nous sommes de plus en plus nombreux à tenter de comprendre ce qui a mal tourné dans notre démocratie, et comment nous pouvons y remédier.

Pour prendre un second exemple, c'est la première fois dans l'histoire américaine que notre exécutif a toléré, voire encouragé l'usage de la torture pour les prisonniers de guerre, contrevenant ainsi à une interdiction établie pendant la guerre d'Indépendance par Georges Washington.

Il serait trop facile – et trop partisan – d'en faire porter le blâme sur la seule politique du président George W. Bush. Nous sommes tous responsables des décisions prises par notre pays. Nous avons un Parlement. Un pouvoir judiciaire indépendant. Nous disposons de contre-pouvoirs. Nous sommes un État de droit. La liberté d'expression est inscrite dans notre Constitution. Notre presse est libre. Toutes ces garanties seraient-elles inopérantes ?

Juste après le cyclone Katrina, le discours public a manifesté, pendant une brève période, une capacité de réactivité et de transparence qui a rappelé à certains Américains – y compris des journalistes – que ces qualités étaient naguère plus courantes lorsque nous débattions entre nous des problèmes et des choix auxquels nous étions confrontés. Mais ensuite, comme un orage d'été, cela a passé.

Il n'en a pas toujours été ainsi. Pourquoi le discours américain est-il devenu moins précis, moins transparent, moins *raisonné* ? La foi dans le pouvoir de la raison, la conviction que des citoyens libres peuvent se gouverner eux-mêmes avec sagesse et équité en usant du débat logique appuyé sur des faits établis plutôt qu'en se fiant à un pouvoir aveugle, voilà ce qui fut et demeure le principe de la démocratie américaine. C'est ce principe qui est aujourd'hui mis à mal.

Bien entendu, on idéalise souvent le passé et il n'y a pas eu d'âge d'or où la raison aurait connu une parfaite suprématie, bannissant le mensonge et la démagogie des délibérations du gouvernement américain. Cependant, en dépit de tous nos manquements passés, nous nous sommes toujours efforcés d'honorer la vérité et la raison. Notre plus grand président, Abraham Lincoln, déclarait en 1838 – il était encore très jeune, tout comme les États-Unis : « C'est la raison, froide, calculatrice, dépourvue de passion, qui doit nous fournir à l'avenir toute matière nécessaire à notre subsistance et à notre défense. Il faut que ces outils soient fondés sur l'intelligence collective, un grand sens moral, et en particulier le respect de la Constitution et des lois [2]. »

La vérité, c'est qu'aujourd'hui la démocratie américaine est menacée – non par une idéologie particulière, mais par des changements sans précédent de l'environnement dans lequel les idées naissent et s'épanouissent, ou au contraire s'étiolent et meurent. Je ne parle pas de l'environnement au sens physique.

Je veux parler de ce qu'on appelle la sphère médiatique ou la démocratie participative.

Il est impossible de continuer à ignorer l'étrangeté de notre discours politique. Je sais que je ne suis pas le seul à trouver que quelque chose de fondamental ne va plus dans notre système. En 2001, quand les sondages ont montré que les trois quarts des Américains croyaient que Saddam Hussein était responsable des attentats du 11 septembre[3], j'avais espéré qu'il s'agissait d'une aberration. Plus de cinq ans plus tard, cependant, presque la moitié des Américains continuent à croire que Saddam était lié à cette attaque[4].

J'ai cru au début que la diffusion en continu de reportages exhaustifs sur le procès d'O. J. Simpson n'était qu'un malencontreux excès, un manque de bon sens et de jugement de nos journaux télévisés. Nous savons aujourd'hui que ce n'était là que le signe avant-coureur d'un nouveau type d'obsessions qui envahissent périodiquement les ondes pendant des semaines.

À la fin de l'été 2006, les journaux télévisés américains furent accaparés par l'étrange confession, mensongère, d'un homme qui prétendait avoir assisté à la mort de JonBenét Ramsey – la petite reine de beauté âgée de six ans dont le meurtre non résolu onze ans plus tôt captivait déjà le public de manière récurrente. Quelques mois avant l'arrestation de John Mark Karr à Bangkok, la disparition d'une lycéenne d'Aruba et les recherches intensives menées pour retrouver son corps et son meurtrier présumé ont occupé des heures et des heures de journaux télévisés. Les deux cas restent non résolus à ce jour, et ni l'un ni l'autre n'ont eu d'impact significatif sur le destin de la République.

De même que JonBenét Ramsey, O. J. est réapparu récemment au centre d'une seconde quête obsessionnelle d'informations, lorsque sa prétendue non-confession ne fut pas rendue publique et que son entretien télévisé ne fut pas diffusé. Cette explosion d'«informations» ne se calma que lorsqu'une ancienne star de sitcom tint des propos racistes dans un cabaret. Auparavant, nous nous étions polarisés sur «la mariée en fuite» de Géorgie. Et encore avant, sur les procès de Michael Jackson et de Robert Blake, sur les tragédies de Laci Paterson et Chandra Levy. Sans oublier, naturellement, Britney et KFed, Lindsay,

Paris et Nicole. Tom Cruise s'est allongé sur le divan d'Oprah, il a épousé Katie Holmes, qui a donné naissance à Suri. Et Russell Crowe aurait, semble-t-il, jeté un téléphone à la tête du concierge d'un hôtel.

Au début de 2007, la couverture exhaustive de la mort d'Anna Nicole Smith, de son embaumement et autres projets funéraires, puis de la bataille juridique concernant la paternité et la garde de son enfant et ses dispositions testamentaires, offrit un exemple de plus du choix étrange des priorités de l'information américaine.

Et tandis que les téléspectateurs américains consacraient collectivement chaque semaine une centaine de millions d'heures de leurs vies à regarder ces reportages ou d'autres du même genre, notre pays prenait plus discrètement une série de décisions – que les historiens qualifieront sans doute de catastrophiques – concernant la guerre, le climat planétaire et la survie de l'espèce humaine, la liberté et la barbarie, la justice et l'équité.

Par exemple, rares sont ceux qui contestent encore que la décision d'envahir l'Irak fut une erreur désastreuse. À la fin de l'année 2005, l'ancien chef de l'Agence de sécurité nationale, le général en retraite William Odom, a déclaré que, selon lui, « l'invasion de l'Irak se révélera le plus grand désastre stratégique de l'histoire des États-Unis[5] ». Et pourtant, toutes les preuves et arguments nécessaires pour prendre la « bonne » décision étaient disponibles à l'époque, et apparaissent *a posteriori* d'une aveuglante évidence.

Que l'on soit d'accord ou non avec l'affirmation du général Odom, ce que voulait dire le sénateur Byrd avant l'invasion, c'est qu'en Amérique nous devrions en principe débattre fermement et librement des choix importants tels que la guerre et la paix. Pourquoi ne l'avons-nous pas fait ? Si nous avions eu un tel débat, au lieu d'envahir impulsivement un pays qui ne nous avait pas attaqués et qui ne nous menaçait pas de manière imminente, nous aurions sans doute évité les problèmes dramatiques engendrés par cette guerre et ses suites.

Ceux d'entre nous qui ont représenté les États-Unis au Sénat et qui ont pu observer l'évolution de la Chambre dans le temps sauraient quoi rétorquer au sénateur Byrd : si le Sénat n'a pas eu de réaction, c'est à cause de l'absence des sénateurs. Beaucoup d'entre eux assistaient à des manifestations destinées à récolter des fonds, comme ils se sentent désormais presque constamment obligés de le faire – en général pour des intérêts privés – afin de financer le trente-deuxième spot publicitaire de leur prochaine campagne électorale.

Si le Sénat a gardé le silence à la veille de la guerre, c'est que les sénateurs ont le sentiment que ce qu'ils disent en séance n'a plus d'importance, d'une part pour les autres sénateurs, qui ne sont pratiquement jamais là quand leurs collègues parlent, et d'autre part pour les électeurs, car les prises de parole au Sénat ne sont que très rarement retransmises par les médias.

La foi de nos pères fondateurs en la viabilité d'une démo-cratie représentative reposait sur la confiance qu'ils mettaient dans une gouvernance citoyenne sage et bien informée, sur l'in-génieuse mise en place de contrepoids politiques, et sur la conviction que le souverain naturel d'un peuple libre est la loi de la raison. Comme l'exprimait Thomas Paine : « Car de même que dans une monarchie absolue le souverain tient lieu de loi, dans un pays libre la loi doit être souveraine à l'exclusion de toute autre[6]. »

Nos pères fondateurs connaissaient tout du forum romain et de l'agora de l'Athènes antique. Ils comprenaient également fort bien qu'en Amérique notre forum public serait une discussion continue sur la démocratie, à laquelle les citoyens participeraient individuellement, en communiquant le plus souvent à distance au moyen de la presse écrite. Les fondateurs insistaient tout particu-lièrement sur la nécessité de bien informer le public, et ils prirent grand soin de ménager l'accès le plus ouvert aux échanges d'idées afin que les connaissances puissent circuler librement. Ils ont ainsi non seulement institué le droit élémentaire de la liberté d'assemblée, mais aussi attaché une importance toute particu-lière, comme l'indique le 1er amendement, à la protection de la liberté de la presse.

Leur monde était alors dominé par l'écrit. De même que le poisson du proverbe ignore qu'il vit dans l'eau, les États-Unis, pendant leur premier demi-siècle d'existence, n'ont connu que l'écrit : la Bible, le recueil de psaumes, la Déclaration d'indépen-dance, nos lois, les rapports du Congrès, les journaux, les livres et les brochures. Malgré leur crainte de voir le gouvernement censurer la presse – comme l'avait fait le roi George –, les fondateurs ne pouvaient imaginer que la parole publique de l'Amérique puisse exister un jour sous une autre forme que l'écrit.

Et pourtant, aujourd'hui, il y a près de quarante-cinq ans que les Américains ne reçoivent plus leurs informations sous forme écrite[7]. Le lectorat des journaux subit une véritable hémorragie. La lecture elle-même est en perte de vitesse, non seulement dans notre pays mais dans le monde entier. La République des Lettres a été envahie et occupée par l'Empire de la Télévision.

Radio, Internet, cinéma, téléphone portable, i-Pod, ordinateur, messagerie instantanée, jeux vidéo et assistants personnels se disputent désormais notre attention, mais c'est encore la télévision qui domine le flux d'informations de l'Amérique moderne. En effet, selon une étude mondiale qui fait autorité, les Américains regardent en moyenne la télévision *quatre heures et quarante-cinq minutes par jour* – c'est-à-dire quatre-vingt-dix minutes de plus que la moyenne mondiale[8]. Si on suppose huit heures de travail quotidien, six à huit heures de sommeil, environ deux heures pour prendre une douche, s'habiller, manger et se rendre au bureau, cela représente environ les trois quarts du temps libre dont dispose l'Américain moyen. Quant aux jeunes, selon la même étude, ils passent encore plus de temps devant le téléviseur.

L'Internet est un nouveau média extraordinaire et une grande source d'espoir pour la future vitalité de la démocratie. Dans un avenir plus proche qu'on ne le pense, nous finirons peut-être par considérer la télévision telle que nous la connaissons actuellement comme une transition entre l'écrit et l'Internet. (Je me suis efforcé de hâter l'arrivée de la télévision véritablement interactive en fondant – en partenariat avec Joel Hyatt – Current TV, une nouvelle génération de réseau qui fait le lien entre la télévision et Internet.)

Mais aujourd'hui, la télévision continue d'atteindre beaucoup plus de gens qu'Internet. En outre, la majorité des usagers d'Internet déclarent qu'ils regardent la télévision – une partie du temps tout au moins – *pendant* qu'ils utilisent Internet[9]. 60 % de ceux qui utilisent simultanément les deux médias déclarent qu'ils laissent *régulièrement* la télévision allumée pendant qu'ils surfent sur Internet. Les études montrent non seulement que les Américains passent de plus en plus de temps devant la télévision, mais également que les internautes regardent de plus en plus la télévision en même temps qu'ils utilisent Internet.

C'est en 1963 que la télévision a commencé à devancer la presse dans le domaine de l'information. Mais, durant les deux décennies suivantes, les chaînes de télévision ont imité les grands journaux nationaux et respecté les normes professionnelles du journalisme. Des hommes comme Edward R. Murrow ont ainsi montré le chemin en fixant des critères d'excellence à la profession.

À partir de cette période, la part d'audience globale des journaux télévisés n'a cessé de croître, de même que leur prépondérance sur la presse. Des millions d'Américains ont tout simplement cessé de lire les journaux. Les quotidiens du soir ont été les premiers à connaître la déconfiture. Désormais, pratiquement tous les journaux voient baisser leurs bénéfices, leur publicité et leur diffusion, et bon nombre d'entre eux ont même diminué leur taille matérielle. Un jour, il y a bien des années déjà, un jeune conseiller en communication politique se tourna vers un élu plus ancien et lui décrivit succinctement la nouvelle réalité du discours public : « Si ça ne passe pas à la télévision, ça n'existe pas. »

Le fait que la télévision ait pris les devants sur la presse écrite dans les médias américains n'équivalait pas au simple remplacement d'un moyen d'information par un autre. La capacité qu'a la télévision de transmettre instantanément et simultanément des images, des mots et de la musique à des centaines de millions d'Américains a accru l'impact et la suprématie de la communication télévisuelle sur la presse écrite dans des proportions incalculables. Et ce renversement spectaculaire fut si soudain que c'est comme si, en une décennie, on était passé de la sandale à la navette spatiale, de l'épissage des cordes au séquençage des gènes.

Soudain, en une seule génération, les Américains ont modifié radicalement leurs habitudes quotidiennes et se sont mis à regarder des images sur un écran pendant plus de trente heures par semaine. Non seulement la télévision a accaparé une partie du temps et de l'attention des Américains plus grande que celle qu'ils consacraient naguère à l'information, mais elle a commencé à dominer une part plus importante de la sphère publique en général. De surcroît, comme les publicitaires l'ont rapidement découvert, le pouvoir de la télévision s'est révélé sans précédent pour induire des changements de comportement.

La publicité est, bien entendu, le principal fond de commerce de la télévision. C'est peu de dire que notre société a été redessinée par l'omniprésence de la publicité télévisée. Dans les années 1950, John Kenneth Galbraith a été le premier à décrire la manière dont la publicité avait modifié au fil du temps les relations classiques entre l'offre et la demande en obéissant à la pression invisible des lois du marché. Le nombre croissant de campagnes publicitaires, faisait-il remarquer, commençait à créer une forte demande de produits dont les consommateurs n'avaient jamais su qu'ils avaient envie, et encore moins besoin.

Ce phénomène que Galbraith pointait dans le monde commercial est devenu un élément dominant dans ce qui était naguère le domaine des idées aux États-Unis. La valeur intrinsèque ou la pertinence des propositions politiques avancées par les candidats aux élections sont désormais largement sans rapport avec les campagnes basées sur l'image qu'ils utilisent pour influer sur la perception des électeurs. Et le coût élevé de ces films publicitaires a considérablement accru le rôle joué par l'argent dans la politique américaine, ainsi que l'influence de ceux qui le fournissent.

Voilà pourquoi toute réforme des financements électoraux, en dépit de bons projets, a souvent manqué son principal objectif : du moment que le moyen le plus important d'engager le dialogue politique passe par l'achat de films électoraux coûteux, l'argent continuera d'une façon ou d'une autre à dominer la politique américaine, où les idées joueront par conséquent un rôle de plus en plus réduit.

C'est également la raison pour laquelle les comités de campagne des deux partis de la Chambre des représentants et du Sénat font appel à des candidats multimillionnaires capables de financer leur publicité sur leurs ressources personnelles. Comment s'étonner que les deux chambres du Congrès comportent maintenant une proportion de plus en plus élevée d'élus fortunés ?

Quand je me suis présenté pour la première fois aux élections législatives en 1976, je n'ai pas organisé un seul sondage pendant toute la campagne. En revanche, huit ans plus tard, pour les élections sénatoriales, j'en ai effectué plusieurs et, comme la plupart des candidats à l'échelle fédérale, j'ai recouru de façon plus importante à la publicité électronique pour transmettre mon message politique aux électeurs. Je me souviens très nettement qu'à un moment crucial de la campagne mon adversaire, Victor Ashe, grand serviteur de l'État devenu par la suite un ami intime, rattrapait l'avance que j'avais prise sur lui dans les sondages. Après avoir longuement étudié toutes les informations données par les sondages et évalué attentivement les publicités télévisées possibles, la réaction anticipée de mon adversaire et la réponse éventuelle à cette réaction, mes conseillers de campagne émirent une recommandation prédictive qui me surprit par sa technicité : « Si vous passez ce spot à tant de "points" [une mesure du coût de passage publicitaire], et si Ashe réagit comme nous le croyons, puis que nous achetons tant de points pour délivrer notre réponse, le résultat net au bout de trois semaines sera un accroissement de 8,5 % de votre avance dans les sondages. »

Je leur donnai le feu vert et fus stupéfait quand, trois semaines plus tard, je constatai que mon avance avait augmenté d'exactement 8,5 %. Bien que satisfait, naturellement, en ce qui concernait ma propre campagne, j'eus un mauvais pressentiment de ce que cela révélait sur notre démocratie. À l'évidence, dans une certaine mesure, le « consentement des citoyens gouvernés » devenait un produit accessible au plus offrant. Si l'argent et les médias électroniques pouvaient être habilement utilisés pour manipuler le résultat des élections, le rôle de la raison s'en trouvait diminué.

Quand j'étais étudiant, j'ai consacré ma thèse de troisième cycle à l'impact de la télévision sur l'équilibre des forces entre les trois pouvoirs. Je faisais remarquer dans cette étude l'avantage croissant pris par la rhétorique visuelle et le langage corporel sur la logique et la raison. Il en existe d'innombrables exemples, mais le premier qui me vient à l'esprit, on le conçoit,

17

est tiré de la campagne présidentielle de 2000, bien avant la décision de la Cour suprême sur les bulletins de vote mal perforés : la controverse suscitée par mes soupirs au cours du premier débat télévisé avec George W. Bush me fit perdre auprès de nombreux téléspectateurs tous les avantages que j'avais pu gagner par ailleurs grâce au combat verbal sur les idées et sur le fond. Ma thèse de doctorat ne m'avait donc vraiment servi à rien.

Le potentiel de manipulation de l'opinion et des sentiments de masse découvert initialement par les publicitaires est désormais exploité encore plus agressivement par une nouvelle génération de Machiavels des médias. En combinant les techniques d'échantillonnage de l'opinion publique avec l'utilisation croissante d'ordinateurs extrêmement puissants capables d'analyser et de classifier les Américains en catégories « psychographiques » selon leur réceptivité sélective à des offensives de séduction sur mesure, on a encore augmenté le pouvoir de propagande du message électronique, qui a transformé drastiquement le fonctionnement de notre démocratie.

En conséquence, celle-ci court le risque de se vider de son sens. En effet, l'opinion des électeurs est parfois achetée, tout comme la demande de nouveaux produits est artificiellement créée. Il y a plusieurs dizaines d'années, Walter Lippmann, le journaliste politique américain, écrivait : « L'expression du vote forcé [...] était censée disparaître avec l'avènement de la démocratie [...] mais il n'en est rien. Sa technique s'est, en fait, énormément améliorée [...] sous l'impact de la propagande, il n'est désormais plus possible de croire au dogme de la démocratie [10]. »

Contrairement aux conclusions pessimistes de Lippmann, je me refuse à accepter la destitution du plus beau cadeau que l'Amérique ait fait à l'histoire de l'humanité. Pour revendiquer notre droit inaliénable, nous Américains devons nous atteler à corriger le déclin systémique du débat public. Il nous faut imaginer de nouvelles façons de nous engager dans une discussion authentique sur notre avenir, à l'abri de toute manipulation. Il nous faut, par exemple, cesser de tolérer la négation et le détournement de la science. Il nous faut absolument mettre un terme à l'utilisation cynique de pseudo-études notoirement mensongères

qui ont pour seul but d'obscurcir la capacité des citoyens à dis-
cerner la vérité. Les Américains des deux partis devraient
insister sur le rétablissement du respect de la loi de la raison. Le
dérèglement climatique, en particulier, devrait nous pousser à
rejeter et à dépasser les déformations idéologiques des preuves
scientifiques indiscutables dont nous disposons.

Certes, le débat d'idées sur les sujets publics existe encore.
Mais le consensus ne s'obtient plus par l'intermédiaire de la
presse écrite. Nous dépendons beaucoup plus désormais – pour
le meilleur et pour le pire – des images électroniques, qui sus-
citent des réactions émotionnelles, souvent sans solliciter la
réflexion. De même que les commerçants ferment boutique dans
le centre d'une petite ville contournée par une autoroute, le
débat d'idées sous forme d'imprimé s'est vidé de sa substance.
Les magasins de location de vidéos et les fast-foods ont remplacé
les quincailleries et les épiceries. Le forum des idées tel que
nous l'avons connu par le passé s'est désertifié, ce qui explique
la « singularité » qui trouble désormais nos efforts de raisonnement collectif dans les choix que nous devons faire en tant
que nation. Les muscles mentaux de la démocratie commencent
à s'atrophier.

À mesure que la prédominance de la télévision s'est accrue,
des éléments extrêmement importants de la démocratie américaine sont devenus marginaux. Mais la perte la plus grave, et de
loin, est celle du terrain même où elle s'exerçait. Le « forum des
idées » si cher à nos pères fondateurs, et qu'ils plaçaient sous
haute protection, était un lieu dans lequel les « vérités », selon
les mots de John Stuart Mill, pouvaient être découvertes et per-
fectionnées grâce à « la comparaison la plus complète et la plus
libre des opinions contradictoires [11] ». La sphère publique fondée
sur l'écrit qui avait émergé des livres, brochures et essais de la
période des Lumières a fini, en l'espace d'une génération, par
nous sembler aussi obsolète que la voiture à cheval.

Encore une fois, il nous faut être clairs sur les relations initiales entre le texte écrit, la raison et la démocratie. Si la discussion autour d'un sujet si vaste et si abstrait, concernant une si
longue période, peut paraître dangereusement floue, il y a
cependant quelques vérités simples auxquelles se raccrocher.

euves qui ont conduit nos pères fondateurs à voir en
a raison le nouveau souverain possible sont apparues
e profonds changements sociaux que l'on peut faire
Gutenberg et à son invention de l'imprimerie. Avec
le temps, la révolution de l'imprimerie a brisé le monopole
stagnant de l'information médiévale et a conduit à une explosion
des connaissances parmi une population qui n'en avait auparavant aucune, hormis celles transmises par un pouvoir hiérar-
chisé, religieux ou séculier. D'abord attirés par la soudaine
apparition de la Bible, puis d'autres ouvrages classiques dans
leur langue maternelle, des millions de gens se sont mis à lire.
Leur faim dévorante de sagesse de toute provenance, religieuse
ou profane, a stimulé la prolifération de la technologie de l'imprimerie et l'émergence d'une culture basée sur le texte imprimé
qui a augmenté chez tous la capacité à exercer un contrôle accru
sur sa destinée.

En même temps que grandissait leur appétit d'information sur
les événements contemporains, de plus en plus de gens se sont
mis à croire en leur propre aptitude à raisonner pour prendre des
décisions en relation avec leur vie.

L'expérience américaine repose ainsi sur cette possibilité
apparue dans la seconde moitié du dix-huitième siècle : la souveraineté de la raison dans les affaires humaines. On pourrait
dire que l'âge de l'imprimerie a engendré l'âge de la raison, qui
a engendré l'âge de la démocratie. Le dix-huitième siècle a vu
de plus en plus de citoyens ordinaires capables de faire usage de
la connaissance comme source de médiation entre la fortune et
le privilège. La logique démocratique inhérente à ces nouvelles
tendances fut émoussée et accaparée par l'héritage des structures du pouvoir en Europe. Mais les courageux immigrants qui
s'aventurèrent de l'autre côté de l'Atlantique – nombre d'entre
eux poussés par le désir d'échapper aux contraintes sociales et
religieuses – étaient porteurs du fort potentiel des graines des
Lumières qu'ils ont plantées dans le sol fertile du Nouveau
Monde.

Nos pères fondateurs l'avaient compris mieux que quiconque :
ils se rendaient compte que des « citoyens bien informés » pouvaient se gouverner eux-mêmes et assurer la liberté individuelle

en substituant la raison à la force brutale. Ils ont résolument rejeté les croyances superstitieuses, vieilles de trois mille ans, du droit divin des rois à user d'un pouvoir absolu et arbitraire. Ils ont réactualisé les antiques traditions grecques et romaines qui consistaient à débattre des modes d'action les plus judicieux par l'échange d'informations et d'opinions.

Qu'on l'appelle démocratie participative, sphère publique ou marché des idées, la réalité d'un débat et d'une discussion ouverts et libres était considérée comme essentielle à la mise en œuvre de notre démocratie dans les premières décennies de l'histoire américaine. Notre première expression en tant que nation – « Nous, le Peuple » – montrait clairement où se situait la source ultime de l'autorité. Il était universellement entendu que le contre-pouvoir suprême du gouvernement américain résidait dans son obligation de répondre de ses actions devant le peuple. Et le forum public était précisément le lieu où les citoyens attendaient que le gouvernement vienne s'en expliquer. Voilà pourquoi il était si important que le débat d'idées opère en totale indépendance de l'autorité du gouvernement. Les trois caractéristiques les plus importantes de ce « marché des idées » étaient les suivantes :

– Il était ouvert à chacun, sans autre limitation d'accès que le fait de savoir lire. Cet accès, est-il crucial d'ajouter, s'applique non seulement à la *réception* de l'information, mais également à la capacité à *contribuer* directement au débat d'idées ouvert à tous.

– Le devenir des idées apportées par chacun dépendait, pour l'essentiel, d'une échelle de valeurs émergente. Celles qui se distinguaient par leur qualité étaient retenues, indépendamment de la richesse ou de la classe sociale de celui qui les avait émises.

– Les règles du débat supposaient que les participants acceptaient tous implicitement le devoir de rechercher l'assentiment général. Voilà en quoi consiste la « démocratie participative ».

Il a résulté de cette entreprise démocratique un extraordinaire développement de l'histoire de l'homme. La force libératrice de cette nouvelle réalité américaine s'est révélée passionnante pour l'humanité tout entière. Elle a ennobli l'individu et libéré la créativité de l'esprit humain. Thomas Jefferson déclarait ainsi : « J'ai juré sur l'autel de Dieu une hostilité éternelle contre toute forme de tyrannie sur l'esprit de l'homme [12]. »

L'âge de la raison eut aussi ses côtés négatifs, naturellement. Au nom de la raison, on a justifié des atrocités, y compris le racisme soi-disant scientifique qui a cautionné l'antisémitisme nazi et bien d'autres horreurs. En outre, le caractère abstrait de la raison a rendu certains de ses pratiquants les plus zélés dangereusement sourds aux réalités humaines basées sur les émotions, les attachements et les sentiments partagés de responsabilité pour la communauté, la famille et la nature. Des critiques à l'encontre de ce détachement froidement extrémiste ont commencé à apparaître dès le début du dix-huitième siècle.

Malgré tous ses défauts, cependant, les Lumières ont suscité un progrès impressionnant de la civilisation. Elles ont planté le décor de la démocratie moderne et donné aux individus la capacité d'utiliser la connaissance comme source d'influence et de pouvoir. La révolution démocratique américaine a réussi là où les autres avaient échoué précédemment, car nos pères fondateurs avaient compris qu'un gouvernement auto-organisé, protégé par des contre-pouvoirs, pouvait être l'instrument grâce auquel le peuple pratiquerait un jugement raisonné sous forme de loi. La loi de la raison devait sous-tendre et renforcer la juridiction. Mais dans une certaine mesure, qu'on n'a guère évaluée, tout cela – en particulier cet exercice collectif de la raison par le peuple américain qui était inclu dans le projet des pères fondateurs – relevait des caractéristiques du débat d'idées tel qu'il fonctionnait à l'ère de l'imprimé.

Par exemple, le principe de base de la démocratie représentative était que les électeurs de chaque circonscription puissent communiquer librement par débat public avec les candidats en lice pour la députation au Congrès, et qu'ils bénéficient ensuite de la libre circulation de l'information pour connaître les actes de leur représentant au Congrès, de façon à ce que celui-ci en réponde.

Nous louons la clairvoyance, la sagesse et le courage de nos pères fondateurs – et déplorons parfois que ces qualités fassent défaut à nos leaders modernes. Pourtant, la nature humaine des fondateurs – nature qu'ils comprenaient si bien – est la même que la nôtre. Nous avons les mêmes vulnérabilités, les mêmes potentiels, les mêmes faiblesses et les mêmes forces qu'eux. La tentation de poursuivre des intérêts personnels aux dépens du bien-être général n'est pas nouvelle dans le paysage politique américain. Les soupçons et procès d'intention partisans étaient courants à la période fondatrice de notre nation. Le sectarisme et la politique de la terre brûlée ont souvent atteint des extrêmes bien pires qu'à notre époque. En fait, la plupart de nos récriminations actuelles sont intemporelles, à l'image du regret des parents qui prétendent que la nouvelle génération a perdu tout respect des valeurs et s'enfonce dans la décadence.

Il y a cependant un élément nouveau et fondamentalement différent dans la crise de notre démocratie. Parmi ceux qui partagent le sentiment que quelque chose a mal tourné, il existe de profondes divergences d'opinion sur les causes du problème. Certains accusent le rôle accru des intérêts particuliers et l'influence croissante de l'argent dans la politique américaine. D'autres incriminent l'importance exagérée de l'image par rapport au contenu, ainsi que la superficialité du débat public.

D'autres encore déplorent l'apathie du public et une baisse de participation au processus électoral et aux activités citoyennes qui, selon bon nombre de gens, est liée à un cynisme grandissant et à une défiance envers l'intégrité de nos institutions et procédures nationales. Beaucoup sont également inquiets des techniques de manipulation de l'opinion publique de plus en plus sophistiquées et du contrôle sélectif de l'information indispensable à la prise de décision collective dans une démocratie.

Le sectarisme est considéré comme source du problème par des Américains des deux partis politiques et surtout par un nombre croissant d'indépendants. La droite se lamente de l'emprise que le gouvernement exerce par l'intermédiaire des taxes et des règlementations, tandis que la gauche dénonce l'abandon en bloc des engagements antérieurs de ce dernier en matière d'éducation, de santé, de science, de recherche médicale, d'aide aux défavorisés, aux jeunes et aux personnes âgées, ainsi que le repli des attitudes citoyennes au détriment de l'intérêt public. Paradoxalement, de plus en plus d'Américains disent également percevoir de moins en moins de différences entre les deux partis politiques.

Il y a des éléments de réalité dans toutes ces inquiétudes. J'en suis arrivé, cependant, à croire que ce que l'on perçoit comme des *causes* constitue en fait des *symptômes* d'une crise bien plus profonde.

La menace actuelle ne relève pas d'opinions conflictuelles sur les principes de base américains. Elle provient de plusieurs problèmes graves qui résultent du changement fondamental et spectaculaire de nos modes de communication. Le défi qui se pose est de comprendre ce changement et de voir les problèmes pour ce qu'ils sont.

Considérons les règles selon lesquelles notre débat public fonctionne désormais et leur différence avec les normes que connaissaient nos pères fondateurs à l'ère de l'imprimé. Aujourd'hui, le flux massif d'informations est largement unidirectionnel. Le monde de la télévision prive virtuellement les citoyens de la participation à ce qui passe pour une discussion nationale.

Les individus reçoivent mais ne peuvent répondre. Ils absorbent mais ne peuvent partager. Ils entendent mais ne parlent pas. Ils sont témoins d'un mouvement constant mais ne bougent pas. Les « citoyens bien informés » sont en grand danger de devenir un « public bien pris en charge ».

Ironie du sort, l'information télévisuelle est en réalité accessible à un plus grand nombre de gens que nulle source d'information ne l'a jamais été dans l'histoire. Mais là est la distinction cruciale : elle n'est accessible que dans un sens. Il n'y a aucune interactivité réelle ni aucune discussion. Les stations et réseaux de télévision sont pratiquement inaccessibles aux citoyens à titre individuel, et presque toujours peu intéressés par les idées qu'ils pourraient proposer.

Donc, contrairement au débat participatif qui avait résulté de l'invention de l'imprimerie, il y a beaucoup moins d'échange d'idées sous le règne de la télévision en raison des imposantes barrières qui excluent la participation de la plupart des citoyens.

En même temps que le caractère unilatéral du discours public à la télévision et que la distorsion du journalisme afin d'augmenter l'audience, le média télévisuel présente une autre caractéristique troublante, très différente de la presse écrite et beaucoup moins en accord avec les principes traditionnels de la démocratie. L'énorme capital d'investissement nécessaire pour posséder et faire fonctionner une station de télévision ainsi que la centralisation des réseaux audiovisuels par câble ou satellite ont conduit à une concentration de propriété entre un nombre toujours plus réduit de grandes entreprises, qui contrôlent désormais efficacement la majorité de la programmation télévisuelle américaine.

Ces conglomérats sont apparemment parfois tentés d'adapter leurs choix d'information à des objectifs commerciaux. Les secteurs de l'information, qui étaient naguère considérés au service de l'intérêt public et subventionnés par le reste du réseau sont désormais vus comme des centres de profit conçus pour générer des revenus, et même parfois pour promouvoir plus largement le programme de la compagnie qui en est propriétaire. Ils emploient moins de journalistes, font moins de reportages, ont des budgets plus réduits en matière de déplacements et d'agences. Ils jouissent d'une moindre liberté de jugement, sont plus vulnérables à l'influence de la direction et plus dépendants des sources gouvernementales et des informations toutes faites transmises par les services de relations publiques. La couverture des campagnes électorales, par exemple, ne se focalise guère que sur la «course» entre les candidats. L'axiome bien connu qui préside aux journaux télévisés locaux est: «Plus ça saigne et plus ça paye.» (Ce à quoi certains journalistes désabusés ajoutent: «Plus tu penses et plus tu crains.») Pour cette raison et pour d'autres, la presse américaine s'est retrouvée dans une étude internationale au trente-troisième rang mondial pour la liberté de la presse [13]. NBC, pour ne prendre qu'un exemple majeur, réalise des coupes claires dans son service d'information [14] pour dynamiser ses bénéfices: ses dirigeants réduisent son budget de 750 millions de dollars, dont un montant considérable dans le secteur de l'information. Cette tragédie est d'autant plus ironique que la génération actuelle de journalistes est la mieux formée et la plus hautement qualifiée de l'histoire de la profession. Mais le plus souvent ils ne sont pas autorisés à travailler comme ils ont appris à le faire.

Selon l'expression de Dan Rather, l'information télévisée est devenue « crétinisée et racoleuse ». Son seul but semble désormais de « scotcher les yeux des téléspectateurs à l'écran » de façon à obtenir des pourcentages d'audience et à vendre un maximum de publicité.

Comme l'a expliqué Jon Stewart, le brillant présentateur de l'émission *The Daily Show with Jon Stewart*, quand il s'est rendu sur le plateau de *Crossfire* de CNN, il faut établir une distinction entre l'information et le divertissement. C'est un point d'une importance capitale. Une information assujettie aux règles du divertissement représente un danger pour la démocratie. Il s'ensuit un dysfonctionnement du journalisme, qui n'informe plus les citoyens. Et lorsque les citoyens ne sont plus informés, ils ne peuvent plus demander au gouvernement de rendre des comptes s'il est incompétent ou corrompu, voire les deux.

La tendance naturelle à la concentration des compagnies de radiodiffusion entre les mains de quelques-uns a été une cause d'inquiétude aux États-Unis dès la naissance de ces technologies. Dans les années 1920, quand la radio, précurseur de la télévision, fit son apparition aux États-Unis, elle suscita un mouvement d'appréhension immédiat concernant son impact potentiel sur la démocratie. Plus tard, dans les années 1930, Joy Elmer Morgan, directeur du Comité national d'éducation par la radio, écrivait que si le contrôle de la radio est aux mains d'un petit nombre, « aucune nation ne peut être libre[15] ».

Depuis lors, bien entendu, le contrôle de la radio aux États-Unis n'a fait que se concentrer. Et ce n'est pas le seul domaine à avoir subi d'importants changements. La télévision a connu une série de modifications spectaculaires. Le film *Network* (*Main basse sur la télévision*), oscar du meilleur scénario en 1976, était présenté comme une farce mais constituait en réalité un avertissement prophétique du risque de transformer l'information – qui joue un rôle déterminant dans notre démocratie – en programme de divertissement basé sur le profit. La profession journalistique s'est transformée en business de l'information, pour devenir peu à peu l'industrie médiatique qui est désormais presque uniquement la propriété des grands groupes.

Le philosophe allemand Jürgen Habermas voit en ce phénomène la « re-féodalisation de la sphère publique [16] ». L'expression peut paraître complexe ou obscure, mais elle est pleine de sens. Le féodalisme, qui prospérait avant que l'invention de l'imprimerie ne démocratise la connaissance et ne permette l'idée même de l'Amérique, était un système où se mêlaient indissociablement richesse et pouvoir et où la connaissance ne jouait pratiquement aucun rôle de médiation. Les masses populaires n'avaient pas accès au savoir et, par conséquent, se sentaient privées de pouvoir.

Et si un citoyen à titre individuel ou un groupe de citoyens souhaitent participer au débat public en exprimant leur opinion à la télévision ? Étant donné qu'il leur est impossible de se joindre simplement à la discussion, certains d'entre eux ont imaginé la solution de trouver des fonds afin d'acheter trente secondes de passage pour s'exprimer. Mais, trop souvent, il ne leur est même pas permis de le faire. MoveOn.org a tenté de financer un spot publicitaire pour la diffusion du Super Bowl de 2004 afin d'exprimer son opposition à la politique économique de Bush, qui était alors en discussion au Congrès. CBS a signifié à MoveOn que la « promotion de dossiers politiques » n'était pas permise. Puis CBS, après avoir refusé la publicité de MoveOn, a commencé à diffuser des spots de la Maison Blanche en faveur de la proposition controversée du président. MoveOn a déposé une plainte et la publicité de la Maison Blanche a été provisoirement interrompue. Par « provisoirement », j'entends qu'elle fut interrompue jusqu'à ce que la Maison Blanche se plaigne, à la suite de quoi CBS recommença immédiatement la diffusion, tout en persistant à refuser de passer le spot de MoveOn [17].

Afin de comprendre l'ultime raison pour laquelle le marché de l'information dominé par la télévision est si différent de celui qui existait sous la domination de la presse écrite, il est essentiel de distinguer le sentiment de réel ressenti par les téléspectateurs de celui qu'éprouvent les lecteurs. Je crois que la représentation de la réalité obtenue par la lecture des mots est automatiquement modulée par l'activation constante des centres rationnels du cerveau qui sont également utilisés par l'auteur dans le procédé de description de la réalité. Par contraste, le réalisme viscéral de l'image télévisée a le pouvoir de déclencher des réactions

27

instinctives semblables à celles que provoque la réalité même, sans aucune modulation de logique, de raison ou de réflexion.

La simulation de la réalité opérée par le moyen de la télévision est tellement réaliste et accrocheuse par comparaison avec la représentation de la réalité communiquée par le texte que cela implique beaucoup plus qu'un changement marginal dans le mode de consommation de l'information. Bien sûr, les livres transmettent également une représentation frappante de la réalité. Mais le lecteur prend une part active dans le processus de représentation de ce que l'auteur tente de décrire. En outre, les parties du cerveau humain où siège le raisonnement sont continuellement activées par la lecture du texte : les mots sont composés de symboles abstraits – les lettres – qui n'ont pas de sens intrinsèque si elles ne sont pas reliées en séquences identifiables.

La télévision, en revanche, présente aux spectateurs une forme beaucoup plus complète de la réalité, sans requérir la participation créative que les mots ont toujours nécessitée.

Quand j'ai lu sa communication il y a quatre ans, j'ai eu quelque difficulté à comprendre pourquoi Marshall McLuhan décrivait la télévision comme un média « froid » par opposition au média « chaud » qu'est la presse écrite. En fait, la source de « chaleur » dont il parle dans sa métaphore est l'énergie mentale nécessaire dans l'alchimie de la lecture. McLuhan fut pratiquement le seul à identifier cette nouvelle relation thermodynamique entre les téléspectateurs et le média proprement dit.

Des années plus tard, l'un des disciples de McLuhan, Neil Postman, déclarait : « Toute technologie s'accompagne d'une philosophie qui s'exprime par la manière dont elle fait fonctionner l'esprit des gens, par ce qu'elle nous incite à faire de notre corps et la façon dont elle codifie le monde, ainsi que par son choix d'amplifier un de nos cinq sens et de ne pas tenir compte de certaines tendances émotionnelles et intellectuelles. Cette idée résume l'essentiel de ce qu'entendait le grand prophète catholique Marshall McLuhan quand il inventa la célèbre formule : "Le média est le message" [18]. »

Même si aujourd'hui je comprends le propos de McLuhan, je pense qu'il prête encore à confusion. Bien qu'il soit exact de dire que la télévision ne provoque pas la même réaction cérébrale que la lecture, elle stimule cependant l'afflux de beaucoup plus d'énergie dans différents secteurs du cerveau. Et la passivité du téléspectateur agit au détriment de l'activité de certaines parties liées à l'abstraction, la logique et le processus de raisonnement.

Tout nouveau média crée une nouvelle écologie sociétale de l'information qui modifie inévitablement la répartition des idées, des sentiments, des richesses, du pouvoir et de l'influence, ainsi que la manière dont les décisions collectives sont prises.

Lorsqu'une nouvelle technologie prend la première place dans les médias pour diffuser l'information – comme l'imprimerie au quinzième siècle et la télévision au vingtième –, ceux qui s'y adaptent doivent littéralement changer leur manière de recevoir et de gérer l'information. En conséquence, leur cerveau peut subir de légères modifications. Quand des millions de gens vivent simultanément le même changement en quelques décennies, leur interaction commence à prendre une forme différente.

Celui qui passe quotidiennement quatre heures et demie devant la télévision aura vraisemblablement un modèle de fonctionnement cérébral fort dissemblable de celui qui lit pendant quatre heures et demie, car des parties différentes du cerveau sont stimulées de façon répétitive.

Comme je le décrirai dans le premier chapitre, le cerveau humain, comme celui de tous les vertébrés, est programmé pour remarquer instantanément tout mouvement soudain dans notre champ de vision. Non seulement nous le remarquons, mais nous sommes obligés de regarder. Quand nos ancêtres se rassemblaient dans la savane africaine il y a trois millions d'années et que les feuilles bougeaient à proximité, ceux qui ne regardaient pas ont été éliminés de l'échelle de l'évolution.

C'est parce qu'ils remarquaient le mouvement brusque que les survivants étaient alertés sur la présence d'un prédateur, ou la proximité d'un gibier, ou d'un éventuel compagnon ou compagne. Ceux qui voyaient nous ont transmis par voie génétique ce que les scientifiques appellent le « réflexe d'orientation ». C'est justement ce syndrome cérébral qui est constamment activé par la télévision, à un rythme pouvant atteindre un stimulus par seconde. Voilà pourquoi l'expression « scotcher les yeux des téléspectateurs à l'écran » utilisée par l'industrie de l'information n'est pas une simple boutade ou une vantardise gratuite. C'est aussi la principale raison pour laquelle les Américains regardent la télévision en moyenne quatre heures et demie par jour.

Du premier au cinquième chapitre, j'identifie et décris les ennemis de la raison. Cette partie établit le lien entre le recul de la raison dans la sphère publique et le vide qui en résulte, comblé par la peur, la superstition, l'idéologie, la malhonnêteté, l'intolérance et le secret systématique comme moyens de resserrer le contrôle sur l'information dont une société libre a besoin pour se gouverner selon les règles démocratiques basées sur la raison.

Les chapitres 6 à 8 font état des dégâts déjà provoqués par la substitution d'un pouvoir brutal et d'une corruption institutionnalisée à la raison et à la logique dans des domaines politiques essentiels à notre survie, tels que la sécurité nationale, la sécurité énergétique, la protection de nos libertés et le progrès social. Dans tous les cas, la solution la plus efficace pour remédier à ces atteintes réside en une meilleure compréhension de leurs causes et des conditions dans lesquelles elles sont apparues.

Dans le chapitre 9, je propose un itinéraire pour restaurer la santé et la vitalité de la démocratie américaine, ainsi qu'une stratégie pour réintroduire la raison dans son rôle normal au cœur d'un processus délibératif de gouvernement. Aussi passionnant que soit Internet, il lui manque encore – pour l'instant – la caractéristique la plus importante du média télévisuel : à cause de son architecture et de sa conception, il ne supporte pas la distribution massive de la vidéo en temps réel. Cette limite provisoire d'Internet et, plus encore, les nombreux atouts qui en font une source d'espoir pour l'avenir de notre démocratie, seront également explorés dans le chapitre 9.

Chapitre 1

La politique de la peur

La peur est la pire ennemie de la raison. Les deux sont essentielles à la survie de l'homme, mais leur relation est en déséquilibre constant. La raison peut parfois dissiper la peur, mais à l'inverse la peur bloque souvent la raison. Comme l'a écrit Edmund Burke en Angleterre vingt ans avant la Révolution américaine : « Nulle autre passion que la peur ne prive plus efficacement l'esprit de toutes ses capacités d'action et de réflexion[1]. »

Nos pères fondateurs avaient un sain respect de la menace que fait peser la peur sur la raison. Ils savaient que, si les circonstances s'y prêtent, elle peut susciter la tentation d'abdiquer sa liberté au profit d'un démagogue promettant en échange la force et la sécurité. Ils craignaient, si la peur remplaçait la raison, que le résultat ne fût souvent la haine irrationnelle et la division. Comme l'écrivit plus tard le juge Louis D. Brandeis : « Les hommes craignaient les sorcières et brûlaient des femmes[2]. »

Pour concevoir le gouvernement démocratique de l'Amérique, il était essentiel de comprendre ce rapport inégal entre la peur et la raison.

Nos fondateurs ont rejeté la démocratie directe de crainte que la peur ne submerge la réflexion. Mais ils comptaient fermement sur la capacité d'une « citoyenneté bien informée » à raisonner ensemble, de façon à minimiser l'impact destructeur des peurs illusoires ou exagérées. « Si un homme réfléchit sérieusement à la précarité des affaires humaines, il sera convaincu qu'il est infiniment plus sage et plus sûr de bâtir notre propre Constitution de manière calme et délibérée, tant que cela nous est possible[3] », écrivait Thomas Paine dans *Common Sense,* son célèbre pamphlet. Il mettait ainsi les pères fondateurs en garde contre le

31

fait de courir le risque que la peur ne s'empare de l'imagination du peuple, ce qui aurait pour effet d'entraver leur capacité de raisonnement.

Les nations réussissent ou échouent et se définissent fondamentalement selon la manière dont elles défient l'inconnu et affrontent la peur. Cela dépend pour beaucoup de la qualité des instances dirigeantes. Si les leaders exploitent les craintes du peuple pour le conduire dans une voie qu'il n'aurait pas choisie, la peur peut alors devenir une force indépendante qui se nourrit d'elle-même, anéantit la volonté nationale et affaiblit le caractère du pays, en détournant l'attention des menaces réelles qui méritent une peur salutaire et semant la confusion parmi les choix essentiels que toute nation se doit de faire pour son avenir.

Le véritable leadership consiste à inspirer la capacité de transcender la peur, alors que la démagogie vise à l'exploiter à des fins politiques. C'est là une différence cruciale.

La peur et l'angoisse ont toujours fait et feront toujours partie intégrante de la vie. La peur est multiforme et universelle dans toute société humaine. Elle a toujours été, de surcroît, ennemie de la raison. Lactance, le philosophe et rhétoricien romain, a écrit : « Là où existe la peur, la sagesse ne peut être [4]. »

Nous avons toujours défini le progrès par notre capacité à transcender nos peurs. Christophe Colomb, Meriwether Lewis et William Clark, Susan B. Anthony et Neil Armstrong ont tous connu le succès en défiant l'inconnu avec un courage et un sens des proportions qui les ont aidés à surmonter des craintes légitimes sans être arrêtés par la déformation de terreurs illusoires.

Les fondateurs de notre pays ont affronté de terribles menaces. S'ils avaient échoué dans leur entreprise, ils auraient été pendus pour trahison. L'existence même de notre nation les mettait en danger. Cependant, soumis à cette menace, ils ont tenu à asseoir les libertés qui sont devenues la Déclaration des droits. Les membres du Congrès courent-ils aujourd'hui un plus grand danger que leurs prédécesseurs quand l'armée britannique marchait sur le Capitole ?

Les risques auxquels nous sommes confrontés aujourd'hui sont-ils plus élevés que ceux qui ont conduit Franklin Delano Roosevelt à prononcer sa célèbre formule nous rappelant que la seule chose dont nous devions avoir peur était la peur elle-même? L'Amérique est-elle en plus grand péril que lorsque nous affrontions la montée du fascisme dans le monde entier, lorsque nos pères ont mené et gagné une guerre mondiale sur deux fronts à la fois?

Le monde est-il plus dangereux que lorsque nous étions confrontés à un ennemi idéologique disposant de milliers de missiles prêts à anéantir notre pays à tout moment? Il y a cinquante ans, quand la course à l'armement nucléaire avec l'Union soviétique créait des tensions dans le monde entier et que le maccarthisme menaçait les libertés de notre pays, le président Dwight Eisenhower a dit, un peu tardivement: «Ceux qui agissent comme si la défense des libertés devait s'appuyer sur la répression, la suspicion et la peur pratiquent une doctrine étrangère à l'Amérique [5].» Edward R. Murrow sur qui son courage comme journaliste attira les foudres du sénateur Joseph McCarthy déclara: «Nous ne laisserons pas la peur nous plonger dans la déraison [6].»

C'est tout simplement faire insulte à ceux qui nous ont précédés et qui ont tant sacrifié pour nous que de laisser entendre que nous avons plus à craindre qu'eux. En dépit des dangers qu'ils ont dû affronter, ils ont fidèlement protégé nos libertés. Il nous appartient de faire de même.

Pourtant, c'est loin d'être le cas aujourd'hui. Pourquoi à l'aube du vingt et unième siècle sommes-nous si vulnérables à la politique de la peur? Il y a toujours eu des leaders désireux d'attiser l'anxiété populaire afin de se présenter comme protecteurs des effrayés. Les démagogues ont toujours promis la sécurité en contrepartie de la liberté. Pourquoi semblons-nous réagir différemment aujourd'hui?

Le seul élément nouveau et surprenant est l'importance et l'intensité d'une peur omniprésente dans le discours national de l'Amérique. En outre, il existe une confusion permanente, et qui nous ressemble peu, concernant l'origine de cette peur. Nous semblons avoir des difficultés inhabituelles à distinguer entre les menaces imaginaires et celles qui sont légitimes.

On trouve un signe de l'état critique de notre discours politique dans le fait que presque trois quarts des Américains aient pu croire sans difficulté que Saddam Hussein était personnellement responsable des attaques du 11 septembre 2001, ou que tant d'autres croient encore que la plupart des pirates de l'air étaient irakiens. Le fonctionnement même de notre démocratie est en danger si 40 % d'entre nous ont pu être si aisément convaincus que l'Irak disposait effectivement d'armes nucléaires, même après que les preuves les plus importantes portées au dossier – des documents classés montrant une tentative du régime de Saddam Hussein pour acheter de l'oxyde d'uranium au Niger – se furent révélées forgées de toutes pièces[7].

À l'évidence, l'administration actuelle a fait usage de la peur afin de manipuler le processus politique, j'y reviendrai dans la suite du chapitre. Mais je pense que cela pose une question bien plus importante : comment notre pays a-t-il pu devenir à ce point vulnérable à un tel usage de la peur à des fins de manipulation politique ?

Une presse libre est censée fonctionner comme un système immunitaire contre des erreurs de jugement si grossières sur les faits. Comme l'a dit jadis Thomas Jefferson : « L'erreur d'opinion est tolérable tant que la raison est libre de la combattre[8]. » Que s'est-il donc passé ? Pourquoi notre système immunitaire ne fonctionne-t-il plus comme autrefois ? D'une part, la nature de ce que le philosophe Jürgen Habermas a décrit comme « la structure du forum public » a subi un changement spectaculaire. Comme je l'ai dit dans l'introduction, le débat public n'est désormais plus ouvert à l'échange libre et vigoureux des idées individuelles comme c'était le cas au moment de la fondation des États-Unis.

Quand les erreurs de jugement et sur les faits ne sont plus détectées ni neutralisées par le système immunitaire de la nation, il est temps d'étudier le problème et de s'efforcer de retrouver un discours politique plus sain. Dans ce but, il est nécessaire de s'intéresser de plus près aux nouvelles découvertes sur la façon dont la peur affecte le processus de réflexion. En effet, les récentes avancées de la neuroscience offrent un éclairage intéressant sur la nature de la peur.

Pendant la plus grande partie du siècle dernier, le cerveau humain a été étudié presque exclusivement à l'occasion d'accidents et de chocs cérébraux inhabituels. Les médecins notaient quels secteurs du cerveau étaient lésés puis, après une observation attentive des comportements anormaux, ils en déduisaient quelles fonctions ces zones contrôlaient. Mais aujourd'hui les scientifiques sont capables d'observer le fonctionnement normal d'un cerveau sain, d'en mesurer le courant, le flux sanguin et l'activité chimique qui indiquent quelle partie du cerveau est la plus active à un moment précis.

Dans n'importe quel domaine, les nouvelles technologies peuvent avoir un impact révolutionnaire. Lorsque Galilée utilisa de nouveaux télescopes plus puissants pour observer les cieux en détail, il fut capable de voir les mouvements des planètes autour du Soleil et ceux des lunes de Jupiter afin de décrire précisément le modèle du système solaire que Copernic avait proposé avant lui. C'est donc un progrès technique qui a permis à Galilée de décrire une réalité qu'il était impossible de percevoir clairement avant la découverte du télescope.

Presque de la même façon, la nouvelle technologie qu'on appelle « imagerie par résonance magnétique fonctionnelle », ou IRMf, a donné aux neurologistes la possibilité révolutionnaire d'observer de l'intérieur le fonctionnement du cerveau humain et d'observer quels secteurs en sont utilisés, à quel moment et en réponse à quels stimuli. Exactement comme Galilée fut soudain en mesure de voir les lunes de Jupiter, les neuroscientifiques sont maintenant capables pour la première fois d'établir les relations correctes entre les parties du cerveau telles que l'amygdale, l'hippocampe et le néocortex, pour n'en citer que quelques-unes.

Une compréhension renouvelée du cerveau en ressort ; les recherches sont des plus fertiles notamment en ce qui concerne les réactions de l'homme face à la peur. Les implications sont d'importance pour la démocratie.

Dans une démocratie, l'hypothèse courante (bien qu'habituellement non formulée) est que les citoyens fonctionnent en êtres rationnels, usant de leur faculté de raisonnement pour trouver les solutions des problèmes qui se posent à eux comme si toute question pouvait être analysée rationnellement et débattue en toute impartialité jusqu'à l'obtention d'une conclusion collective raisonnée. Mais les recherches récentes démontrent que, bien entendu, il n'en est rien.

L'un des plus grands neurologistes du monde, Vilayanur S. Ramachandran, a écrit : « Notre vie mentale est essentiellement gouvernée par un ensemble d'émotions, de motivations et de désirs dont nous sommes à peine conscients, et ce que nous appelons notre vie consciente est en général la rationalisation *a posteriori* d'actions que nous faisons en réalité pour des motifs bien différents [9]. »

Ce sont d'autres structures mentales qui gouvernent les sentiments et les émotions et ces structures ont un impact plus fort sur la décision que la logique et la raison. En outre, les émotions ont un pouvoir d'influence beaucoup plus grand sur la raison que celle-ci n'en a sur les émotions, et particulièrement sur la peur.

Charles Taber, chercheur à l'université Stony Brook, alla jusqu'à dire : « Le modèle du siècle des Lumières selon lequel la raison dépourvue de passion est un devoir citoyen est empiriquement en faillite [10]. »

D'après le neurologiste Joseph LeDoux, de l'université de New York, auteur de l'ouvrage *Le Cerveau des émotions*, « les connections entre le système émotionnel et le système cognitif sont plus fortes que celles qui relient les deux systèmes en sens inverse [11] ». Notre capacité de peur est « programmée » dans le cerveau comme une ancienne stratégie permettant de réagir instantanément si c'est une question de survie. Mais la peur n'est pas la seule émotion programmée pour déclencher une réaction rapide. Il est presque certain que l'amygdale, par exemple, est impliquée dans la transmission d'autres réactions primordiales pour la survie de notre espèce, telles que la pulsion de reproduction. (C'est peut-être en partie pour cette raison que la stimulation sexuelle liée à la peur est également un composant de base de la programmation télévisuelle.) En revanche, la raison est située dans une partie du cerveau qui a évolué plus récemment et dépend de processus plus subtils qui donnent la capacité de prévoir l'apparition des menaces avant qu'elles ne deviennent urgentes et de faire la différence entre celles qui sont légitimes et celles qui sont illusoires.

Les neurologistes et spécialistes du cerveau décrivent comment les images perturbantes atteignent directement une partie du cerveau qui n'utilise pas la médiation du langage ni l'analyse raisonnée. Il y a en fait deux chemins parallèles entre les centres visuels et le reste du cerveau et l'un d'eux joue le rôle de système d'avertissement instantané bien que sommaire. (L'évolution exige souvent un compromis entre vitesse et précision[12].) En outre, quelle que soit la cause de la peur, le phénomène en lui-même est difficile à stopper une fois enclenché.

Les psychologues ont étudié la manière dont nous prenons des décisions en situation de grande incertitude et ont découvert que nous utilisons des raccourcis, ou «heuristiques», afin de nous aider à formuler des choix importants. L'un des raccourcis les plus utilisés est l'«heuristique incident». Avant de faire un choix, nous formulons souvent des jugements rapides basés principalement sur nos émotions plutôt que sur un examen rationnel de toutes les options envisageables[13].

Ce raccourci est en fait très utile. Il nous permet de prendre des décisions plus rapides et nous aide à éviter des situations dangereuses. Cependant, l'usage des émotions dans la prise de décision peut troubler le jugement. Lorsqu'une émotion telle que la peur est particulièrement forte, elle peut totalement submerger notre processus de raisonnement.

De plus, de même que la peur peut interférer avec la raison en présence d'une menace imminente, elle peut aussi avoir le même effet dans le domaine de la mémoire. Nous croyons à tort que cette dernière dépend exclusivement de la raison mais en réalité les secteurs du cerveau qui recèlent la capacité de peur disposent de leur propre circuit de mémoire. Au cours de notre vie, les expériences traumatiques sont marquées par les émotions et classées comme des souvenirs particulièrement accessibles, consciemment ou inconsciemment, qui sont ensuite constamment réutilisés pour nous guider dans des situations nouvelles, surtout lorsqu'une réponse rapide est indispensable.

La plupart d'entre nous ont entendu parler du syndrome de stress post-traumatique, commun notamment aux victimes de viol ou d'abus sexuel et aux anciens combattants. Normalement, lorsqu'une expérience se fixe dans notre mémoire, elle s'accompagne d'une sorte de «marqueur temps», mécanisme qui nous donne la capacité, quand nous nous rappelons cette expérience, de percevoir depuis combien de temps les événements ont eu lieu et de saisir à peu près leur enchaînement temporel. On sait ainsi que l'expérience dont on se souvient se situait avant ceci ou après cela. Ou qu'elle a eu lieu dix ou onze semaines plus tôt.

En revanche, quand un événement traumatique – impliquant l'anxiété ou la douleur – est stocké dans la mémoire, le processus est différent. Toutes les données changent. L'amygdale est activée et ce souvenir est codé et enregistré de façon différente. En fait, le marqueur temps est supprimé, si bien que, lorsqu'on se rappelle l'expérience traumatique, on la revit au présent. Et la mémoire a la capacité d'activer la réaction de peur au moment présent, bien que le traumatisme se soit passé longtemps auparavant, car l'intensité du souvenir fait réagir une partie du cerveau comme si le choc était en train de se produire. Le syndrome de stress post-traumatique se définit par l'intrusion constante de souvenirs traumatisants et l'impression de revivre les événements comme s'ils venaient d'avoir lieu. Comme l'a fait remarquer V. S. Ramachandran, c'est la récurrence du traumatisme qui peut être le phénomène le plus handicapant.

Même si nous savons intellectuellement que l'événement est passé depuis longtemps, les circuits robustes spécialisés de la mémoire dans les centres du cerveau revivent le traumatisme tel qu'il a été enregistré et provoquent les mêmes réactions – par exemple battements de cœur accélérés et vague de peur – que celles que nous aurions si nous revivions l'expérience en temps réel.

Des similarités structurelles entre les expériences antérieures et ultérieures peuvent conduire le siège cérébral de la peur à rechercher des souvenirs et à les réactiver dans le moment présent. Si une expérience ultérieure manifeste ne serait-ce qu'une légère similitude avec un souvenir traumatique, elle peut exercer une puissante emprise sur nos émotions et déclencher les mêmes réactions de peur que celles suscitées par le premier traumatisme.

En outre, l'analyse raisonnée de la nature superficielle de ces similarités structurelles a très peu d'influence au niveau du siège cérébral de la peur et ne parvient que rarement à dissiper le souvenir effrayant. Pourtant, le siège de la peur a une influence énorme sur la formation des souvenirs. Michael Fanselow, chercheur en psychologie à l'UCLA, souligne : « Les résultats disponibles suggèrent que non seulement l'amygdale reçoit et stocke des informations sur les événements provoquant la peur, mais qu'elle *module également* le stockage d'autres types de renseignements *dans des parties différentes du cerveau*[14]. »

Lorsque les êtres humains ont développé une forme de pensée supérieure, nous avons gagné l'avantage d'anticiper les menaces potentielles. Nous avons acquis la capacité de conceptualiser la menace au lieu de nous contenter de la percevoir. Mais nous sommes désormais capables de conceptualiser également des menaces imaginaires. Et lorsqu'un groupe de personnes est incité à conceptualiser ces menaces imaginaires, elles peuvent activer la réaction de peur avec autant de force que pour les menaces réelles.

Il est particulièrement important de comprendre ce qui active l'amygdale et déclenche la réaction de peur à cause d'un autre phénomène important qui lui est lié, appelé « traumatisme vicariant ». Si quelqu'un, par exemple un membre de la famille ou une personne à qui nous nous identifions, a vécu un traumatisme, ses sentiments peuvent nous être communiqués même si nous ne l'avons pas subi directement.

Des recherches récentes révèlent que le récit d'une expérience traumatisante fait à ceux qui ressentent un lien identitaire avec les victimes – que ce lien soit ethnique, religieux, historique, culturel, linguistique, tribal ou nationaliste – peut effectivement procurer une réaction émotionnelle et physique similaire à celle de la victime chez la personne qui l'entend.

En fait, les physiologistes ont découvert récemment une nouvelle catégorie de neurones, les « neurones miroirs », qui créent une puissante capacité physique d'empathie. Voici comment V. S. Ramachandran m'a décrit la signification saisissante de cette nouvelle découverte :

> « On sait depuis longtemps que les neurones de cette région
> [le secteur du cerveau appelé "cortex cingulaire antérieur",

qui reçoit essentiellement les données de l'amygdale] réagissent à la douleur d'une piqûre, pour entraîner une réaction d'évitement. Ils étaient donc appelés "neurones détecteurs de douleur" car on supposait qu'ils alertaient l'organisme sur le danger potentiel. Mais des chercheurs de Toronto ont découvert que chez des patients humains certaines de ces cellules réagissaient non seulement quand le patient était piqué par l'aiguille – comme prévu – mais également quand il voyait *quelqu'un d'autre* se faire piquer. Les neurones miroirs détruisaient les barrières entre soi et autrui, montrant que notre cerveau est en fait "programmé" pour l'empathie et la compassion. Notez qu'il ne s'agit pas d'une métaphore : les neurones en question ne peuvent simplement pas distinguer si la piqûre vous atteint ou atteint une autre personne. Tout se passe comme si les neurones miroirs faisaient une simulation virtuelle de ce qui se passe dans le cerveau de l'autre, et par conséquent "sentaient" la douleur de l'autre. (Je les surnomme cellules dalaï-lama) [15]. »

Les thérapeutes ont constaté le pouvoir du phénomène de traumatisme de substitution bien avant l'identification des neurones miroirs qui en expliquent le fonctionnement. Lisa McCann et Laurie Ann Pearlman proposent une définition originale du traumatisme vicariant en parlant de « conséquences psychologiques durables pour les thérapeutes de l'exposition au traumatisme de leurs clients. Ceux qui travaillent avec les victimes peuvent être profondément éprouvés psychologiquement, avec des effets perturbants et pénibles pour le soignant, qui peuvent perdurer pendant des mois ou des années après avoir travaillé avec des personnes traumatisées [16] ».

Dans le monde entier, les récits de traumatismes et de tragédies sont transmis d'une génération à l'autre. Bien avant que la télévision n'ajoute au talent des conteurs pour susciter des réactions émotionnelles, des descriptions verbales imagées des traumatismes physiques subis par les autres provoquaient des réactions extrêmement vives, même plusieurs siècles après que le traumatisme avait eu lieu.

Au début de l'été 2001, Tipper et moi sommes allés en Grèce.

Pendant notre séjour, le pape effectua une visite historique dans ce pays et fut accueilli par des milliers de manifestants en colère brandissant des pancartes et hurlant des insultes. J'ai cherché à comprendre ce qui se passait. Ils étaient en colère pour un motif vieux de huit cents ans : la quatrième Croisade avait fait étape à Constantinople, mis la ville à sac, l'affaiblissant à tel point qu'elle fut ensuite conquise par les Turcs. Et les Grecs sont encore en colère, huit siècles plus tard.

Pour prendre un deuxième exemple, Slobodan Milosevic, au début de l'été 1989, se rendit dans les plaines du Kosovo pour le six-centième anniversaire de la bataille qui avait fait chuter l'empire serbe à son apogée. Le porte-parole du gouvernement annonça une affluence d'un million et demi de personnes. Les journalistes occidentaux ont estimé que les collines étaient couvertes d'un million de visiteurs venus l'entendre parler. Dans son discours, Milosevic fit revivre la bataille qui avait eu lieu six cents ans avant. Et, conséquence immédiate de la répétition collective de ce traumatisme, commença une violente campagne d'expulsion des Croates, des Bosniaques et des Kosovars, en partie parce que l'expérience vicariante du traumatisme subi six siècles plus tôt avait provoqué chez les personnes de cette génération la même réaction physique que s'ils revivaient la peur éprouvée si longtemps auparavant.

Si l'on s'attache aux conflits du sous-continent indien, au Sri-Lanka, en Afrique, en Irlande du Nord, au Moyen-Orient – en fait, dans pratiquement toutes les zones de conflit du monde –, on trouve un élément de politique amygdalienne basé sur le traumatisme vicariant entretenu par le souvenir des tragédies passées. Dans chaque cas, un processus politique tente de résoudre ces conflits par le discours raisonné. Mais une telle réaction ne suffit pas à dissiper le pouvoir persistant des souvenirs traumatiques réactivés. Il nous faut de nouveaux mécanismes, tels que la Commission Vérité et Réconciliation mise en place en Afrique du Sud, ou d'autres qui restent à inventer, pour aborder le rôle joué dans les conflits ancestraux par la mémoire collective des traumatismes vicariants.

C'est surtout par l'intermédiaire de la télévision que nous racontons désormais notre histoire. Comme je l'ai fait remarquer, cela fait déjà quarante ans que la majorité des Américains ont adopté la télévision comme principale source d'information. Et, nous l'avons vu, cette domination est devenue si excessive que l'Américain moyen passe les deux tiers de son temps libre (c'est-à-dire hors travail, sommeil et transports) à regarder la télévision.Virtuellement, toute communication politique d'importance se déroule désormais dans les limites d'un spot télévisé de trente secondes.

La recherche a démontré que la télévision peut provoquer un traumatisme vicariant sur des millions de gens. Les résultats d'une étude portant sur l'attaque du 11 septembre ont montré que les gens qui avaient regardé la télévision de façon répétitive manifestaient des symptômes de traumatisme plus importants que les téléspectateurs moins assidus. Un chercheur analysant cette étude a parlé des réactions décrites par les téléspectateurs du 11 septembre en ces termes : « Ceux qui ont le plus regardé la télévision ont fait état de davantage de stress [17]. »

Les effets physiques d'un traumatisme vu à la télévision – l'accélération du rythme cardiaque et de la pression artérielle – sont les mêmes que si l'événement était vécu en direct. En outre, il a été démontré que la télévision peut fabriquer de faux souvenirs d'une puissance équivalente à celle des vrais. Quand on se les rappelle, les souvenirs créés par la télévision prennent le contrôle du système émotionnel exactement comme s'ils étaient authentiques [18].

Les conséquences sont prévisibles. Les gens qui regardent quotidiennement les journaux télévisés ont l'impression que les villes sont beaucoup plus dangereuses qu'elles ne le sont en réalité. Des chercheurs ont également découvert qu'alors que les statistiques mesurant certains types de délinquance indiquent une baisse constante, la peur générée par ces mêmes délits ne fait que croître. Et la description de la délinquance augmente souvent parce que les conseillers des stations de télévision estiment que l'audience augmente quand la violence criminelle est à la une. C'est ce phénomène qui a remodelé les informations télévisées locales.

Beaucoup d'émissions matinales nationales passent en priorité les délits et les meurtres, et les téléspectateurs sont fascinés pendant des heures. L'imagerie visuelle de la télévision peut activer les secteurs du cerveau spécialisés dans les émotions de manière bien plus efficace que ne peut le faire la lecture.

La capacité de la télévision à susciter une réaction de peur est particulièrement forte parce que les Américains passent un temps fou devant leur poste. Si nous restons aussi longtemps immobiles face à un écran, c'est que la télévision déclenche constamment dans notre cerveau le «réflexe d'orientation».

Comme je l'ai dit dans l'introduction, le but du réflexe d'orientation est de distinguer au moment présent s'il faut ou non avoir peur en déterminant si le mouvement qui a attiré notre attention est la preuve d'une menace potentielle. (Le réflexe d'orientation sert également à fixer notre attention sur une proie éventuelle ou un individu du sexe opposé.) Lorsqu'un mouvement soudain apparaît dans notre champ de vision, un message est émis depuis le cortex cérébral inférieur qui nous ordonne «Regarde!» et nous obéissons [19]. Lorsque nos ancêtres voyaient bouger les feuilles, leur réaction émotionnelle était plus subtile que la peur. On pourrait la formuler ainsi: «Alerte rouge! Attention!»

Aujourd'hui, les spots publicitaires et nombre de scènes de films d'action stimulent ce type de réflexe une fois par seconde [20]. Et comme dans ce pays nous regardons en moyenne la télévision plus de quatre heures et demie par jour, ces circuits cérébraux sont constamment activés.

Le déclenchement permanent et réitéré du réflexe d'orientation provoque un état quasi hypnotique. Il immobilise partiellement le téléspectateur et provoque une dépendance à la stimulation permanente de deux secteurs du cerveau: l'amygdale et l'hippocampe (une partie de la mémoire et du système de «contextualisation» du cerveau). C'est presque comme si on avait dans le cerveau un «capteur» de télévision.

Quand, dans mon enfance, je passais l'été dans la ferme familiale, j'ai appris à hypnotiser des poulets. On maintient le poulet et on fait tourner le doigt autour de sa tête de façon à ce que ses yeux suivent le mouvement de la main. Après un nombre suffisant de passages, le poulet entre en transe et cesse complètement de bouger. On peut faire plusieurs choses avec un poulet hypnotisé : l'utiliser comme presse-papiers, ou comme cale pour maintenir la porte ouverte, et dans les deux cas il reste immobile, le regard vide. (Impossible en revanche de s'en servir comme ballon de foot. On dirait que le simple fait d'être lancé en l'air réveille immédiatement le poulet.)

Il se trouve que la réaction d'immobilité chez les animaux a fait l'objet d'un certain nombre de recherches scientifiques et voici ce qu'on a découvert : le réflexe d'immobilité est *fortement* influencé par la peur. La peur déclenche dans l'amygdale du poulet un signal qui libère les neurotransmetteurs qui, comme le montrent les expériences sous contrôle, provoquent le plus généralement l'immobilité [21].

Non, je ne dis pas que les téléspectateurs sont comme des poulets hypnotisés. Mais des leçons applicables aux humains dotés d'un plus gros cerveau peuvent être tirées des expériences de cours de ferme. Je me souviens d'avoir dans ma jeunesse passé des heures devant le téléviseur jusqu'à en perdre la notion du temps. Je sais par expérience que l'excès de télévision peut provoquer l'abrutissement.

C'est une des raisons pour lesquelles j'ai tellement à cœur de connecter le média télévision à Internet, afin de l'ouvrir à la créativité et au talent de chacun. Il est extrêmement important, j'en suis persuadé, d'être beaucoup plus attentif à la qualité et à l'intégrité de la programmation télévisée réalisée par les citoyens. C'est aussi pourquoi je m'inquiète du potentiel d'exploitation de ce média par ceux qui cherchent à manipuler l'opinion publique en court-circuitant la raison et la logique.

À cause de l'effet quasi hypnotique de la télévision, il y a autant de différence entre l'économie politique soutenue par l'industrie télévisuelle et les idéaux passionnés du premier siècle de la démocratie américaine qu'entre ceux-ci et le féodalisme qui s'appuyait sur l'ignorance du peuple à l'âge de l'obscurantisme médiéval.

L'exposition systématique à la peur et à d'autres stimulations perturbantes par l'intermédiaire de la télévision peut être exploitée par l'habileté de spécialistes en relations humaines, de publicitaires ou de politiciens. Barry Glassner, professeur de sociologie à l'université de Californie du Sud, démontre que la conjonction de trois techniques peut contribuer à la propagande de la peur : user de répétition, faire passer pour normal ce qui est anormal, induire en erreur. Par l'usage de ces trois procédés, n'importe qui disposant d'une large diffusion médiatique peut déclencher angoisse et peur en dénaturant les discours et les raisonnements politiques [22].

Il y a naturellement de nombreux exemples historiques d'imagerie frappante provoquant des traumatismes vicariants utilisés dans un but positif. Par exemple, les images montrant les manifestants en faveur des droits civiques confrontés à des chiens méchants, ou brutalisés à coups de lances à incendie, ont aidé à mobiliser des Américains ordinaires pour élargir la participation à un mouvement de défense de la justice sociale. Selon ma propre expérience, j'ai appris que les images visuelles – photos, graphiques, dessins humoristiques et modèles numériques – délivrent des informations sur la crise climatique à un niveau bien plus profond que ne peuvent le faire les mots. De même, les photos terrifiantes qui nous sont parvenues du Vietnam ou de la guerre en Irak ont favorisé la naissance de mouvements d'opinion publique contre les guerres perdues auxquelles il faut mettre un terme.

Bien que la logique et la raison jouent un plus grand rôle dans la presse écrite, elles peuvent également être utilisées à la télévision en accompagnement d'images pour en renforcer l'effet positif. En fait, les images de la souffrance sont significatives précisément parce qu'elles aident à générer l'empathie et la bienveillance. Les prises de vue épouvantables de l'intérieur de la prison d'Abou Ghraib ont communiqué l'horreur essentielle des infractions commises bien plus efficacement que ne l'auraient fait des mots. Pourtant, s'agissant de la manipulation de sentiments aussi forts, la possibilité d'abus devient considérable.

De nombreuses recherches ont prouvé que les hommes sont particulièrement sensibles aux menaces qui peuvent être facilement représentées ou imaginées. Par exemple, une étude a montré que les gens sont disposés à dépenser des sommes beaucoup plus importantes pour souscrire une assurance aérienne qui couvre la « mort par terrorisme » que pour une assurance couvrant la « mort par toute cause » [23]. Logiquement, le second type d'assurance devrait inclure le terrorisme parmi quantité d'autres problèmes potentiels. Mais le mot «terrorisme» frappe l'imagination et suscite une peur excessive.

L'exemple de l'assurance aérienne met en lumière un autre phénomène psychologique qui permet de comprendre comment la peur influence notre façon de penser : c'est l'«oubli de probabilité». Des chercheurs en sociologie ont découvert que, lorsque les gens sont confrontés à une menace très importante ou à une énorme récompense, ils ont tendance à se focaliser sur la magnitude des conséquences et oublient la probabilité d'occurrence [24].

Voyez comment l'administration Bush a utilisé certaines des techniques identifiées par le professeur Glassner. En insistant sans arrêt sur les mêmes menaces, en induisant en erreur (confusion entre al-Qaïda et Saddam Hussein), et en utilisant une imagerie frappante (un champignon atomique au-dessus d'une ville américaine).

Le 11 septembre a eu un impact énorme sur nous tous. Mais, après avoir réagi de manière tout à fait appropriée, le gouvernement a commencé à accroître et à déformer la peur du terrorisme afin de créer un prétexte politique pour attaquer l'Irak. Malgré l'absence de preuves, il était dit que l'Irak travaillait main dans la main avec al-Qaïda et était sur le point de disposer d'armes nucléaires. On a fait l'amalgame entre la victoire sur Saddam et la guerre au terrorisme, même si cela signifiait en réalité détourner notre attention et réduire nos moyens d'agir contre ceux qui nous avaient vraiment attaqués.

Quand le président des États-Unis a pris la parole devant la nation et nous a invités à «imaginer» une attaque terroriste à l'arme nucléaire, il faisait référence à des terroristes qui n'avaient en réalité aucun lien avec l'Irak. Mais comme notre pays avait été confronté à l'horreur du 11 septembre, quand le président a dit : «Imaginez avec moi cette nouvelle menace», il fut facile de court-circuiter le processus de raisonnement qui aurait dû conduire les gens à demander : «Attendez, Monsieur le président, où sont vos preuves ?»

Même si vous croyez que l'Irak aurait pu nous menacer, j'espère que vous êtes d'accord avec l'idée que notre nation aurait eu avantage à mener un débat de fond sur la sagesse d'envahir ce pays. Si nous avions pesé le pour et le contre et débattu des conséquences potentielles de cette invasion, nous aurions peut-être empêché certains des événements tragiques qui se déroulent aujourd'hui en Irak.

Le terrorisme compte sur la stimulation de la peur à des fins politiques. Son but est précisément de déformer la réalité politique en suscitant parmi la population une peur largement disproportionnée au danger réel que les terroristes sont capables de poser. Ironiquement, la réaction du président Bush à l'attaque terroriste du 11 septembre a contribué de fait à déformer encore plus la réalité politique de l'Amérique en créant une nouvelle peur de l'Irak sans rapport avec le danger réel que représentait ce pays. C'est pourquoi beaucoup d'entre nous furent si troublés lorsqu'en 2004 David Kay, expert en armement unanimement respecté, après une longue investigation approfondie pour vérifier si, comme le prétendait l'administration, l'Irak disposait d'armes de destruction massive et présentait de ce fait une menace importante, conclut par ces mots : « Nous avions complètement tort[25]. »

Comme nous le savons aujourd'hui, naturellement, il n'y avait strictement aucun rapport entre Oussama Ben Laden et Saddam Hussein. En dépit de quoi, le président Bush a déclaré à la nation, particulièrement vulnérable à cette période à la peur de l'attaque : « On ne peut faire la distinction entre les deux[26]. »

L'histoire jugera sûrement la décision de l'Amérique d'envahir et d'occuper une nation fragile et instable, qui ne nous avait pas attaqués et ne représentait pas de réelle menace, comme non seulement tragique mais absurde. Certes, Saddam Hussein était un dictateur barbare, mais il ne constituait pour nous aucun danger. Cette décision n'a pu être prise qu'à un moment où la raison jouait un rôle extrêmement diminué dans nos délibérations nationales.

Thomas Jefferson aurait vu le lien entre cette tragédie absurde et l'abandon de la raison. Comme il l'écrivait à James Smith en 1822 : « L'homme, après avoir abdiqué sa raison, n'a plus de barrière contre les absurdités les plus monstrueuses et, comme un bateau sans gouvernail, devient le jouet de tous les vents[27]. »

J'ai fait une déclaration à la convention démocratique de l'Iowa à l'automne 2001. Au début du mois d'août, j'avais préparé un discours complètement différent. Mais au sortir de la tragédie, fièrement et avec une totale sincérité, j'ai déclaré aux démocrates de l'Iowa : « George W. Bush est mon président, et je le suivrai, comme nous le ferons tous, en cette période de crise. » Comme des millions d'Américains qui partageaient ce sentiment, j'ai donné au président ma confiance totale, lui demandant de nous diriger avec sagesse et rectitude. Mais il a recentré la vengeance de l'Amérique sur l'Irak, une nation qui n'avait strictement rien à voir avec le 11 septembre.

La campagne de peur qui visait à promouvoir la guerre en Irak a été programmée pour coïncider précisément avec le lancement des élections de mi-mandat de 2002. Le directeur de cabinet du président a justifié cette programmation comme une opération de marketing. Elle fut prévue, expliqua Andrew Card, pour la période publicitaire d'après Labor Day [la fête du travail dont la date est fixée aux États-Unis au premier lundi de septembre], car c'est à cette date que les campagnes publicitaires pour les « nouveaux produits [28] », selon son expression, sont normalement lancées. Ce qu'impliquait sa métaphore, c'est que l'ancien produit, la guerre contre Oussama Ben Laden, avait quelque peu perdu de son mordant. Dans la course de la campagne électorale de 2002, on lançait donc un nouveau produit : la guerre en Irak. Il y a une saison pour tout, en particulier pour la politique de la peur.

Le président partit verbalement en guerre contre le terrorisme dans pratiquement tous ses discours de campagne et tous les dîners de gala destinés à financer son parti politique. C'était son principal cheval de bataille. Des candidats démocrates, y compris le sénateur Max Cleland, de Géorgie, trois fois amputé durant la guerre du Vietnam, furent taxés d'antipatriotisme pour avoir voté contre la volonté de la Maison Blanche sur d'obscurs amendements au projet de loi sur la sécurité intérieure du territoire.

Et lorsque Tom DeLay, ancien leader républicain de la Chambre des représentants, se retrouva en difficulté en tentant d'instaurer au Texas un redécoupage électoral inhabituel afin de récolter plus de sièges au Congrès, il réussit à retrouver la trace des législateurs démocrates qui avaient quitté l'État afin d'empêcher d'obtenir le quorum – et par conséquent le vote – avec le soutien du nouveau département de la Sécurité nationale du président Bush. Au moins treize employés de l'aviation gouvernementale menèrent une recherche durant quarante-huit heures [29], ainsi qu'au moins un agent du FBI (plusieurs autres agents sollicités refusèrent de le faire [30]). DeLay fut admonesté par le Comité national d'éthique mais refusa de reconnaître ses torts [31].

En localisant rapidement les démocrates grâce à la technologie mise en place pour traquer les terroristes, les républicains réussirent à diriger la pression publique sur les sénateurs les plus faibles, et à faire passer en force leur nouveau projet de redécoupage électoral. En partie grâce aux efforts de trois agences fédérales différentes, Bush et DeLay purent se féliciter du gain de sept nouveaux sièges républicains au Congrès.

Cet effort constant de politisation de la guerre en Irak et de la guerre contre le terrorisme à des fins partisanes est manifestement néfaste aux perspectives de soutien bipartite de la politique de sécurité nationale. Le contraste est frappant si l'on considère l'approche différente qu'adopta le Premier ministre britannique Winston Churchill pendant les terribles jours d'octobre 1943, lorsqu'il dut affronter une polémique qui aurait pu diviser sa coalition bipartite. Il déclara alors :

« Ce qui nous rassemble c'est la poursuite de la guerre. Personne [...] ne s'est vu demander de renoncer à ses convictions. Ce serait indécent et malséant. Nous sommes rassemblés par des éléments extérieurs qui captent toute notre attention. Le principe auquel nous nous attachons est : "Tout pour la guerre, quelle que soit la controverse, et aucune controverse qui ne soit véritablement pour la guerre." Voilà notre position. Il nous faut aussi prendre garde que la guerre ne soit utilisée comme prétexte pour introduire par la bande des changements sociaux et politiques de longue portée [32]. »

Ce contre quoi Churchill mettait en garde, c'est exactement ce qu'a essayé de faire l'administration Bush en utilisant la guerre contre le terrorisme dans un but partisan et en introduisant des

changements de fond dans les orientations sociales afin de consolider son pouvoir politique.

Sur de nombreux autres sujets, il est également évident
désormais que l'administration Bush a eu recours au langage
et à la politique de la peur de façon à court-circuiter le débat et
à organiser le calendrier politique sans tenir compte des
preuves, ni des faits, ni de l'intérêt public. Comme je l'analyserai dans le chapitre 5, l'administration n'a pas hésité à faire
usage de la crainte du terrorisme pour remettre en cause des
mesures mises en place par la génération précédente afin
d'éviter la répétition des abus d'autorité du FBI et des services
de renseignements durant la guerre froide. Cette même crainte
a aussi aidé à détourner l'attention des Américains des questions de politique intérieure épineuses, comme l'économie, qui
commençait à préoccuper sérieusement la Maison Blanche dès
l'été 2002.

Plutôt que de gouverner en faisant appel au courage, cette
administration a choisi de nourrir la peur. Pendant la campagne
électorale de 2006, Bush fut encore plus explicite, déclarant que
« si les démocrates gagnent, c'est le terrorisme qui gagne [33] ».

Il existe des peurs légitimes, naturellement, ainsi qu'une
façon responsable et justifiée d'y répondre. Mais la peur de la
mort est celle qui nous fait le plus réagir. Il est inadmissible
d'utiliser des documents fabriqués de toutes pièces et de faux
arguments pour susciter la panique en persuadant les Américains que des terroristes vont faire exploser des armes nucléaires
dans les villes qu'ils habitent.

Quand la survie est associée à une peur provoquée artificiellement, cette peur prend un aspect qualitativement différent.
Il doit être possible d'exprimer toutes les peurs et on peut
le faire de façon responsable si elles sont réelles et si on les
affronte avec sincérité. Mais la création intentionnelle de
fausses frayeurs dans un but politique nuit grandement à la
démocratie.

Bien entendu, l'usage de la peur comme outil politique n'a
rien de nouveau. L'histoire de l'Amérique regorge d'exemples :
tels « Souvenez-vous du *Maine* » et la résolution du golfe du
Tonkin, pour n'en citer que deux. Je me rappelle personnel-

lement la façon dont le président Richard Nixon a exploité la peur de la délinquance dans l'élection de mi-mandat de 1970.

J'ai vécu cette campagne en direct. Mon père, qui était l'homme politique le plus courageux que j'aie connu, se vit taxer d'antipatriotisme parce qu'il s'opposait à la guerre du Vietnam. Il fut accusé d'être athée parce qu'il s'opposait à un amendement constitutionnel destiné à promouvoir la prière soutenue par le gouvernement dans les écoles publiques.

J'étais dans l'armée à cette époque, sur le point de partir au Vietnam comme journaliste militaire dans un bataillon du génie. J'étais en permission la semaine de l'élection. La loi et l'ordre, le transport scolaire pour la déségrégation, une campagne de peur mettant l'accent sur la délinquance, voilà quelles étaient les questions importantes cette année-là. Nixon mena une campagne inconsistante, maintenant considérée par les historiens comme un tournant qui a marqué un net déclin dans le ton de notre discours national.

À bien des titres, George W. Bush me rappelle Nixon plus que tout autre président. Comme Bush, Nixon fit passer son désir de réélection avant tout autre principe. Il institua un contrôle des salaires et des prix avec aussi peu d'égards envers sa doctrine conservatrice que le président Bush en manifesta en accumulant des milliards de dollars de dettes.

Après l'embargo sur le pétrole de 1973, Nixon émit secrètement la menace d'une invasion militaire des puits de pétrole du Moyen-Orient [34]. Bush, lui, a mis la menace à exécution, en tenant secrètes ses véritables intentions. Après avoir été obligé de démissionner, Nixon confia à l'un de ses familiers : « Les gens réagissent à la peur, et non à l'amour. On ne vous l'apprend pas au catéchisme, mais c'est la vérité. »

Dans un discours télévisé la veille de l'élection de 1970, Ed Muskie, sénateur du Maine, énonça le véritable choix auquel les électeurs étaient confrontés : « Il n'y a que deux sortes de politiques. Non pas radicale et réactionnaire, ou conservatrice et libérale, ni même républicaine et démocrate. Il n'existe que la politique de la peur et la politique de la confiance. L'une proclame que vous êtes encerclés par des dangers monstrueux et demande que vous lui donniez le pouvoir et échangiez votre liberté contre votre protection. L'autre dit que le monde est un lieu complexe et dangereux, mais qu'il peut être modelé selon la volonté des hommes. »

« Votez, concluait-il, pour la confiance dans les traditions ancestrales de liberté de ce pays. »

Le lendemain, mon père était battu, vaincu par la politique de la peur. Mais j'étais si fier du courage avec lequel il avait défendu ses principes qu'il me servit de modèle. J'avais le sentiment qu'il avait gagné quelque chose de plus important qu'une élection. Dans son discours, ce soir-là, il retourna le vieux slogan ségrégationniste en lançant une promesse en forme de défi : « La vérité renaîtra. » Je n'étais pas le seul à avoir entendu cette promesse, et je ne suis pas le seul pour qui cet espoir résonne encore haut et fort.

Mais pour qu'un tel espoir se réalise, il nous faut comprendre les implications de l'importance nouvelle que la peur a prise dans notre démocratie. Au chapitre suivant, je vais analyser pourquoi, dans une atmosphère de peur permanente, la population est plus encline à rejeter la raison et à se tourner vers des leaders qui manifestent une foi dogmatique en des points de vue idéologiques. Ces nouveaux démagogues ne sauraient réellement proposer une plus grande sécurité, mais leurs croyances et leurs affirmations simplistes et souvent haineuses peuvent procurer un réconfort illusoire à une société qui vit dans la peur.

Malheureusement, l'émergence de ces leaders ne sert qu'à accélérer le déclin de la raison et à mettre notre démocratie en plus grand péril.

Chapitre 2

Aveugler les fidèles

Les relations entre la foi, la raison et la peur font penser parfois au jeu des enfants comparant la pierre, le papier et les ciseaux. La peur déplace la raison, la raison défie la foi et la foi vainc la peur. Dans un livre interdit par l'Église pendant la décennie du procès de Galilée au dix-septième siècle, *Religio Medici,* Thomas Browne écrivait : « De même que la raison est rebelle à la foi, la passion est rebelle à la raison. » Browne fit partie du grand nombre de ceux qui, précurseurs du siècle des Lumières, se débattirent entre les notions contradictoires d'autorité suprême imposées par l'Église, la loi de la raison et la nature humaine. Il conclut que la foi, la raison et la passion « peuvent être toutes trois souveraines, et cependant ne composer qu'une monarchie unique : chacune exerçant sa souveraineté et ses prérogatives en temps et en heure, selon les contraintes et les limites des circonstances [1] ».

Pendant le siècle et demi qui suivit, de l'emprisonnement de Galilée jusqu'à l'indépendance de l'Amérique, nombre de philosophes des Lumières commencèrent à soutenir que seule la raison devait occuper le trône de la nouvelle autorité souveraine. « Installons fermement la raison sur son siège et soumettons à son tribunal tous les faits et toutes les opinions, écrivait Thomas Jefferson. Ayons l'audace de remettre en question jusqu'à l'existence d'un Dieu, car s'il en est un, Il doit approuver davantage l'hommage de la raison que celui de la frayeur aveugle [2]. »

Jefferson et nos pères fondateurs croyaient que le développement progressif des Lumières permettrait à la raison d'assumer les importants devoirs accomplis par la foi aveugle. Ils étaient convaincus que les deux sœurs jumelles de la raison, la science et la loi, nous éclaireraient et nous donneraient le pouvoir de restreindre nos passions et de forger notre courage. Ils se disaient que, par ce processus, les Américains trouveraient une nouvelle protection contre la peur existentielle dans un gouvernement démocratique basé sur la loi de la raison.

Même si, pour la plupart, les révolutionnaires américains n'ont jamais adopté les opinions anticléricales extrêmes de leurs homologues français, ils étaient cependant très conscients que la religion institutionnelle de l'Ancien Régime avait été un allié cynique du despotisme politique qu'ils aspiraient à renverser. Au demeurant, nombre d'entre eux étaient des descendants d'immigrants qui avaient fui l'oppression et la persécution religieuses. Jefferson écrivait que, tout au long de l'histoire, l'autorité religieuse soutenue par l'État «fut hostile à la liberté. Elle forme toujours alliance avec le despote, encourageant ses abus en échange de la protection des siens. Il est plus aisé d'acquérir richesse et pouvoir par cette alliance que par le mérite[3]».

Dans sa toute dernière lettre, écrite dix jours avant sa mort (quelques heures avant celle de John Adams), le jour du cinquantième anniversaire de la Déclaration d'indépendance, Jefferson exprimait l'espoir que celle-ci encouragerait les hommes du monde entier

> ... à faire sauter les chaînes dont l'ignorance bornée et la superstition les avaient persuadés de se charger, et à faire confiance aux bienfaits et à la sécurité de la démocratie. Cette forme, que nous avons substituée, restaure le droit libre et sans limite à l'exercice de la raison et la liberté d'opinion. Tous les yeux sont ouverts ou s'ouvrent aux droits de l'homme. La lumière de la science en se répandant partout a déjà permis à chacun de voir la vérité palpable, c'est-à-dire que la masse de l'humanité n'est pas née avec une selle sur le dos et qu'un petit nombre de privilégiés ne sont pas nés avec des éperons aux talons pour les chevaucher par la grâce de Dieu[4].

Il est important de noter que Jefferson ne nous mettait pas en garde contre la foi, ni même contre la religion institutionnalisée proprement dite. Il nous prévenait du danger de combiner dogme religieux et pouvoir gouvernemental. Il avait lutté, avec d'autres pères fondateurs, tout aussi fermement *pour* le libre exercice religieux des individus que *contre* l'établissement d'une religion d'État.

L'une des plus douloureuses ironies de l'histoire américaine est que Jefferson, ainsi que nombre d'autres fondateurs, semblaient totalement aveugles à l'immoralité de leur participation à l'esclavage. Comment Jefferson pouvait-il fustiger avec une telle force et une telle lucidité l'idée abjecte que certains puissent être nés «avec une selle sur le dos», sans libérer immédiatement les esclaves dont il était propriétaire? D'autre part, la plupart de ceux qui lancèrent le mouvement abolitionniste étaient plus motivés par leurs convictions religieuses que par la raison. Le fait que la foi les ait plus rapidement conduits à la vérité sur l'esclavage remet en question la conclusion facile selon laquelle la raison est supérieure à la foi. Cependant, en général, un équilibre entre foi et raison est un meilleur guide que l'une ou l'autre seule.

À quelques exceptions près, nos pères fondateurs n'étaient pas irréligieux. Ils savaient alors, comme beaucoup d'entre nous le pensent aujourd'hui, qu'en dépit des nombreux conflits entre raison et foi ces deux notions cohabitent plus aisément dans l'esprit que la raison et la peur. Comme l'écrivit John Donne au début du dix-septième siècle: «La raison est la main gauche de notre âme, la foi en est la main droite[5].»

La peur, cependant, peut détruire l'équilibre entre la raison et la foi, en particulier la peur irrationnelle difficilement dissipée par la raison. Lorsque la peur oblitère la raison, beaucoup de gens ressentent le besoin plus urgent de la certitude réconfortante de la foi absolue. Ils deviennent ainsi plus vulnérables aux appels des leaders séculiers qui professent une certitude totale en des explications simplistes représentant tous les problèmes sous forme de lutte entre le bien et le mal.

Il est très possible que l'épidémie mondiale d'intégrisme – musulman, chrétien, hindou et juif entre autres – ait été causée en partie par le rythme étourdissant du progrès technologique. Ce tsunami planétaire sans précédent a bouleversé quantité de modèles traditionnels familiaux, communautaires, commerciaux, environnementaux et culturels vieux comme le monde.

Afin de se protéger ainsi que leur famille contre les changements troublants qui les désorientent, les gens se dirigent instinctivement vers l'arbre le plus fort qu'ils puissent trouver – souvent celui qui semble avoir les racines les plus profondes. Comme ils se raccrochent toujours plus fermement à leurs traditions religieuses, ils sont d'autant plus vulnérables aux idées et aux influences que la raison aurait éliminées en des temps moins agités.

Si le dogme et la foi aveugle s'empressent de combler le vide causé par le départ de la raison, ils permettent également d'exercer de nouvelles formes de pouvoir, plus arbitraire et résultant de moins en moins du consentement des citoyens. En termes simples, à mesure que le rôle de la peur et de l'anxiété augmente dans notre société, celui de la logique et de la raison diminue dans la prise de décision collective.

Malheureusement, la nouvelle expression du pouvoir qui remonte à la surface dans de telles circonstances provient souvent des profondeurs empoisonnées du racisme, de l'ultranationalisme, des antagonismes religieux, du tribalisme, de l'antisémitisme, du sexisme et de l'homophobie, entre autres. Et les passions ainsi mobilisées sont essentiellement exploitées par ceux qui se réclament d'une autorité divine pour restaurer l'ordre et la sécurité.

Tout au long de l'histoire, notre peur innée de la différence a été trop fréquemment associée à un dogme néfaste prenant l'apparence d'un message divin afin de laisser libre cours à la plus horrible violence et à une oppression digne de l'enfer. En outre, cette forme meurtrière d'exclusion passionnée se révèle pratiquement insensible à la raison. Elle est donc particulièrement utile aux démagogues qui apprennent à l'attiser et à l'exploiter afin de gagner et de consolider le pouvoir.

L'une des contributions les plus importantes que l'Amérique ait faite au monde est la précision avec laquelle nos pères fondateurs ont séparé les relations entre gouvernement et religion. Le rôle de Dieu dans l'établissement des bases d'un gouvernement, pensaient-ils, était de doter chaque citoyen de «certains droits inaliénables», et non de reconnaître à un leader en particulier le droit divin d'exercer le pouvoir sur les autres.

56

Après avoir substitué le droit divin des citoyens au droit divin des rois, nos pères fondateurs renversèrent la monarchie et conçurent un gouvernement démocratique basé sur les règles de la raison. Ils prirent particulièrement soin de protéger les délibérations de la démocratie naissante contre le danger d'association entre peur et dogme en prévenant toute tentative du gouvernement de graver dans la loi la moindre trace de justification divine de l'exercice du pouvoir.

Ils étaient tout aussi conscients de la fragilité et de la porosité de la barrière entre ferveur religieuse et visées politiques sur le pouvoir. «Une secte religieuse peut dégénérer en faction politique[6]», écrivait James Madison, mais la jeune nation américaine allait néanmoins être protégée contre l'alliance ingouvernable entre ferveur religieuse et pouvoir politique tant que la Constitution interdirait au gouvernement fédéral d'établir la prééminence d'une religion.

Ce principe était si bien établi qu'en 1797 le Sénat américain approuva à l'unanimité un traité, signé par le président John Adams, qui contenait la déclaration suivante: «La Nation américaine n'est pas plus une nation chrétienne qu'une nation juive ou une nation musulmane.»

En l'absence de religion d'État, la garantie de liberté pour chaque individu de pratiquer celle qu'il voulait allait naturellement aboutir à une panoplie de doctrines différentes. Les fondateurs avaient compris que la seule manière de protéger et de défendre les croyants – dont je me réclame – est d'empêcher une secte de dominer les autres.

Ainsi, poursuivait Madison, même si une secte religieuse extrémiste devenait faction politique dans une partie du pays, «la variété des sectes dispersées sur toute son étendue protégerait les instances nationales contre tout danger de cette origine[7]». En d'autres termes, la séparation de ces sectes devait garantir que leurs efforts respectifs pour s'emparer du pouvoir s'annuleraient les uns les autres.

Nos pères fondateurs comptaient sur le temps et, encore une fois, sur le système newtonien de contrepoids pour mettre la république à l'abri des alliances abusives entre religion et pouvoir politique. Ils mettaient leur confiance dans ce mécanisme d'équilibre car ils savaient que les hommes chercheraient toujours le pouvoir. Par conséquent, la seule façon de créer un espace sûr où pourrait s'exprimer la raison était de disperser le pouvoir en sources séparées qui s'opposeraient constamment dans un système d'équilibre mutuel. Ils suivirent essentiellement un principe directeur, dans leurs efforts pour établir un contrepoids permettant au discours rationnel de maintenir son équilibre : empêcher la concentration du pouvoir entre les mains d'une seule personne ou d'un petit groupe.

Il y a plus de soixante ans, au milieu de la Seconde Guerre mondiale, le juge Robert Jackson écrivit : « S'il est une grande étoile dans notre constellation constitutionnelle, c'est qu'aucun responsable gouvernemental, à quelque niveau de la hiérarchie qu'il soit, ne peut prescrire ce qui est orthodoxe en matière de politique, de religion ou de tout autre domaine d'opinion [8]. » Ses mots n'ont aujourd'hui rien perdu de leur vérité.

Tout effort d'un membre du gouvernement des États-Unis de se prévaloir d'un quelconque droit divin équivaut par conséquent à un blasphème. Le gouvernement, dans sa conception américaine, ne détient absolument aucun droit attribué par Dieu. Son autorité morale vient de l'intégrité de son processus délibératif et de notre participation à ce processus. Son emprunt d'un juste pouvoir dérivé du consentement des citoyens doit découler de l'application de la loi. Comme John Adams l'a écrit jadis dans le Massachusetts : « Ce sont les lois qui nous gouvernent et non les hommes [9]. »

La séparation de l'Église et de l'État fut ainsi basée non seulement sur la clairvoyance de nos pères fondateurs en ce qui concerne la peur, la foi et la raison, mais également sur leur conscience de la nature du pouvoir. Ils avaient compris que ce dernier peut enivrer au point de prendre le pas sur la raison. C'est en fait cette défiance de la concentration des pouvoirs qui les a conduits non seulement à séparer la religion de l'exercice de l'autorité gouvernementale, mais aussi à diviser les pouvoirs du gouvernement en trois branches égales, enchâssées dans un réseau complexe de contrepoids destinés à empêcher l'accumulation du pouvoir dans chacune des trois.

Les lois devaient faire l'objet de délibérations soigneuses et être conçues à l'intérieur d'une branche législative, elle-même protégée contre les risques de concentration de pouvoir grâce à une séparation en deux chambres égales, chacune dotée d'un système différent de promotions et d'encouragement, et à des financements spéciaux conçus pour empêcher les points de vue minoritaires d'être étouffés par les opinions de la majorité.

Chacune de ces lois devait être appliquée par un exécutif dont le pouvoir était également restreint et défini par la Constitution. Puis, précaution supplémentaire contre l'abus de pouvoir gouvernemental, chaque loi devait être soumise à la révision d'une Cour suprême dont les membres, une fois choisis et confirmés, étaient nommés à vie et chargés de garantir que les principes contenus dans la Constitution n'étaient violés par aucune loi, que ce soit dans la formulation ou dans l'exécution.

Mais ce complexe mécanisme d'horlogerie du gouvernement américain a toujours dépendu du « mécanicien fantôme » de sa locomotive. Ce fantôme qui anime la mécanique de la Constitution n'a rien de sacré : c'est nous, nous tous, la proverbiale « citoyenneté bien informée ». Peut-être sommes-nous dotés de droits individuels par notre Créateur, mais nous agissons pour protéger ces droits et gouverner notre nation avec les instruments de la raison.

Le système immunitaire de la démocratie américaine a agi d'autant plus efficacement que les citoyens de la nation ont eu une opportunité plus grande d'analyser « tous les faits et toutes les opinions » avant le tribunal de la raison. Même si le système n'a jamais marché à la perfection, c'est quand la discussion des choix qui se présentaient a été la plus ouverte que notre nation a le mieux réussi. Cependant, voici que notre volonté non démentie et notre compétence de citoyens à jouer ce rôle essentiel sont désormais remises en question. Notre aisance à manier l'analyse rationnelle n'est plus ce qu'elle était. En vérité, la lecture et l'écriture ne jouent plus un rôle aussi important que jadis dans nos relations avec le monde.

Notre capacité à mettre en œuvre les rouages compliqués de la démocratie a toujours été dépendante, à un degré sous-estimé, d'une compréhension largement répandue du texte écrit. La Constitution, de même que les explications de nos pères fondateurs quant à leurs intentions, toutes les lois votées par le Congrès et toutes les décisions de la Cour suprême des deux cent dix-huit dernières années, existent sous forme d'écrit. En tant que citoyens, si nous avons une pratique et une connaissance insuffisantes de l'usage des mots qui nous permettent de nous approprier notre pouvoir de citoyen, nous sommes de moins en moins capables « d'asseoir la raison fermement dans son siège ».

La métaphore de notre système immunitaire pour protéger la démocratie a récemment été enrichie par une nouvelle compréhension de la manière dont fonctionne notre système de défense biologique. Le cerveau et le système immunitaire ont un point commun important : ni l'un ni l'autre ne sont entièrement développés à la naissance. Tous deux continuent à évoluer rapidement pendant la petite enfance. En tant qu'humains, la durée de notre petite enfance est la plus longue de celles de toutes les créatures animales. Cette caractéristique de l'espèce – appelée « néotonie » – concerne notre tendance à intégrer quantité d'éléments culturels, de traditions et de croyances dans le système de fonctionnement du cerveau. Les modèles psychologiques et relationnels – y compris les dysfonctionnements – et tous les habitudes et comportements sont ainsi transmis de génération en génération.

Le système immunitaire se calibre pendant la petite enfance et l'enfance en produisant des anticorps en réaction à des maladies potentielles. Quand les anticorps ne sont plus nécessaires, les codes génétiques servant à les reproduire sont stockés par le système immunitaire afin d'être immédiatement accessibles en cas d'urgence pour repousser des attaques ultérieures. (De façon assez comparable, les souvenirs traumatiques restent prioritairement accessibles, stockés dans le centre cérébral de la peur.)

Des chercheurs ont récemment découvert que la pratique moderne qui consiste à soigner rapidement des bébés avec des doses massives d'antibiotiques dès la première menace pathogène a eu un effet secondaire troublant : il prive le système immunitaire de sa capacité à « apprendre » comment réagir rapidement et correctement aux infections. En conséquence, cet « exercice de protection rapprochée » normal du système immunitaire peut devenir irresponsable et inexact dans ses réactions aux menaces, réagissant de façon impropre à des attaques bénignes comme si elles étaient mortelles. L'augmentation des cas d'asthme et autres désordres immunitaires est sans doute plus imputable à cette invalidation du système immunitaire qu'à un quelconque accroissement des microbes pathogènes dans notre environnement.

Il se peut fort bien que le recul de la gymnastique nécessaire à la démocratie – le net déclin de la lecture et de l'écriture – ainsi que le matraquage de nouvelles angoisses au moyen de spots publicitaires et les remèdes de charlatan vantés comme des solutions miracles aient provoqué un désordre immunitaire de la démocratie américaine qui empêche les citoyens de réagir de façon appropriée, précise et efficace aux menaces sérieuses qui mettent sa santé en danger. Si bien que, soudain, nous réagissons démesurément à des menaces illusoires et restons passifs en face de dangers réels.

La révélation que notre gouvernement s'était livré de façon régulière et cruelle à la torture de prisonniers politiques – et qu'il continuait de le faire ouvertement – a provoqué remarquablement peu de protestations, alors qu'étaient bafouées les valeurs et l'autorité morale de l'Amérique dans le monde. De même, l'annonce que le pouvoir exécutif avait procédé à la mise sur écoute de quantité de citoyens américains, sans nul respect de l'exigence constitutionnelle de mandat légal – et qu'il continuait de le faire –, a soulevé si peu de contestations que le Congrès a effectivement adopté une législation approuvant et confirmant la procédure. Et pourtant cette action menace l'intégrité de la Déclaration des droits, qui est au cœur de ce que l'Amérique a offert de meilleur à l'histoire de l'humanité.

Dans le même temps, la majorité des citoyens furent conduits à approuver en bloc l'invasion d'un pays qui ne nous avait pas attaqués et ne représentait aucun danger pour nous. Il n'y eut qu'une faible opposition au redéploiement des soldats américains et autres moyens de combat utilisés dans la poursuite des terroristes qui, eux, nous avaient *réellement* attaqués et *continuent* à représenter une menace.

Comment avons-nous pu ne pas voir la différence entre les

menaces réelles et celles qui étaient illusoires ? Est-ce le signe que cette perte de contrôle et cette passivité irresponsable devant les dangers qui menacent la République nous ôtent toute capacité à maintenir en fonctionnement un gouvernement constitutionnel sain ? Et même si vous n'êtes pas d'accord avec mes conclusions sur les choix qu'a faits le gouvernement, ne serait-il pas préférable d'avoir un débat ouvert et approfondi sur ces questions ?

En décrivant l'invasion de l'Irak comme le front d'une lutte épique entre le bien et le mal, le président Bush a cherché à déguiser sa politique va-t'en-guerre sous des dehors de conviction religieuse. L'Amérique avait été provisoirement abasourdie, évidemment, par la férocité et l'ampleur des attaques terroristes du 11 septembre 2001. À cause de la peur d'autres attaques et de la colère intense que nous avons tous ressentie à l'égard de ceux qui avaient causé la mort de nos concitoyens, notre pays se retrouva, avec une docilité sans précédent, prêt à se ranger aux initiatives du président et à riposter sur les cibles de son choix.

Au début, il décida judicieusement d'envoyer l'armée en Afghanistan pour déstabiliser les bases des terroristes. Mais, peu de temps après, Bush commença à faire basculer le désir de revanche de la nation d'Oussama Ben Laden vers Saddam Hussein. Il offrit aux Américains un raccourci pour réduire les complexités de la politique étrangère en classant les nations en deux catégories simples : « Soit vous êtes avec nous, soit vous êtes contre nous [10]. » Il décrivit l'Irak comme faisant partie de « l'axe du mal » et procura des preuves falsifiées selon lesquelles Saddam Hussein cherchait à développer la bombe atomique. Ironie du sort, les deux autres membres de cet « axe », l'Iran et la Corée du Nord, ont passé les six dernières années à poursuivre leur programme nucléaire.

Bien longtemps avant de commencer à battre le tambour de guerre contre l'Irak, Bush avait déjà annoncé que son ennemi privilégié était le mal. Le lendemain du 11 septembre, Bush déclarait : « Ce sera une lutte monumentale entre le bien et le mal, mais le bien l'emportera [11]. » Deux jours plus tard, j'étais dans l'assistance à la National Cathedral quand Bush proclama que sa « responsabilité dans l'histoire » était de « débarrasser le monde des forces du mal » [12]. J'ai trouvé en fait que l'essentiel du discours du président était excellent, ce jour-là, et je le lui dis. Mais je me souviens d'avoir été stupéfait par la grandiloquence et l'assurance de cette étrange et troublante affirmation selon laquelle il débarrasserait le monde des «forces du mal».

Vraiment?

La semaine suivante, s'adressant à une session conjointe du Congrès, Bush déclara que Dieu avait prédéterminé l'issue du conflit dans lequel nous étions engagés car «la liberté et la peur, la justice et la cruauté ont toujours été en guerre, et nous savons que Dieu n'est pas neutre entre les deux [13]».

Comme d'autres l'ont fait remarquer, le point de vue politique de Bush dans le contexte d'un conflit spirituel fatidique entre le bien et le mal n'illustre pas vraiment la doctrine chrétienne. Il évoque en fait beaucoup plus l'ancienne hérésie chrétienne appelée manichéisme – rejetée par les chrétiens il y a plus de mille ans – qui cherchait à diviser toute réalité en deux catégories simples, le bien absolu et le mal absolu.

La simplicité est toujours bien plus séduisante que la complexité, et la foi plus rassurante que le doute. Une profession de foi religieuse doublée d'explications simples du monde est encore plus prisée en un temps de grande peur. En outre, pendant les périodes de profonde incertitude et d'angoisse populaire, n'importe quel leader se réclamant d'une inspiration divine a plus de chances d'éviter les questions gênantes relevant le manque criant de logique de ses arguments.

Beaucoup de gens des deux partis politiques s'inquiètent du rapport profondément troublant que le président Bush entretient avec la raison, de son mépris des faits et de son manque de curiosité concernant toute nouvelle information susceptible d'apporter une meilleure compréhension des problèmes et des stratégies qu'il est censé affronter au nom de la nation.

Cependant, l'absence de curiosité de Bush et son apparente immunité au doute sont parfois interprétées par ceux qui le voient et l'entendent à la télévision comme autant de preuves de sa conviction, même si c'est précisément cette inflexibilité, ce refus borné de considérer des opinions alternatives ou des preuves contradictoires qui font courir les plus grands dangers à notre pays.

De même, la simplicité de nombre de déclarations de Bush est souvent interprétée à tort comme la preuve qu'il est parvenu au cœur d'un problème complexe, alors qu'en fait c'est le contraire : elles trahissent souvent son refus d'*envisager* la complexité. Ce qui est particulièrement préoccupant dans un monde où les défis auxquels l'Amérique est confrontée sont souvent complexes et exigent une analyse rigoureuse, soutenue et disciplinée.

Pourtant, je ne me rappelle pas qu'un seul journal, un seul commentateur, un seul leader politique ait jamais remis en question l'affirmation du président selon laquelle notre objectif national devait être de « débarrasser le monde des forces du mal ». En outre, je n'ai pratiquement pas entendu de remise en cause de la logique absurde qui a poussé le président et le vice-président à amalgamer Oussama Ben Laden et Saddam Hussein. C'était comme si la nation avait décidé de suspendre toute rigueur normale dans l'analyse logique, alors que nous poursuivions une guerre contre un mot (la terreur) et une nation (l'Irak) qui n'avait absolument rien à voir avec l'attaque que nous voulions venger.

Après avoir invoqué le langage et les symboles de la religion pour court-circuiter la raison et persuader le pays d'entrer en guerre, Bush trouva de plus en plus nécessaire d'ignorer ou de contester tous les faits gênants qui commençaient à apparaître dans les discussions publiques. Il semblait parfois faire la guerre à la raison même, dans son effort pour nier les vérités évidentes quand elles ne correspondaient pas aux idées fausses données au pays avant de décider de l'invasion. Son équipe et lui semblaient aborder toutes les questions portant sur les faits comme s'ils avaient une lutte partisane à régler.

Ceux qui contestaient les fausses hypothèses sur lesquelles se justifiait la guerre se voyaient taxés d'antipatriotisme. Ceux qui mettaient en lumière les preuves falsifiées et les aberrations criantes étaient accusés de soutenir le terrorisme. L'un des alliés de Bush au Congrès, John Boehner, alors leader de la majorité, déclara : « Si vous voulez laisser gagner les terroristes en Irak, vous n'avez qu'à voter pour les démocrates [14]. »

La même stratégie avait été suivie pour réduire au silence les opinions discordantes au sein même de l'exécutif, afin de censurer l'information qui pouvait être en contradiction avec les buts idéologiques fixés et de forcer l'accord de tous les membres du gouvernement.

Ceux qui, au sein de l'administration, tirèrent la sonnette d'alarme pour prévenir des signes inquiétants que notre nation s'engageait les yeux fermés dans un bourbier stratégique furent soumis aux intimidations et aux menaces ou censurés. Par exemple, l'administration pénalisa le général à quatre étoiles Eric Shinseki, chef de l'armée américaine, en nommant son successeur quatorze mois avant son départ en retraite[15]. Et le général de division John Batiste a témoigné l'année dernière que tous ceux qui au Pentagone posaient des questions sur l'après-guerre étaient menacés de licenciement[16].

Il est stupéfiant de voir que le groupe d'étude sur l'Irak, soutenu par les deux partis politiques, a jugé nécessaire d'inclure dans son rapport de l'an passé une recommandation souhaitant que la Maison Blanche rétablisse la tradition de franchise entre les responsables politiques et les chefs militaires, pour permettre aux généraux et amiraux de dire la vérité et d'exprimer des recommandations honnêtes sans craindre de sanction. J'utilise le mot *stupéfiant* car je me souviens du temps où les citoyens américains – dans leur rôle d'électeurs – auraient puni de tels abus scandaleux, surtout en temps de guerre, avec une telle sévérité qu'il aurait été inconcevable qu'un panel d'« experts » ait besoin de conseiller au président d'autoriser ses généraux à dire la vérité.

Les concepteurs de la Constitution connaissaient le danger qu'encourt le débat rationnel lorsqu'on fait usage de l'intimidation pour faire taire la vérité. Comme l'a exprimé Alexander Hamilton dans le numéro 73 du *Fédéraliste* : « Tout pouvoir sur les ressources d'un homme est un pouvoir sur sa volonté[17]. » Autre exemple de ce phénomène : avant que ne commence la guerre en Irak, les analystes de la CIA en désaccord avec l'affirmation de la Maison Blanche disant qu'Oussama Ben Laden avait un lien avec Saddam Hussein subirent des pressions au travail et commencèrent à craindre pour leurs promotions et augmentations de salaire. Malheureusement, la CIA ne réussit pas à corriger l'opinion manifestement fausse qu'il existait un lien entre al-Qaïda et le gouvernement irakien.

Il s'était passé la même chose dans les années 1960 pour les fonctionnaires du FBI qui contestaient l'opinion de J. Edgar Hoover selon laquelle Martin Luther King était étroitement lié aux communistes. Le chef du département des renseignements intérieurs du FBI rapporta que la conséquence de ses efforts pour établir la vérité sur l'innocence de King fut que ses collègues et lui se retrouvèrent isolés et soumis à des pressions. «Il était évident que nous devions changer d'attitude si nous ne voulions pas nous retrouver à la rue... J'ai discuté avec mes hommes de la manière de nous sortir de l'impasse. Être en désaccord avec M. Hoover n'était pas une mince affaire. Les hommes avaient des projets d'achat de maison, des emprunts à rembourser, des enfants à l'école. Ils vivaient dans la crainte d'être mutés, de perdre l'argent qu'ils avaient engagé, comme d'habitude... Ils demandèrent donc un autre mémorandum écrit pour nous sortir de la difficulté où nous nous trouvions [18]. » Très vite, il n'y eut plus de différence d'opinion avec le FBI, et la fausse accusation devint le point de vue unanime.

La notion même de gouvernement démocratique dépend avant tout d'un débat ouvert et honnête pour rechercher la vérité, ainsi que du respect commun des lois de la raison pour y aboutir. L'administration Bush manifeste régulièrement une absence totale de respect de ce processus fondamental. Elle se réclame de la direction divine, s'imagine qu'elle connaît la vérité et ne se montre pas très curieuse d'apprendre tout ce qui pourrait la contredire.

Par exemple, Bush a décrit la guerre en Irak comme une «croisade [19] », négligeant le fait évident que les implications sectaires de ce terme pourraient rendre la tâche plus difficile à nos soldats dans un pays musulman qui a régulièrement combattu les invasions des croisés chrétiens au Moyen Âge.

L'un des généraux en charge de la politique de guerre, William G. Boykin, se joignit à une tournée de groupes conservateurs évangéliques pendant son temps de loisir et déclara – en chaire et en uniforme – que notre nation prenait part à une guerre sainte en tant que «nation chrétienne combattant Satan [20] ». Boykin se sentait peut-être autorisé à utiliser le langage des Croisades – même si les États-Unis cherchaient désespérément des alliés musulmans à ce moment-là – puisque son commandant en chef[21] avait à plusieurs reprises fait usage de termes et de symboles religieux dans la présentation de sa politique. Et Bush était loin d'être le seul politicien intégriste à prendre cette position. À Noël 2006, le député Robin Hayes (républicain de Caroline du Nord) suggéra que la seule solution durable pour la guerre en Irak et ses multiples fanatismes était « de répandre la parole de Jésus-Christ... Tout dépend du fait que tout le monde apprenne la naissance du Sauveur[22] ». Eh bien, monsieur le député, je considère que Jésus est mon Sauveur, moi aussi, mais l'Irak est un pays musulman.

Le général Boykin n'a jamais été licencié. C'est le même homme, au fait, qui a aidé à mettre en place l'usage de traitements abusifs des prisonniers en Irak. Étant donné les origines de la nouvelle politique approuvant la torture, il n'est pas étonnant que les abus infligés n'aient pas été que corporels, mais aient visé les croyances religieuses des prisonniers. Nombre d'entre eux ont témoigné que les gardes les avaient forcés, sous peine de torture, à maudire leur religion, à manger du porc et à boire de l'alcool, en violation de leurs croyances. L'un d'eux a raconté à un journaliste qu'on lui avait d'abord ordonné de renier l'islam, puis qu'après lui avoir cassé une jambe l'un de ses tortionnaires se mit à le frapper sur cette jambe et lui « ordonna de remercier Jésus d'être encore en vie[23] ».

Ces exemples sont particulièrement horrifiants en partie parce qu'ils sont en contradiction totale avec ce qui fait l'Amérique. La place spéciale des États-Unis dans l'histoire des nations vient de notre engagement à respecter la loi et de notre dévotion à la démocratie et aux droits de l'individu. Les pères fondateurs étaient des observateurs perspicaces de la nature humaine et avaient compris que le bien et le mal existent en chacun de nous. Ils craignaient les abus de pouvoir précisément parce qu'ils savaient que chacun vit quotidiennement avec un système interne d'équilibre et qu'aucun d'entre nous ne peut rester vertueux s'il se trouve en mesure d'atteindre un niveau de pouvoir excessif sur ses concitoyens.

Considérons le système de balancier des pulsions intérieures telles qu'elles sont décrites par un des soldats d'Abou Ghraib accusé d'avoir torturé des prisonniers, le spécialiste Charles A. Graner, Jr. Il a été mis en cause par un de ses collègues, le spécialiste Joseph M. Darby, qui allait par la suite avoir le courage de tirer la sonnette d'alarme. Quand Darby demanda à Graner d'expliquer les actions photographiées sur un CD qu'il avait découvert, Graner répondit : « Le chrétien que je suis me dit que j'ai tort. Mais l'officier gardien de prison dit : "J'adore foutre la trouille à un adulte et le voir pisser dans son froc" [24]. »

Il est clair aujourd'hui que ce qui s'est passé dans cette prison n'est pas le résultat d'actes fortuits perpétrés par « quelques pommes pourries ». C'était la conséquence naturelle de la politique de l'administration Bush qui a démantelé le respect des lois et de la convention de Genève, a déclaré la guerre à l'équilibre politique de l'Amérique, tout en éludant la responsabilité et l'explication des actions ordonnées.

Les traitements infligés aux prisonniers d'Abou Ghraib découlent directement de la violation de la vérité qui a caractérisé la marche vers la guerre de cette administration, ainsi que de l'abus de la confiance que les Américains avaient placée en leur président au sortir de la tragédie du 11 septembre.

On peut résumer précisément ce qui a mal tourné dans la stratégie de Bush en Irak. Il a misé sur la politique de la foi aveugle. Il a imaginé une combinaison de vengeance déplacée et d'intégrisme peu judicieux afin de dominer la discussion nationale, court-circuiter la raison, museler la contestation et intimider ceux qui remettaient sa logique en cause, que ce soit à l'intérieur ou à l'extérieur du gouvernement.

Il a adopté un point de vue idéologique sur l'Irak qui se révèle en tragique contradiction avec la réalité. Tout ce qui a mal tourné depuis est d'une manière ou d'une autre le résultat de l'opposition spectaculaire entre le paquet de contrevérités qui ont été naïvement gobées avant la guerre et la réalité par trop douloureuse que nos soldats, nos entrepreneurs, nos diplomates et nos contribuables ont dû affronter depuis ses débuts.

Lorsque cette pénible réalité a commencé à remplacer l'illusion dans l'esprit des gens, le président a déployé de plus en plus d'efforts pour faire taire les messagers de la vérité et créer sa propre version de la réalité. Son mépris apparent des lois de la raison et la facilité initiale avec laquelle il a su convaincre les Américains de croire à sa vision intégriste du monde l'ont, semble-t-il, enfermé dans l'illusion dangereuse que la réalité elle-même est devenue une denrée que l'on peut fabriquer et vendre avec une propagande intelligente et de bonnes relations publiques.

A-t-il cru lui-même ce qu'il disait au pays ? Difficile de le savoir. Selon les mots de l'auteur et journaliste britannique George Orwell : « Nous sommes tous capables de croire des choses que nous savons fausses puis, quand on nous démontre notre erreur, de déformer impudemment les faits afin de prouver que nous avions raison. Intellectuellement, il est possible de poursuivre indéfiniment ce processus : la seule limite est que tôt ou tard une conviction fausse va buter contre une réalité concrète, en général sur un champ de bataille [25]. »

Il y eut d'autres conflits entre la « réalité inventée » du président Bush et la véritable réalité de l'Amérique. La distorsion et le refus des preuves les plus évidentes concernant le changement climatique font écho à la façon de procéder du président lorsqu'il a falsifié ou supprimé les preuves de la soi-disant menace nucléaire posée par l'Irak. Et sa politique budgétaire, qui a transformé 5 milliards de dollars de surplus en 4 milliards de déficit [26], fut, dans son genre, un conflit aussi spectaculaire entre réalité et illusion que la guerre en Irak. Là encore, on a assisté à un déni complet des preuves de la menace que ses propositions d'imposition et de dépenses faisaient endosser à l'Amérique.

À tort, certains détracteurs prétendent que le président n'est pas assez intelligent pour faire preuve de la curiosité normale permettant de séparer le mythe de la réalité. D'autres semblent persuadés que son expérience de conversion religieuse fut si intense qu'il s'appuie davantage sur la foi religieuse que sur l'analyse raisonnée.

Je rejette ces deux caricatures.

Je sais parfaitement que le président Bush est fort intelligent et je ne doute aucunement que sa foi religieuse soit authentique et constitue la motivation essentielle de ses actions, comme c'est le cas pour moi et bien des gens. Je suis cependant persuadé que, le plus souvent, ses écarts par rapport à une analyse basée sur la réalité ont bien plus à voir avec une idéologie politique et économique de droite qu'avec la Bible. J'ai fait allusion à la mise en garde de James Madison, vieille de deux siècles, selon laquelle « une secte religieuse peut dégénérer en faction politique ». Aujourd'hui, avec la droite intégriste, nous avons une faction politique qui se fait passer pour une secte religieuse, et le président des États-Unis en est le *chef*. L'ironie évidente est que Bush utilise une foi aveugle pour dissimuler ce qui est en réalité une philosophie politique extrémiste, avec un mépris de la justice sociale qui est tout sauf pieux selon les critères de toutes les traditions religieuses respectées que je connaisse.

La vérité, en ce qui concerne cette attitude politique basée sur la foi, c'est que le président Bush a fait usage du symbolisme et du langage corporel de la religion pour déguiser l'effort le plus extrémiste de l'histoire de l'Amérique, et s'emparer de ce qui appartient au peuple américain afin d'en donner le plus possible aux riches et aux privilégiés. Et ces riches et ces privilégiés observent son ordre du jour et disent, comme le vice-président Dick Cheney à l'ancien ministre des Finances Paul O'Neill, à propos des réductions d'impôts qui, ils le savaient tous deux, allaient créer un énorme déficit budgétaire : « C'est notre dû [27]. »

Ne vous y trompez pas : c'est l'idéologie réactionnaire du président et non sa foi religieuse qui est à l'origine de sa troublante ténacité. Indépendamment de ses opinions religieuses, le président Bush a une telle certitude en la validité de son idéologie rigide d'extrême droite qu'il ne ressent pas, contrairement à beaucoup d'entre nous, le désir de réunir des faits pertinents sur les questions qui se posent. En conséquence, il ignore délibérément les avertissements de ses propres experts, interdit la contestation et refuse souvent de vérifier ses affirmations grâce aux meilleures preuves disponibles. Il a, en fait, perdu le contact avec la réalité et son imprudence met en jeu la sûreté et la sécurité des Américains.

L'administration Bush a démontré son mépris pour les principes fondamentaux d'un processus rationnel de décision, défini comme celui où l'accent est honnêtement mis sur l'obtention des faits, pour en tirer ensuite les conclusions. Au contraire, la marque de fabrique de l'administration actuelle est un effort systématique de manipulation des faits au service d'une idéologie totalitaire, ressenti comme bien plus important que le contrôle de l'honnêteté élémentaire.

Il y a plus de trois cents ans, John Locke, l'un des contributeurs anglais des Lumières, qui eut une énorme influence sur la philosophie de nos pères fondateurs, écrivait : « Toute secte fait volontiers usage de la raison aussi longtemps que celle-ci la sert ; et quand ce n'est plus le cas, ils s'écrient : "C'est une question de foi, au-delà de la raison" [28]. » Il est donc crucial d'être précis dans la description du système religieux que Bush accepte sans discernement et place hors de toute logique, voire de discussion.

L'étonnante domination politique récente d'une droite dont les convictions sont généralement en total désaccord avec l'opinion de la majorité des Américains résulte de la coalition soigneusement établie par des groupes d'intérêts qui n'ont pas grand-chose en commun, hormis un désir de pouvoir susceptible d'être mis au service d'un dessein précis. Cette coalition de partisans inclut à la fois des extrémistes religieux de droite et des groupes d'intérêts économiques particulièrement voraces, chacun cherchant à accaparer un pouvoir de plus en plus grand à des fins personnelles. Ils acceptent de soutenir les desseins des autres alors qu'il n'existe entre eux aucun consensus idéologique. Le seul perdant systématique dans ces échanges est le citoyen américain. Dans son ensemble, cette coalition correspond strictement au risque contre lequel nos pères fondateurs nous mettaient en garde, c'est-à-dire au fait qu'une faction en vienne à dominer la politique et à exercer le pouvoir pour son propre compte.

Dossier après dossier, le président a conduit une politique décidée avant les faits, destinée à bénéficier à ses amis et partisans. Ceux-ci, en retour, ont apporté au président d'énormes contributions et un poids politique. Ce cycle de renvois d'ascenseur a de plus en plus écarté la politique gouvernementale de l'intérêt public. Nous ne devrions donc pas être surpris de voir le président user de tactiques qui privent le peuple américain de toute occasion de soumettre efficacement ses arguments à l'examen critique essentiel à notre système de contre-pouvoirs.

Le premier groupe d'importance de cette coalition est ce que j'appellerais les « royalistes économiques », qui sont principalement intéressés par une baisse maximale de leurs taxations et l'élimination de toute régulation gênante. Leur idéologie, en laquelle ils croient, et Bush avec eux, avec une ferveur quasi religieuse, est fondée sur plusieurs éléments clés :

Premièrement, l'«intérêt public» n'existe pas. Cette expression recouvre une invention dangereuse imaginée comme excuse afin d'imposer des charges injustes aux riches et aux puissants.

Deuxièmement, les lois et les régulations sont également nocives – sauf lorsqu'elles peuvent être utilisées au profit de ce groupe, ce qui s'avère fréquent. Il s'ensuit par conséquent que, chaque fois qu'une loi doit être respectée ou un règlement appliqué, il est important d'assigner ces responsabilités à des individus dont on est sûr qu'ils ne seront pas victimes de l'illusion détestable qu'il existe un intérêt public, mais qu'ils serviront au contraire fidèlement les intérêts précis et exclusifs de ce groupe restreint. Certaines de ces activités seront étudiées plus loin au chapitre 3.

Ce groupe semble consacrer beaucoup de temps et d'énergie à se soucier de l'impact du gouvernement sur le comportement des pauvres. Ils sont terriblement inquiets, par exemple, à l'idée que le programme d'aide gouvernementale en matière de santé, de logement, d'assurance sociale et autres subventions puisse dissuader les gens de travailler. Ils sont également opposés au salaire minimum, à la semaine de quarante heures, aux lois sur la sécurité de l'emploi, à la protection du consommateur, au droit d'attaquer les compagnies privées d'assurance santé (alors même que celles-ci revendiquent le droit d'intervenir dans les décisions médicales des familles américaines), à la protection de la vie privée et au droit à l'air et à l'eau purs. En bref, s'ils devaient réaliser leurs ambitions, ils élimineraient le schéma économique qui a servi à établir la plupart des sauvegardes et des protections des familles de la classe moyenne tout au long du vingtième siècle.

C'est eux qui ont fourni l'essentiel des ressources qui ont financé l'important réseau de fondations, d'instituts indépendants de réflexion et d'influence, de comités d'action politique, de compagnies de communication et d'entreprises fantômes capables de simuler un activisme progressiste et de livrer un assaut impitoyable contre tous les processus de raisonnement qui menacent leurs objectifs économiques. La plupart des problèmes que le président Bush a posés à ce pays viennent de ces ressources, alliées à sa conviction qu'une idéologie républicaine de droite – qui donne généralement la priorité aux intérêts des riches et des grandes entreprises – est infaillible.

La deuxième branche de la coalition est constituée des faucons, dont les préférences, en matière de politique extérieure, varient de l'invasion sans motif à l'impérialisme économique. Leur objectif est avant tout de porter au plus haut degré l'influence des États-Unis dans le monde entier. Traités et accords sont considérés comme contraires à l'orthodoxie, car ils peuvent interférer avec l'exercice du pouvoir de la même manière que les lois intérieures. Les conventions de Genève et la loi américaine interdisant la torture ont également été qualifiées de « surannées [29] » par l'ancien conseiller de la Maison Blanche du président Bush puis effectivement rejetées parce que contraignantes, pour que Bush et son ancien ministre de la Défense, Ronald Rumsfeld, puissent mettre en place une politique qui eut pour résultat la pratique généralisée de la torture des prisonniers en Irak, Afghanistan, à Guantánamo et dans de nombreux autres sites gardés secrets. Et même si les fonctionnaires du Pentagone ont confirmé que Rumsfeld était personnellement impliqué dans la définition des mesures spécifiques extrêmes autorisées dans les interrogatoires [30] de Guantánamo (procédures qui servirent de base à celles utilisées par la suite en Irak), ce dernier n'eut aucun compte à rendre sur la violation la plus scandaleuse et la plus humiliante des principes américains de mémoire récente.

La manière dont le président Bush cherche à inventer sa propre réalité me rappelle la déclaration de Richard Nixon interviewé par le journaliste David Frost : « Si le président, par exemple, approuve une action pour des raisons de sécurité nationale ou, dans ce cas, à cause d'une menace importante sur l'ordre et la paix intérieure, alors la décision du président doit permettre à ceux qui l'appliquent de le faire sans violation de la loi [31]. »

C'est exactement l'argument qu'avance la Maison Blanche pour expliquer que le pouvoir inhérent à sa fonction de commandant en chef rend tout ce que fait Bush « légal » par définition. La torture, selon cette logique tordue, est tout à fait admissible du moment que le président l'ordonne. Ou, toujours selon Nixon : « Quand le président le fait, ça veut dire que ce n'est pas illégal[32]. »

Il y a peut-être là plus qu'une comparaison facile entre deux présidents pris en défaut. Les deux conseillers les plus influents de Bush – Dick Cheney et Donald Rumsfeld – travaillaient tous les deux en étroite collaboration avec le président Nixon quand celui-ci occupait le bureau ovale. Selon tous les comptes rendus, Cheney et Rumsfeld étaient les deux plus ardents avocats de l'invasion de l'Irak et de la suspension de l'interdiction de la torture des conventions de Genève. Ce n'est un secret pour personne que les deux hommes, à la suite du Watergate, avaient vu avec consternation l'autorité présidentielle absolue remise en question.

Afin de donner de moins en moins de poids à la raison et à l'évidence, il a fallu que l'administration mette en place une machine de propagande extrêmement efficace grâce à laquelle elle cherche à faire entrer dans la tête des gens des mythologies découlant de la doctrine centrale suivante, acceptée par tous les tenants des intérêts particuliers : tout gouvernement est néfaste et il faut s'en débarrasser le plus possible, sauf en ce qui concerne son rôle de redistribution par l'intermédiaire de gros contrats avec les industries qui ont gagné l'accès au premier cercle.

Cette coalition accède à l'opinion publique grâce à une cabale menée par des pontifes, commentateurs et autres « reporters », qu'on pourrait appeler l'axe Limbaugh-Hannity-Drudge. Cette cinquième colonne du quatrième état est composée de propagandistes qui se prétendent journalistes. Grâce à des émissions qui se chevauchent et se complètent, occupant la radio, la télévision et Internet, ils abreuvent sans relâche les Américains de discours de droite et de dogme ultraconservateur en guise d'informations ou de divertissement pseudo informatif – 24 heures sur 24, 7 jours sur 7. C'est un véritable spectacle.

Ce qui me trouble le plus est le rôle de la haine promue au rang de divertissement. En outre, ils ont activement contribué à attiser une méchanceté haineuse visant un groupe en particulier :

les Américains ayant des opinions progressistes. Ils parlent des
« libéraux » avec le mépris ostensible et l'hostilité virulente jadis
associés au racisme et aux querelles religieuses les plus sectaires. L'une des plus célèbres commentatrices de la droite, Ann
Coulter, a prévenu les spectateurs qu'elle était favorable à l'exécution d'un citoyen américain qui avait rejoint les Talibans, « de
façon à intimider physiquement les libéraux en leur faisant comprendre qu'ils pourraient être tués, eux aussi [33] ».

L'un des « érudits constitutionnels » de cette coalition, Edwin
Vieira, au cours d'un congrès sur la prétendue guerre déclarée par
le pouvoir judiciaire à la religion, fit écho aux divagations haineuses de Coulter en détaillant ses recommandations sur la façon
d'organiser la Cour suprême. Il n'a pas hésité à citer Staline,
lequel « avait un slogan qui lui réussissait plutôt bien quand il était
en difficulté : "Pas d'hommes, pas de problèmes" [34] ». La seule
façon d'expliquer qu'un spécialiste de la Constitution américaine
puisse cautionner une attaque aussi aberrante à l'encontre des
juges de la Cour suprême est qu'il a abjuré la raison au profit du
dogme. De plus, en citant Staline – ce dictateur sanguinaire uniquement comparable à Mao et à Hitler –, il devait bien se rendre
compte qu'il approuvait implicitement une vague menace de violence physique à l'encontre des juges dont les opinions étaient en
désaccord avec la droite orthodoxe.

Tom DeLay, ancien leader des républicains au Congrès,
laissait également entendre que la violence à l'égard des juges
était justifiée. « Les juges ont besoin d'être intimidés, disait-il.
Nous ne les lâcherons pas [35]. » Le tragique épisode concernant
Terri Schiavo, la femme dans le coma qui a captivé l'attention
de tout le pays en 2005, suscita sa menace la plus inquiétante à
l'encontre du barreau. Après que les juges se furent prononcés
en faveur de la décision du mari de débrancher ses perfusions,
DeLay déclara : « Le temps viendra où les responsables de cette
décision devront payer [36]. »

Évidemment, l'affaire Schiavo révélait un aspect bien plus
important du fanatisme de la coalition de Bush. Elle a démontré
qu'ils étaient prêts à se tirer dans le pied pour défendre la pureté
du dogme de leur secte. C'est ce qui s'est passé quand les
conservateurs religieux ont exercé des pressions sur le président

et le leader de la majorité au Sénat, afin de convoquer une session spéciale du Congrès pour promulguer une loi obligeant à rétablir une perfusion qui garderait artificiellement en vie une personne au stade végétatif. Bush et l'ancien leader de la majorité sénatoriale, Bill Fritz, acceptèrent d'exploiter de manière politicienne la tragédie personnelle de la famille Schiavo. Une foule écrasante d'Américains des deux partis ont signifié au président et à la majorité au Congrès qu'ils désapprouvaient fermement cette approche extrémiste. Ce retour de manivelle a démontré les limites de la stratégie de la coalition radicale. Dans les cas extrêmes, il s'avère que le public répugne à cautionner ce dangereux mélange de religion et de politique.

La plupart des croyants que je connais dans les deux partis en ont assez de cette tendance systématique des extrémistes à maquiller leur projet politique sous des dehors religieux, pour en faire un amalgame contre nature qu'ils font avaler de force à tout le monde.

L'émergence d'un dogme ultraconservateur et antigouvernemental qui s'appuie de plus en plus sur l'hostilité des masses à l'encontre des incroyants constitue un élément nouveau des plus troublants dans le forum public américain. Comme nous l'avons vu, c'est la prédiction de James Madison à l'envers : une faction politique a dégénéré en une secte quasi religieuse. Le ton adopté par cette secte laisse entendre qu'elle croit l'Amérique au bord d'une guerre civile idéologique. Elle brandit des convictions de base qui semblent insensibles à la raison et déchaîne, voire encourage des pulsions haineuses et violentes.

Cette droite sectaire manifeste souvent un total manque d'empathie avec d'autres Américains qu'elle identifie comme ses ennemis idéologiques, curieuse caractéristique qui peut faire paraître ses porte-parole froidement insensibles. Par exemple, lorsque plusieurs veuves des victimes du 11 septembre exprimèrent leur impatience devant la mauvaise volonté de l'administration Bush à coopérer avec les enquêteurs pour comprendre pourquoi les avertissements avaient été ignorés, les veuves furent immédiatement attaquées et vilipendées par un chœur de commentateurs de droite qui semblaient tous lire la même partition de sourds.

Pour prendre un autre exemple, l'un des présentateurs de radio de ce groupe, Neal Boortz, a galvanisé la vindicte publique à l'encontre des victimes du cyclone Katrina quand elles ont critiqué l'administration Bush pour l'incompétence de ses actions d'aide et de secours. Au cours de cette diatribe, il commenta un reportage sur une des victimes de Katrina qui n'avait reçu aucun soutien après avoir tout perdu. Boortz lui reprocha d'être sans emploi et lui recommanda ensuite d'avoir recours à la prostitution. « Si c'est la seule manière dont elle est capable de se débrouiller, dit-il, c'est infiniment mieux que de pomper l'argent des contribuables [37]. »

Enfin, le dernier pilier de cette coalition est composé de religieux conservateurs et fondamentalistes, dont la plupart voudraient revenir sur les progrès sociaux obtenus au vingtième siècle, y compris de nombreux droits des femmes, l'intégration sociale, le réseau de protection sociale et les programmes gouvernementaux de l'Ère progressiste, le New Deal et la Nouvelle société.

Alors que les « royalistes » soutiennent financièrement cette coalition, un groupe de leaders religieux ultraconservateurs (qui sont en réalité d'abord des hommes politiques) fournissent le potentiel électoral. Ils poursuivent un but précis en camouflant constamment les projets politiques de la droite factieuse sous des apparences religieuses. Beaucoup d'entre eux disposent également de structures médiatiques personnelles et font partie de l'aile droite propagandiste de la coalition. Bien entendu, beaucoup de ces hommes d'Église sont profondément et sincèrement inquiets de la vague qui a contribué à la montée des intégrismes dans le monde entier. Certains ont le mérite d'exprimer désormais une critique judicieuse de principes soutenus par la droite et qui sont manifestement opposés à la morale chrétienne. D'autres, en revanche, ne sont que des variantes des vieux bretteurs politiciens cyniques habillés du col blanc du clergé. Jerry Falwell, par exemple, a saisi le prétexte de la tragédie nationale du 11 septembre pour inspirer à nos concitoyens la haine des Américains progressistes en les identifiant, comme d'habitude, aux ennemis de la chrétienté : « Je crois fermement que les païens et les tenants de l'avortement, les féministes, les gays et

77

les lesbiennes... commençait-il, les défenseurs des droits civiques, tous ceux qui ont tenté de laïciser l'Amérique, – je les montre du doigt et leur dis : "Vous avez aidé ceci [l'attaque terroriste] à se produire [38]. »

De même, James Dobson, le leader de « Focus on the Family », a démontré avec quelle rapidité un homme d'Église pouvait se métamorphoser en chien d'attaque politique. Pendant la campagne électorale de 2004, à un rallye de soutien au candidat républicain au Sénat, il affirma que seuls les républicains pouvaient représenter les valeurs chrétiennes. D'un sénateur démocrate de premier plan, Patrick Leahy, il déclara : « Je ne sais pas s'il hait Dieu, mais il hait le peuple de Dieu [39]. »

Je crois important de dénoncer le défaut fondamental des arguments élémentaires de ces fanatiques. Le thème unificateur avancé actuellement par cette coalition est en fait une hérésie américaine, une philosophie politique qui est en contradiction fondamentale avec les principes fondateurs des États-Unis d'Amérique. Encore une fois, voilà en quoi ils se trompent : en Amérique, nous croyons que Dieu a doté les individus de droits inaliénables, et non pas que Dieu a doté George Bush – ou quelque autre leader politique – du droit divin d'exercer le pouvoir. En réalité, ici, en Amérique, nous croyons blasphématoire d'affirmer que le Créateur de l'univers a choisi de soutenir un parti politique en particulier.

Les fanatiques religieux ont toujours eu la tentation historique de subordonner la loi à leur ferveur idéologique, comme l'illustrent très bien les mots que l'auteur de la pièce *Un homme pour l'éternité* met dans la bouche de son héros, Sir Thomas More. Quand le gendre fanatique de More propose de supprimer toutes les lois d'Angleterre qui font obstacle à sa poursuite du Diable, More répond : « Et quand la dernière loi serait abolie, et que le Diable se retournerait contre toi, où te cacherais-tu, Roper, une fois toutes les lois abattues ? Ce pays est planté de lois d'une côte à l'autre – de lois humaines, et non divines – et si tu les abats, comme tu en es capable, crois-tu que tu tiendrais debout face à tous les vents qui souffleraient alors [40] ? »

Un grand nombre de lois et de principes constitutionnels ont été battus en brèche ces dernières années. Pour prendre un autre exemple, ceux qui souhaitent affaiblir la séparation entre l'Église et l'État ont tenté de saper l'indépendance de la justice en emplissant les tribunaux de juges politiquement impliqués qui ne partagent pas la méfiance américaine traditionnelle à l'égard du dogme religieux institutionnalisé. Dans ce but, ces zélotes ont cherché à déposséder le Sénat des États-Unis de la loi qui requiert une majorité pour mettre fin au débat sur la confirmation des juges. Le zèle avec lequel ils ont attaqué cette loi me fait penser au gendre de Sir Thomas More. La réglementation du Sénat existe depuis plus de deux siècles pour protéger le débat sans restrictions. Je discuterai au chapitre 8 de l'importance de l'obstructionnisme comme outil démocratique, mais il vaut la peine d'examiner ici comment il empêche ceux qui sont au pouvoir de gouverner uniquement en s'appuyant sur la foi.

L'obstructionnisme a parfois été utilisé à des fins diaboliques dans l'histoire américaine, mais bien plus souvent pour protéger les droits d'une minorité. En fait, il a souvent été cité en exemple auprès d'autres nations luttant pour concilier les composantes majoritaires d'une démocratie avec un rôle constitutionnel respectueux des droits des minorités.

Ironiquement, le sénateur de Géorgie Johnny Isakson raconta dans un discours au Parlement qu'il avait demandé à un leader kurde en Irak s'il s'inquiétait de voir la majorité chiite l'emporter sur la minorité. Isakson rapporta avec fierté la réponse du leader kurde : « Oh non, nous avons une arme secrète : l'obstructionnisme [41]. »

Pour éliminer cette solution scélérate de repli, la droite sectaire a cherché à réduire la dignité et l'indépendance du Sénat lui-même, à diminuer son pouvoir et accélérer le déclin déjà quelque peu annoncé de son statut.

Ce qui rend leur zèle d'autant plus dangereux pour notre pays, c'est leur volonté de porter gravement atteinte à la démocratie américaine afin de satisfaire leur appétit de domination des trois branches du gouvernement par un parti unique et de favoriser l'établissement du dogme en tant que politique.

Ils ne recherchent rien de moins que le pouvoir absolu. Leur grand dessein consiste à placer un Parlement faible entre les mains d'un exécutif tout-puissant dans le but de façonner un pouvoir judiciaire complaisant à son image. Ils tentent de détruire le principe de séparation des pouvoirs. Et, en lieu et place du système actuel, ils cherchent à en établir un nouveau, dans lequel le pouvoir est au service d'une idéologie bornée à la botte d'un groupe d'intérêts très réduit.

Le *pouvoir* est véritablement la clé qui permet de comprendre la manipulation cynique de la foi et l'atteinte portée à la raison. Au fil du temps, cette administration a concentré de plus en plus son attention sur ce cercle vicieux et, lentement mais sûrement, son besoin de pouvoir toujours grandissant est devenu son but unique. Le péché originel de cette présidence est l'amour du pouvoir pour le pouvoir.

Comme l'a dit jadis Aristote à propos de la vertu, le respect des règles de la loi est indivisible. Et tant qu'il le restera, notre pays le sera aussi. Mais si jamais l'un ou l'autre des partis majoritaires est à ce point fasciné par le pouvoir qu'il en abandonne ce principe unificateur, alors la trame de notre démocratie se déchirera.

Chapitre 3

La politique de l'argent

La Richesse des nations, d'Adam Smith, et la Déclaration d'indépendance américaine furent publiés la même année. Dans les deux ouvrages, il était entendu que les hommes étaient des individus dotés d'un jugement indépendant, capables de prendre des décisions sur la base d'une information librement disponible, le résultat collectif étant la répartition la plus sage de la richesse, pour le premier, et du pouvoir politique, pour le second.

Le capitalisme et la démocratie participaient de la même logique : la libre concurrence et la démocratie représentative étaient censées fonctionner au mieux quand les individus prenaient des décisions rationnelles, que ce soit pour acheter et vendre des biens ou pour accepter et rejeter des propositions. Les deux ouvrages considéraient comme évidente l'existence d'un forum public défini par la presse écrite à laquelle tous les citoyens instruits avaient un accès équitable. Et tous deux avaient un ennemi commun : le despote susceptible d'user d'un pouvoir arbitraire pour confisquer les biens et restreindre les libertés.

La liberté a une structure intérieure en double spirale : l'un des brins, la liberté politique, s'enroule vers le haut en tandem avec l'autre brin, la liberté économique. Mais les deux brins, bien qu'entrelacés, doivent rester séparés pour préserver l'intégrité structurelle de la liberté. Si les libertés économique et politique ont été sœurs dans l'histoire de l'indépendance, c'est l'accouplement incestueux de la richesse et du pouvoir qui constitue la menace la plus terrible de la démocratie. Si richesse et pouvoir peuvent se troquer aisément, la concentration de l'une ou de l'autre peut doubler le potentiel de corruption de chacun.

La spirale de la liberté est alors entraînée vers le bas en combinaisons malsaines où pouvoir politique et pouvoir économique se renforcent.

C'est ce qui s'est passé tout au long de l'histoire de l'humanité. À maintes reprises, la richesse et le pouvoir se sont retrouvés concentrés dans les mains de quelques-uns qui ont consolidé et perpétué leur contrôle au détriment du plus grand nombre. Ce schéma défaillant est apparu sous de multiples variantes, entrecoupées de rares et mémorables exceptions, notamment l'Athènes antique et la brève République romaine.

La fondation des États-Unis a constitué la rupture la plus prometteuse avec ce schéma. Pour la première fois dans l'histoire, un grand nombre d'individus avaient le pouvoir d'utiliser couramment la connaissance comme intermédiaire entre richesse et pouvoir. Et puisque la seule source légitime de pouvoir en Amérique devait être le consentement des citoyens, il était impossible de troquer la richesse contre le pouvoir politique.

Un pouvoir juste qui découle de la volonté des citoyens dépend de l'intégrité du processus de raisonnement par lequel est obtenu leur consentement. Dès lors que ce processus est corrompu par l'argent et le mensonge, le consentement des citoyens repose sur de fausses hypothèses et, par conséquent, tout pouvoir qui en découle est par nature usurpé et injuste. Si la décision collective est extorquée par la manipulation de la frayeur populaire ou détournée abusivement sous prétexte de directives divines, la démocratie est affaiblie. Lorsque la négation de la raison provoque chez bon nombre de citoyens une perte de confiance dans l'intégrité du processus politique, la démocratie peut être en faillite.

Si les citoyens cessent de participer, ceux qui remarquent des signes de corruption ou d'illogisme n'ont plus le moyen d'exprimer leurs inquiétudes ni d'attirer l'attention des autres qui, par l'observation des mêmes preuves, pourraient partager leur crainte. Aucune masse critique d'opposition ne peut se former au sein d'individus isolés les uns des autres, qui regardent au travers de glaces sans tain depuis des pièces insonorisées où on ne peut les entendre même s'ils crient de toutes leurs forces. Si un nombre suffisant de citoyens cesse d'y participer, la démocratie meurt.

Nos pères fondateurs se sont inquiétés des dangers d'une richesse trop concentrée. Même le grand conservateur qu'était Alexander Hamilton décrivit juste avant la convention constitutionnelle la « véritable disposition de la nature humaine » qui pouvait conduire au malheur de la nouvelle nation : « À mesure que les richesses s'accroîtront et s'accumuleront dans les mains de quelques-uns, que le luxe prévaudra dans la société, la vertu sera de plus en plus considérée comme un accessoire de la fortune, et la tendance sera d'abandonner le modèle républicain[1]. »

L'historien romain Plutarque, dont les œuvres étaient bien connues de nombre de nos pères fondateurs, avait averti que « le déséquilibre entre les riches et les pauvres est la plus ancienne et la plus fatale des maladies de toutes les républiques ».

Adam Smith, fondateur du capitalisme, écrivit dans *La Richesse des nations* sur les élites fortunées, puissantes et corrompues dans le monde entier depuis l'aube des temps modernes. « Tout pour nous et rien pour les autres semble, à toutes les époques de l'histoire, avoir été l'ignoble devise des maîtres de l'humanité[2]. »

Et, bien sûr, l'apôtre Paul écrivit dans sa lettre à Timothée : « L'amour de l'argent est la source de tous les maux. »

Samuel Johnson, qui était également fort lu par nos fondateurs, écrivit dans les années 1750 que, dans une république, « la raison a le pouvoir de nous mettre en garde contre le mal[3] ». C'est cette qualité de vigilance que nos pères fondateurs savaient particulièrement vulnérable à l'appel des sirènes du pouvoir. Selon Emmanuel Kant, contemporain de Johnson, qui fut le philosophe du siècle des Lumières le plus influent : « La jouissance du pouvoir corrompt inévitablement le jugement de la raison et pervertit sa liberté. »

Comme je l'ai noté dans l'introduction, l'idée d'un gouvernement démocratique devint réalisable après que l'imprimerie – avec, dans son sillage, les Lumières – eut largement répandu la connaissance parmi les citoyens et permis la création d'un débat participatif basé sur la loi de la raison. Dès que les décisions purent être librement discutées et débattues, la raison commença à détrôner l'argent comme principale source de pouvoir.

Quand les opérations d'un gouvernement sont accessibles à l'examen approfondi des citoyens et soumises à des débats et discussions rigoureux, le détournement du pouvoir à des fins personnelles devient beaucoup plus difficile à dissimuler. Si la raison est la règle par laquelle est évaluée toute utilisation du pouvoir, même les schémas les plus tortueux pour abuser de la confiance publique peuvent être démasqués et contrôlés par des citoyens bien informés. En outre, lorsque les idées sont mesurées à l'aune du mérite, la raison tend à nous conduire vers des décisions qui reflètent la plus grande sagesse collective.

Mais souvent la raison est insuffisante. Il doit y avoir débat public accessible à tous, par lequel les citoyens peuvent communiquer librement pour éclairer les utilisations légitimes ou illégitimes du pouvoir. Hannah Arendt, qui écrivit sur le totalitarisme au vingtième siècle, a insisté sur l'importance de garder ce processus dans le domaine public. « Les seuls remèdes contre l'abus du pouvoir public par certains individus consistent à mettre toutes les actions en lumière à l'intérieur des limites du domaine public proprement dit, avec la même visibilité pour tous ceux qui y pénètrent [4]. »

Si le forum n'est pas totalement ouvert, alors ceux qui en contrôlent l'accès deviennent des gardes-chasse. S'ils demandent de l'argent pour y entrer, ceux qui en ont le plus ont une possibilité de participation plus élevée. Les bonnes idées venant des cerveaux d'hommes ou de femmes qui ne peuvent se payer l'admission à ce forum public ne sont plus prises en considération. Quand leurs opinions sont étouffées, la méritocratie des idées qui a toujours été le moteur de la théorie démocratique commence à péricliter. Le discours de la démocratie sort alors des limites de la raison et peut être manipulé.

Voilà exactement ce qui est en train de se passer aux États-Unis. La substitution d'un royaume télévisé d'accès restreint à un débat participatif facilement accessible, basé sur la presse écrite, a conduit à une transformation radicale de la nature et du fonctionnement du marché américain des idées.

Quand seuls les gens fortunés peuvent accéder au principal forum dans lequel la majorité obtient ses informations, ceux qui peuvent payer l'admission deviennent automatiquement beaucoup plus influents. Leurs opinions deviennent plus importantes que celles des autres. C'est alors que les priorités de la nation changent.

Pour prendre un exemple parmi tant d'autres, le besoin ressenti d'abolir les taxes sur l'héritage du centième le plus riche des 1 % de familles américaines à y être encore assujetties a été traité comme une priorité *beaucoup* plus forte que la nécessité de procurer un accès minimal aux soins de santé pour des dizaines de millions de familles qui n'ont pour l'instant aucune couverture sociale.

Quand l'accès au forum public est conditionné par la richesse, des distorsions similaires interviennent dans les campagnes électorales. Dans l'Amérique moderne, les candidats qui amassent le plus d'argent sont certains de dominer le semblant de discours politique utilisé par les électeurs pour déterminer leur choix.

La communication entre les candidats aux postes de représentants de la nation et leurs électeurs est actuellement presque entièrement basée sur des spots télévisés de trente secondes achetés à grands frais par les candidats avec des dons provenant en grande partie de membres de l'élite, qui voudraient pour certains voir leur contribution financer des programmes politiques spécifiques. Il faut bien prendre l'argent où il est. Ceux qui en possèdent sont généralement enclins à en faire don aux candidats promettant un comportement post-électoral apte à satisfaire les commanditaires sur qui tout le système repose. Cette attitude ne conviendrait pas nécessairement aux électeurs s'ils savaient ce qui se passe. Mais les candidats, tout comme les donateurs, sont capables d'ignorer les véritables intérêts des électeurs dont les opinions sont désormais modelées par des campagnes publicitaires de masse qui peuvent être acquises moyennant finance.

En outre, au sein de l'ensemble du Congrès, Sénat et Chambre des représentants, le rôle accentué de l'argent dans le processus de réélection, couplé à la baisse très nette de l'importance de la délibération raisonnée et du débat, crée une atmosphère favorable à la corruption institutionnalisée. Le scandale mettant en cause le lobbyiste Jack Abramoff ne fut que la partie apparente d'un gigantesque iceberg qui menace l'intégrité de toute la branche législative du gouvernement. De nouvelles mesures sont actuellement prises au Congrès pour limiter ce risque, mais le problème sous-jacent existe toujours.

La réaction fréquente des réformateurs est de proposer de nouvelles lois ayant pour but de contrôler les sommes d'argent que les individus ou les groupes peuvent donner aux candidats, d'exiger plus de transparence dans ces transactions et d'interdire certaines formes particulièrement dangereuses de corruption institutionnalisée.

Comme on pouvait le prévoir, cependant, puisque le problème fondamental est le manque de réelle participation des citoyens au processus de critique et d'analyse des décisions politiques de leurs élus, ces nouvelles lois ne débouchent sur aucune investigation efficace et sont par conséquent constamment violées, dans l'esprit sinon dans la lettre. D'autres types d'abus anciens se trouvent en contradiction avec les nouvelles lois et réglementations à tel point qu'il y aurait de quoi rire si ce n'était le signe d'une dangereuse descente en flèche de notre démocratie.

Du moment que les citoyens ne sont pas capables d'utiliser la logique et la raison comme instruments pour disséquer et analyser minutieusement les idées, les opinions, les programmes politiques et les lois, les forces de corruption les développeront à leur place. C'est le manque de participation des citoyens qui donne le pouvoir à ceux qui en abusent. C'est le mutisme imposé à ces mêmes citoyens qui empêche l'opinion publique de se regrouper en un effort collectif pour faire jouer à la raison son rôle de médiation entre l'argent et le pouvoir.

Lorsque le public se contente de regarder et d'écouter sans prendre la parole, tout l'exercice est malhonnête. On pourrait l'appeler : *La démocratie américaine : le film*. Il a une apparence et un ton de réalité, mais son véritable but est de présenter une apparence de démocratie participative de façon à produire un simulacre de consentement de la part des citoyens. Ne disposant pas des moyens de tester les propositions présentées ou d'explorer les faces cachées des programmes politiques, ces derniers se laissent souvent convaincre de soutenir et d'applaudir des programmes qui sont en réalité contraires à leurs intérêts.

Puisque les électeurs ont encore le pouvoir réel d'élire leurs leaders, ceux qui souhaitent échanger la richesse contre le pouvoir doivent le faire, en partie, en achetant des campagnes de communication élaborées pour tenter d'influencer l'opinion des millions de personnes qui passent leur temps devant la télévision. Il semble parfois qu'il s'agisse là d'une authentique conversation démocratique, mais elle ne fonctionne que dans un sens: elle provient de ceux qui ont réuni suffisamment d'argent pour financer un spot publicitaire à destination de ceux qui les regardent et ne disposent que de moyens négligeables pour communiquer dans la direction opposée.

Le mot *corruption* vient du latin *corruptus*, qui signifie «briser» ou «détruire». La corruption brise ou détruit la confiance absolument essentielle à la délicate alchimie qui compose le cœur de la démocratie représentative. Dans sa forme contemporaine, la corruption implique presque toujours un accouplement incestueux entre richesse et pouvoir, et décrit l'échange d'argent contre un abus de pouvoir public. Peu importe que l'échange soit initié par la personne qui a l'argent ou celle qui a le pouvoir, c'est l'échange lui-même qui est l'essence de la corruption. Peu importe que l'enrichissement personnel se mesure en argent ou en prestige, influence, statut ou pouvoir: le mal est fait quand on substitue frauduleusement la richesse à la raison dans le processus de décision d'utilisation du pouvoir. Peu importe que l'usage du pouvoir acquis profite à peu d'individus ou même à un grand nombre: c'est la malhonnêteté de la transaction qui transmet le poison.

Lorsque le processus de décision n'est plus dominé par la raison, il devient rapidement vulnérable aux effets du pouvoir arbitraire, et la tentation de corruption augmente en proportion. Il est incontestable que, dans une période récente, il y a eu une série d'exemples scandaleux de corruption et de détournement de pouvoir public à des fins personnelles. Les activités qui sont actuellement les plus nuisibles à la santé et à l'intégrité de la démocratie américaine sont pour la plupart légales. Et tous les abus ont un point commun: ceux qui les ont perpétrés ont clairement présumé qu'ils n'avaient pas grand-chose à craindre de l'indignation publique et que très peu de gens se rendraient compte de leurs malversations.

Tous *comptent* sur l'ignorance du peuple. Bush n'aurait pas été en mesure d'intituler de façon crédible un projet de loi qui augmente la pollution de l'air «initiative pour un ciel pur», ni un projet qui prévoit l'abattage de forêts nationales «initiative pour la santé des forêts», s'il n'avait été *certain* que les citoyens ne sauraient jamais ce que contiennent réellement ces projets de loi.

Le président n'aurait pas pu non plus attribuer à Ken Lay, de la firme Enron, un rôle aussi important dans le choix des membres de la Commission fédérale à l'énergie (les choix de Lay ont été transmis directement à la Maison Blanche, et il y a tout lieu de croire qu'il a pris part aux entretiens) s'il n'avait eu l'assurance que personne ne prêterait attention à un dispositif gouvernemental aussi obscur que cette commission [5].

Après que les membres de la Commission fédérale à l'énergie eurent été nommés avec l'approbation personnelle de M. Lay, Enron a pu arnaquer les abonnés à l'électricité de Californie et d'autres États sans avoir à craindre que les règlements fédéraux tentent de protéger les citoyens de ses agissements abusifs.

De la même manière, cela explique pourquoi bon nombre des postes les plus importants de l'Agence de protection environnementale ont été soigneusement réservés à des avocats ou des lobbyistes représentant les plus gros pollueurs industriels, afin de s'assurer que ceux-ci ne seront pas inquiétés par l'application effective des lois contre la pollution excessive.

Les renards privés ont été mis aux postes de responsabilité des poulaillers publics. Il est choquant de voir le même processus appliqué à de nombreuses autres agences et ministères. Mais cela ne déchaîne guère l'indignation car il ne reste pour ainsi dire plus de dialogue démocratique. Les arbres tombent de tous côtés dans la forêt, mais on dirait qu'ils ne font aucun bruit. Ces agissements n'auraient jamais lieu s'il y avait la moindre chance qu'une corruption institutionnalisée de ce genre soit dénoncée publiquement dans un débat engageant le résultat des élections.

Thomas Jefferson mettait en garde contre la concentration du pouvoir exécutif, estimant qu'elle entraînerait à la corruption si les citoyens ne disposaient pas d'un entier droit de regard sur les nominations. Les postes du gouvernement fédéral pouvaient, en effet, être mis aux enchères aux intérêts commerciaux les plus affectés par les décisions de ceux qui étaient nommés. «Loin du regard du peuple, disait-il, ils [les fonctionnaires fédéraux] pourraient être achetés et vendus, comme au marché[6].»

Dans l'idéologie de Bush, les programmes des grandes entreprises qui le soutiennent s'entremêlent avec le programme ostensiblement public du gouvernement qu'il dirige. Leurs orientations déterminent son programme et sa politique devient leur business. La Maison Blanche est à l'évidence si redevable à la coalition d'intérêts qui l'a soutenue financièrement qu'elle ne peut qu'être à leurs ordres et leur céder tout ce qu'ils veulent. Bien que le président Bush aime à donner de lui une image de force et de courage, il est en vérité, en présence de ses gros commanditaires et de ses puissants partisans politiques, d'une telle timidité morale qu'il leur dit rarement non, quelles que soient les orientations dictées par l'intérêt public.

Machiavel a mis ce phénomène en lumière il y a cinq siècles à Florence : «Un prince qui désire maintenir son pouvoir est souvent obligé de s'écarter du bien. Car quand la classe sur laquelle vous jugez nécessaire de vous appuyer, fût-elle le peuple, l'armée ou la noblesse, est corrompue, il vous faut vous adapter à ses humeurs et les satisfaire, auquel cas une conduite vertueuse ne fera que vous porter tort[7].»

De même que la nomination de lobbyistes de l'industrie à des postes clés dans des agences gouvernementales qui contrôlent les résultats de leurs anciens employeurs dans une forme de corruption institutionnalisée, sans appliquer la loi ou les règlements de la nation, la décision scandaleuse de garantir sans appel d'offres des contrats d'une valeur de 10 milliards de dollars à Halliburton, l'ancienne compagnie du vice-président Cheney, qui lui versait 150 000 dollars annuels jusqu'en 2005, a convaincu de nombreux observateurs que l'incompétence, liée au copinage et à la corruption, a joué un rôle de sape déterminant dans la politique américaine en Irak.

Ce n'est pas fortuit si les premiers audits des sommes massives passant par les autorités américaines en Irak montrent aujourd'hui que des milliards de dollars du crédit ouvert par le

Congrès et de bénéfices du pétrole irakien ont disparu sans que l'on puisse savoir où, à qui et pour quoi ils ont été versés. Les accusations de corruption massive sont maintenant généralisées.

Le président a rejeté les recommandations d'experts antiterroristes pour assurer la sécurité nationale parce que de gros commanditaires de l'industrie chimique, de l'industrie de matériels à haut risque et de l'industrie nucléaire étaient opposés à ces mesures. Bien que ses propres gardes-côtes lui recommandent d'augmenter la sécurité portuaire, il a choisi de rejeter leur avis, se fondant sur des informations fournies par les directions commerciales des ports, qui reculent devant la dépense et les inconvénients de la mise en place de nouvelles mesures de sécurité.

Il a également sapé le programme Medicare avec une nouvelle proposition extrémiste préparée par les principales firmes pharmaceutiques qui sont aussi d'importants financeurs électoraux. Le préposé de Bush en charge de Medicare avait reçu l'ordre secret, comme nous l'avons appris par la suite, de dissimuler au Congrès la proposition du président, ainsi que son coût réel, jusqu'à ce que le Congrès ait fini de voter. Lorsqu'un certain nombre de parlementaires hésitèrent à soutenir la proposition, les partisans du président tournèrent les règles du Congrès en dérision en laissant le vote de quinze minutes ouvert pendant deux heures, durant lesquelles ils tentèrent sans vergogne de soudoyer ou d'intimider les élus qui avaient initialement voté contre le président. Ils parvinrent à en convaincre ainsi un nombre suffisant pour que la proposition passe de justesse. Je reviendrai dans le chapitre 4 sur la supercherie consistant à faire accepter ce projet au Congrès.

Ces agissements parmi d'autres démontrent clairement que la Maison Blanche de Bush représente une nouvelle déviation de l'histoire de la présidence. Celui-ci semble par moments si disposé à satisfaire ses partisans et commanditaires qu'on dirait souvent qu'il n'est rien qu'il n'accepte de faire pour eux, même si c'est aux dépens de l'intérêt public.

Lorsqu'il a pris ses fonctions, le président a déclaré : « Je ne suis pas – je jure que je ne suis pas entré en politique pour m'enrichir ni pour enrichir mes amis[8]. »

La principale perversité du jeu de Bush est qu'il s'empare avec un égoïsme et une avidité incroyables d'une collection de propositions politiques qu'il enveloppe ensuite d'un simulacre d'autorité morale, induisant ainsi en erreur un grand nombre d'Américains authentiquement désireux de faire le bien dans le monde. De cette manière, Bush les persuade de soutenir inconditionnellement des propositions qui lèsent en réalité leurs familles ou leurs communautés.

Un nombre croissant de républicains, y compris des vétérans de la Maison Blanche de Reagan et même le père du conservatisme moderne, William F. Buckley Jr., expriment désormais ouvertement leur consternation au vu des échecs épiques de la présidence Bush.

Les États-Unis ont survécu à maintes attaques de leur intégrité et ont connu de longues périodes au cours desquelles un niveau de corruption important a dévoyé les objectifs nationaux et faussé le fonctionnement de la démocratie. Mais, dans tous les cas précédents, les citoyens, la presse, les magistrats et le Congrès ont restauré l'intégrité du système par l'usage de la raison.

Au siècle des Lumières, quand la raison prenait souvent le pas sur l'Église et la monarchie, les deux sources traditionnelles de valorisation de la sphère publique – le système politique et le système de marché – étaient alors considérées comme alliés philosophiques naturels.

Nos pères fondateurs ont cru en la capacité d'un peuple libre à faire usage de la raison pour protéger la république du danger qu'ils redoutaient le plus : la concentration du pouvoir risquant de dégénérer en tyrannie. On estimait alors que le capitalisme fonctionnait dans une sphère totalement différente.

L'argent en lui-même n'était pas considéré comme un problème, parce qu'en définitive il n'a de signification que dans la mesure où les autres l'acceptent en échange de biens, de services ou de comportements. Et, dans la nouvelle République américaine, il était inconcevable d'acheter le pouvoir avec de l'argent. Le pouvoir devait se situer dans une sphère complètement à part – la sphère démocratique – où la loi de la raison était souveraine.

La frontière entre ces deux sphères a avancé et reculé au fil du temps et a souvent constitué une cause de tension. En fait, on peut voir cette ligne de faille dans le contraste entre l'expression d'Adam Smith : « la vie, la liberté et la poursuite de la richesse » et les célèbres mots de Jefferson dans la Déclaration d'indépendance : « la vie, la liberté et la recherche du bonheur[9] ».

Presque deux ans avant la Déclaration d'indépendance, le premier congrès continental avait adopté un de ses précurseurs, connu sous le nom de Déclaration des droits coloniaux, dans laquelle étaient utilisés des mots tels que « la vie, la liberté, la propriété » (la « recherche du bonheur » apparut en 1759 à l'initiative de Samuel Johnson). Dans un commentaire sur le projet de constitution proposé par James Madison, Thomas Jefferson écrivait en 1787 qu'il avait l'intention d'« insister » pour annexer un projet de constitution qui déclarerait : « 1. La liberté de religion ; 2. la liberté de la presse ; 3. le droit au jugement par tribunal garanti dans tous les cas ; 4. l'absence de monopole commercial ; 5. l'absence d'armée de métier[10] ».

Cette inquiétude quant aux « monopoles commerciaux » allait refaire surface à maintes reprises, démontrant que bien que la démocratie et le capitalisme soient considérés comme complémentaires et se renforçant mutuellement, les contradictions internes du « capitalisme démocratique » existaient dès le début. La démocratie est basée sur l'hypothèse que tous les individus ont été créés égaux. Le capitalisme commence par l'hypothèse que la compétition produira inévitablement l'inégalité, compte tenu des différences de talent, d'assiduité au travail et de hasard. Les deux systèmes de valeur sont les deux philosophies dominantes dans deux sphères de vie différentes.

La ligne de faille qui marquait la frontière entre le capitalisme et la démocratie a engendré des secousses pendant les premières années de la République. En profondeur se développaient des pressions tectoniques beaucoup plus puissantes. L'esclavage – péché originel de l'Amérique – rendait inévitable la collision entre les arêtes adamantines de deux idées – la propriété et la liberté – qui s'affrontaient avec des forces presque équivalentes. Mais dans les dernières décennies du dix-huitième siècle, ces deux plaques tectoniques semblèrent s'unir en un fondement

LA POLITIQUE DE L'ARGENT

solide sur lequel la République américaine pouvait s'appuyer.

L'une des premières tensions vint de la condition requise d'être propriétaire pour pouvoir voter. John Adams écrivit dans une lettre de 1776 que « le même raisonnement » qui conduisait à demander l'abandon de la condition du titre de propriété entraînerait d'autres réclamations : « De nouvelles revendications vont s'élever : les femmes vont exiger le droit de vote. Les jeunes [de moins de 21 ans] penseront que leurs droits ne sont pas assez pris en compte. Et tout homme sans le sou demandera une voix égale à celle des autres, dans tous les domaines de gouvernement. Cela tend à confondre et à abolir toute distinction, et à rabattre tous les statuts à un seul et même niveau[11]. »

Il avait raison de prédire que d'autres demandes allaient suivre, même s'il avait tort dans son effort d'opposition préventive. En outre, la logique selon laquelle Adams et d'autres avaient fait de la propriété une condition requise pour être électeur était défaillante. Il était par conséquent inévitable que le grand désir de liberté éveillé par l'indépendance de l'Amérique conduise à la rupture entre ces deux notions.

À l'origine, nos pères fondateurs avaient valorisé et mis en lumière le rôle que pouvait jouer la propriété dans la promotion d'une démocratie libre en garantissant à la base l'indépendance de jugement des citoyens. Ils ne voyaient pas la richesse comme une mauvaise chose en soi.

Au contraire, la fortune – jusqu'à un certain point – était considérée comme une force positive susceptible d'assurer la liberté politique. De plus, une branche de la Réforme protestante influente en Amérique laissait entendre que la prospérité pouvait fort bien être un signe dont Dieu avait marqué les élus destinés au Paradis.

Quand les révolutionnaires américains se rebellèrent contre le roi d'Angleterre, ils virent dans les possessions de leurs concitoyens à la fois la marque de leur indépendance d'esprit et une incitation à regrouper leurs forces. Ils étaient au moins aussi mobilisés contre les impôts injustes du roi et les menaces pesant sur leurs propriétés que contre celles qui pesaient sur leur liberté. Comme l'écrivit Jefferson dans la Déclaration d'indépendance : « Et pour soutenir cette Déclaration, avec une confiance inébranlable en la protection de la divine Providence, nous engageons mutuellement notre vie, notre fortune et notre honneur sacré. »

L'« aristocratie terrienne » de l'Amérique coloniale était, après tout, héritière des nobles et des marchands qui avaient rédigé la *Magna Carta* quelques siècles plus tôt. À cette époque déjà, l'indépendance économique par rapport au roi avait fait naître le désir d'une plus grande liberté politique.

La condition de propriété requise pour avoir le droit de vote n'était en fait qu'une manifestation de plus de la méfiance des pères fondateurs à l'égard de la concentration du pouvoir. Un individu ne possédant aucun bien avait de grandes chances d'être dépendant des autres, c'est-à-dire soumis à leur influence et, par conséquent, incapable de baser son vote sur un jugement indemne de toute pression économique. Cela reflétait, à l'époque, leur compréhension de la manière dont la liberté politique avait émergé du Moyen Âge : ceux qui avaient amassé une fortune suffisante pour se sentir indépendants de la monarchie étaient capables d'y voir assez clairement pour s'orienter à la lumière de la raison.

Les pères fondateurs reconnaissaient dans la propriété une indication, tout imprécise qu'elle fût, de la compétence dans le monde et de la rationalité de pensée, c'est-à-dire précisément les qualités que l'on souhaitait partagées par une confédération de penseurs indépendants dont le jugement collectif allait former la base d'un gouvernement autonome.

Inévitablement, cependant, la logique de la démocratie rejeta la condition de propriété pour pouvoir voter. L'argument le plus célèbre et le plus dévastateur vint de Benjamin Franklin, qui défendit très simplement la nécessité de dépasser cette condition :

> « Aujourd'hui, un homme est propriétaire d'un âne d'une valeur de cinquante dollars, il a donc le droit de vote. Mais avant l'élection suivante, l'âne meurt. L'homme, pendant ce temps, a acquis de l'expérience, ses connaissances des principes de gouvernement et ses relations avec la société se sont approfondies, et il est par conséquent plus qualifié pour choisir correctement les gouvernants. Mais l'âne est mort,

donc l'homme ne peut voter. Alors, messieurs, dites-moi, je vous prie, à qui revient le droit de vote ? À l'homme, ou à l'âne [12] ? »

Malheureusement, ni la logique ni la moralité ne suffirent à détruire la notion corrompue de « propriété » qui était à la base de l'esclavage. L'esclavage n'était que la raillerie vivante des principes directeurs de la démocratie. L'inclusion de l'odieuse clause des « trois cinquièmes » dans la Constitution américaine initiale marquait l'aveuglement moral des fondateurs qui prévalait quant à l'esclavage. Bien que sanctionné par la Constitution de 1789, c'était un exemple du dévoiement de la démocratie par l'application d'un droit de « propriété » immoral.

La décision ultérieure d'Abraham Lincoln d'affranchir les esclaves – au milieu de la guerre de Sécession provoquée par l'esclavage – vint après la longue histoire d'un mouvement abolitionniste largement répandu. Presque un siècle plus tard, le mouvement américain pour la défense des droits civiques du milieu du vingtième siècle, se battit également pour la liberté politique intégrale des Afro-Américains en utilisant les paroles et les symboles utilisés par Moïse trois mille ans auparavant dans sa lutte pour libérer les Juifs de l'esclavage.

La résonance naturelle de son message ne venait pas seulement de la prédominance de la tradition judéo-chrétienne en Amérique, partagée par les Juifs et les Afro-Américains, ni du fait que le mouvement était un prolongement de la lutte qui avait mis un terme à l'esclavage aux États-Unis, cent ans plus tôt. Elle venait aussi de ce que nous considérions tout simplement la liberté politique et la liberté économique comme indissociables.

Pendant le cataclysme de la guerre de Sécession, les États-Unis furent violemment divisés. La ligne de séparation n'était pas seulement entre le Nord et le Sud, mais entre ceux qui cherchaient à perfectionner la logique de la démocratie et ceux qui persistaient dans cette perversion du capitalisme en défendant le droit de posséder d'autres êtres humains. Le « capitalisme démocratique » tel qu'il avait été compris auparavant en Amérique n'était plus le fondement unique sur lequel la nation avait été bâtie, mais apparaissait comme composé de deux énormes monolithes séparés qui s'affrontaient désormais avec violence. Avec le triomphe de la liberté, fut aboli le marché permettant l'achat et la vente d'êtres humains.

La transcendante victoire de Lincoln au nom de la liberté de l'esprit humain a sauvé la République. Mais, pour gagner la guerre, Lincoln fut obligé de s'appuyer sur les entreprises qui produisaient des munitions, transportaient les soldats en train, et concentraient la force industrielle du Nord contre l'économie majoritairement agraire du Sud. Ce faisant, Lincoln fit tomber un certain nombre de contraintes qui avaient freiné le pouvoir des entreprises durant les sept premières décennies de la République.

Thomas Jefferson avait exprimé son inquiétude quant à ce qu'il voyait comme un danger envahissant *en 1821* – environ dix ans après avoir quitté la présidence : « Notre pays prend désormais une direction si assurée qu'il est facile de voir par quelle voie viendra sa destruction, à savoir : par la consolidation du pouvoir d'abord, puis par la corruption, sa conséquence inévitable. Le moteur de la consolidation sera le pouvoir judiciaire fédéral ; les deux autres branches en seront les instruments de corruption et ceux qui seront corrompus[13]. »

Faisant écho à Jefferson, le président Andrew Jackson mit en garde contre les dangers d'un trop grand pouvoir des entreprises, disant que la question était de savoir « si les citoyens des États-Unis vont gouverner par l'intermédiaire de représentants impartialement élus, ou si l'argent et le pouvoir d'une grande entreprise vont être secrètement employés pour influencer leur jugement ou contrôler leurs décisions[14] ».

Malgré ces inquiétudes formulées de façon différente par plusieurs de nos premiers présidents, le rôle des entreprises était encore limité jusqu'à la guerre de Sécession. Lincoln perçut les dangers qu'il contribua à accentuer et nota en 1864 :

« Nous pouvons nous féliciter de ce que cette guerre meurtrière touche à sa fin... Mais je vois dans l'avenir proche une crise imminente qui me fait perdre courage et trembler pour la sécurité de mon pays. En conséquence de la guerre, les entreprises ont été investies du pouvoir et une ère de corruption en haut lieu va s'ensuivre, car le pouvoir d'argent de ce pays va tenter de prolonger son règne en jouant sur les préjugés des citoyens jusqu'à ce que toutes les richesses soient entre les mains de quelques-uns et la République détruite. J'éprouve en cet instant plus d'inquiétude que jamais pour la sécurité de mon pays, même au plein cœur de la guerre. Dieu veuille que mes soupçons se révèlent infondés[15]. »

Les craintes de Lincoln, naturellement, n'étaient pas infondées. À peine vingt-deux ans plus tard, les « pouvoirs d'argent » contre lesquels il mettait en garde réussirent à obtenir de la Cour suprême une décision qui a été interprétée depuis d'une manière qui pervertit l'objectif du 14e amendement, prévu pour conférer aux anciens esclaves tous les droits individuels garantis aux « personnes » par la Constitution[16].

La décision de 1886 de la Cour suprême intitulée *Comté de Santa Clara contre la compagnie de chemins de fer du Pacifique Sud* est citée depuis des décennies, en particulier depuis l'arrivée au pouvoir des conservateurs en 1980, pour soutenir l'assertion selon laquelle les compagnies sont, légalement parlant, des « personnes » et par conséquent protégées par le 14e amendement. Ce fut l'un des nombreux événements qui marqua l'augmentation du pouvoir des entreprises dans les sphères économiques et politiques de la vie américaine. À la fin du dix-neuvième siècle, les « monopoles commerciaux » – que Jefferson avait voulu interdire dans le projet de constitution – atteignaient des tailles monstrueuses, écrasaient toutes les compagnies concurrentes plus faibles, saignaient à blanc les agriculteurs en leur faisant payer des frais de transport exorbitants et achetaient des politiciens à tous les niveaux du gouvernement.

Durant le demi-siècle qui s'écoula entre la guerre de Sécession et le début de la Première Guerre mondiale, la transformation du travail et de l'économie contribua, avec tous ces nombreux autres facteurs, à préparer le terrain de plusieurs mouvements sociaux dont le but était d'utiliser le pouvoir politique pour remédier aux abus et aux problèmes vécus par la classe ouvrière à l'ère industrielle. L'importance grandissante de la production de masse dans l'industrie et des chemins de fer dans les transports déclencha une migration massive des campagnes vers les usines. La nouvelle richesse concentrée dans les mains des industriels contribua à une aggravation sensible des dépressions cycliques à l'effet accru pour les familles salariées plus dépendantes de ces fluctuations que lorsqu'elles vivaient à la ferme. Ces difficultés, combinées à toutes sortes d'abus – par exemple, le laxisme au niveau de la sécurité des ouvriers travaillant sur des machines aussi puissantes que dangereuses ; le travail des enfants dans les ateliers, les mines, les usines et autres environnement insalubres ; les nouveaux risques menaçant la santé et la sécurité causés par le maniement de certains produits alimentaires ou pharmaceutiques ; les mauvais traitements des employés ; la nourriture malsaine, etc. –, formaient la liste des sujets de mécontentement communs à une population nombreuse vivant dans la promiscuité.

En dépit de tous ces excès liés aux monopoles, aux grandes fortunes et à la corruption des politiciens, le forum public américain était encore ouvert et accessible aux individus, dont un grand nombre débattait éloquemment et efficacement en faveur de lois nouvelles pour la restriction de ces abus. Upton Sinclair, Ida Tarbell et les autres journalistes réformateurs qui se virent qualifier de «fouille-merde» réussirent à éveiller la conscience de l'Amérique grâce à leurs articles, parce que la presse écrite représentait encore le principal média dans tous les secteurs de la vie américaine.

Le mouvement progressiste de la première décennie du vingtième siècle donna parole et force de loi à un désir grandissant d'améliorer ces maux. Comme les réformateurs avaient encore la possibilité de faire usage de la raison comme intermédiaire entre l'argent et le pouvoir, la frontière entre capitalisme et démocratie se mit à reculer en faveur de cette dernière. Theodore Roosevelt, deux semaines avant de devenir président, à l'automne 1901, après l'assassinat du président William McKinley, déclara : «Les grandes fortunes privées et industrielles, ainsi que les vastes combinaisons du capital qui ont marqué le développement de notre système industriel, créent des conditions nouvelles et nécessitent un changement d'attitude de la part de l'État et de la nation à l'égard de la propriété [17].»

À la moitié de son second mandat, après avoir gagné de nombreuses batailles contre les monopoles dans la défense de l'intérêt public, Roosevelt déclara, en avril 1906 : « Derrière le gouvernement ostensible siège un gouvernement invisible qui ne doit aucune allégeance et ne reconnaît aucune responsabilité vis-à-vis du peuple. Détruire ce gouvernement invisible, ruiner l'alliance contre nature entre un système d'entreprise corrompu et un pouvoir politique corrompu, voilà la première tâche des gouvernants d'aujourd'hui [18]. »

Tous les mouvements de réforme amorcés dans les premières décennies du vingtième siècle étaient basés sur l'appel à la raison. Fidèles à la tradition de Thomas Paine, les réformateurs décrivirent avec la logique la plus limpide les excès qu'ils avaient relevés, les souffrances qui en résultaient, et la nécessité pour l'action gouvernementale d'imposer des remèdes qui n'étaient pas spontanément proposés par le marché. Les lecteurs, après avoir pris connaissance de ces remarquables comptes rendus, leur donnèrent force politique en réclamant de nouvelles lois à leurs représentants élus.

À la fin du dix-neuvième siècle, la révolution industrielle, l'urbanisation, les nouvelles connections entre le Nord et le Sud, l'Est et l'Ouest, notamment les chemins de fer et le télégraphe, furent les forces qui conduisirent à l'émergence d'un marché de masse et qui consolidèrent la propriété des journaux en consortiums nationaux tels que le groupe de presse Hearst. Le « journalisme jaune » amena certains des pires abus de l'histoire de la presse, faisant appel aux instincts les plus vils des Américains, souvent grâce à des falsifications grossières. Bien que la compétition entre les journaux fût à cette époque, dans la plupart des villes, bien plus sévère qu'elle ne l'est aujourd'hui, le rôle des pamphlétaires et de la presse indépendante avait depuis longtemps commencé à diminuer, par comparaison avec le pouvoir croissant des grands groupes de presse.

Cependant, la nature du forum public américain ne devait pas tarder à changer de manière encore plus spectaculaire avec l'introduction de la radio, premier média électronique.

Alors que la presse écrite permettait au public de participer à la conversation nationale – par lettres, pamphlets et journaux –

la radio était radicalement différente : ce moyen de communication unilatérale distribuait simultanément la même information, ou « contenu », à tous les foyers munis d'un récepteur dans un vaste périmètre. Comme le professeur de sociologie Paul Starr l'a noté dans son livre *L'Invention des médias*, les réseaux radiophoniques nationaux qui dominèrent le marché dans les années 1930, NBC et CBS, avaient effectivement accès à tous les foyers de la nation[19].

La radio était différente non seulement parce qu'elle instaurait une communication à sens unique, mais aussi parce qu'elle offrait aux leaders politiques et à ceux qui avaient les moyens de financer une radiodiffusion la possibilité de pénétrer chez les auditeurs à des milliers de kilomètres à la ronde. C'est cette dernière caractéristique qui permit à la radio de se créer une audience de masse. La radiodiffusion offrait la possibilité de contourner les institutions traditionnelles telles que les partis politiques, les syndicats ouvriers et les associations, pour communiquer directement avec l'auditeur. Tous ceux qui pouvaient émettre sur les ondes étaient en mesure de s'adresser chaque soir à des millions de familles.

L'impact sociétal de cette technologie révolutionnaire fut très différent aux États-Unis et dans le reste du monde. En Amérique, les défenseurs de la démocratie insistèrent pour poser des contraintes à ce nouveau média. La règle du « temps de parole » assurait que les partis politiques et les candidats à l'élection bénéficiaient de temps équitables d'émission. La doctrine d'équité garantissait que des points de vue divergents fussent inclus dans la programmation des émissions. Et le critère d'intérêt public exigeait que tous les membres du petit groupe qui avaient obtenu une licence veillent à l'intérêt public, sous peine de la perdre au profit de quelqu'un d'autre.

Dans d'autres pays du monde, en particulier les nations dénuées de tradition démocratique, la radio fut instaurée sans les mêmes garanties. En outre, dans une grande partie du monde, l'atmosphère politique était extrêmement changeante dans l'entre-deux-guerres.

La victoire américaine à l'issue de la guerre de 14-18 contribua à la prospérité économique de la décennie entre la fin de la guerre et le début de la Grande Dépression. Mais l'Allemagne avait perdu la guerre et subissait la sanction économique du traité de Versailles. Le malaise qui en découla devait ouvrir la voie à une transformation radicale et à une combinaison des sphères économiques et politiques.

Avec la Première Guerre mondiale s'acheva le règne des familles royales de Russie, d'Allemagne et d'Autriche-Hongrie. On entendait les échos de la Rome antique dans le transfert de pouvoir du Kaiser et du tsar (deux titres dérivés de césar) et dans la chute du dernier empire d'Europe, descendant direct du Saint Empire romain, qui n'était lui-même qu'une pâle imitation du pouvoir de Rome. Et tout naturellement, dans les décombres de l'Autriche vaincue et désespérée, s'avança l'artiste frustré, impétueux et dénaturé qui devait se voir en héritier du Saint Empire romain, qu'il baptisa premier Reich, et de l'Empire allemand du Kaiser, qu'il appela deuxième Reich.

En 1922, moins de cinq ans après l'armistice mettant fin à la guerre de 14, Joseph Staline était nommé secrétaire général du parti communiste dans la récente Union des républiques socialistes et soviétiques, et le leader du nouveau parti fasciste italien, Benito Mussolini, était nommé Premier ministre dans un gouvernement de coalition. Six mois plus tôt, Hitler avait été nommé président du parti national-socialiste allemand.

Tous les trois n'allaient avoir besoin que de trois ans pour asseoir leur pouvoir. Tous trois mobilisèrent les soutiens pour leur idéologie néfaste et totalitaire en utilisant ce nouveau et puissant média de communication de masse qui fit également ses débuts sur la scène internationale en 1922 : la radio.

Le totalitarisme apparut sous trois aspects distincts : nazisme et fascisme, frères jumeaux, et leur cousin le communisme. Même si les deux premiers voyaient dans le dernier un ennemi mortel, ils dépendaient matériellement tous trois de la propagande diffusée par radio pour mettre en place un contrôle étatique total sur l'ensemble du pouvoir économique et politique. Quelles qu'aient pu être leurs différences de doctrine, le résultat fut le même dans tous les régimes totalitaires : les libertés et les droits individuels furent efficacement éliminés.

Sans l'apparition de la radio, on ne peut être certain que ces régimes totalitaires auraient imposé une telle obédience des foules. Comme le dirait par la suite Joseph Goebbels, le ministre de la Propagande d'Hitler : « Il ne nous aurait pas été possible de prendre le pouvoir ni d'en faire usage comme nous l'avons fait sans la radio... La radio est l'intermédiaire le plus influent et le plus important entre mouvement spirituel et nation, entre l'idée et le peuple [20]. »

De même, l'historien italien Gianni Isola écrivit en étudiant la façon dont Mussolini prit le pouvoir : « La radiodiffusion naquit en Italie sous le fascisme, et le fascisme l'utilisa, dès le début, pour sa propagande [21]. » Marco Palla, autre chercheur italien qui écrivit sur Mussolini, ajoute : « L'effet de l'ubiquité de l'État, rendu possible au moyen de la radio, eut probablement plus d'influence que n'importe quel autre instrument de propagande. »

La propagande devint une science, mais le mot date en fait de la Contre-Réforme, période à laquelle l'Église catholique mit tous ses soins à améliorer l'efficacité de ses efforts de persuasion sur le cœur et l'esprit des Européens qui se convertissaient en grand nombre au protestantisme. C'est peut-être pour cette raison que le mot *propagande* n'a pas le même sens péjoratif en Europe qu'aux États-Unis.

Mais le mot – le phénomène qu'il représente – est nouveau au vingtième siècle. L'observation de la maîtrise de la propagande par Goebbels nous a permis de comprendre à quel point elle peut être sinistre. L'inscription *ARBEIT MACHT FREI* (« Le travail rend libre ») apposée au-dessus de l'entrée des camps d'extermination nazis symbolise l'usage cynique qu'ont fait les nazis de la persuasion psychologique.

La communication psychologique fut d'abord développée par un autre Autrichien de la génération d'Hitler, Edward Bernays, qui était le neveu de Sigmund Freud. Bernays adapta la perspicacité révolutionnaire de son oncle pour créer la science moderne de persuasion des masses, basée non pas sur la raison mais sur la manipulation des pulsions et sentiments inconscients. Bernays, considéré comme le père des relations publiques, quitta l'Autriche bien avant la montée du nazisme et émigra aux États-Unis où il transforma la publicité commerciale et initia une métamorphose comparable de la persuasion politique.

La combinaison des relations publiques psychologiquement contrôlées et des moyens médiatiques électroniques devait conduire à la propagande moderne. La raison perdit sa place non seulement lorsque la diffusion radiophonique se substitua au texte imprimé, mais également parce qu'une nouvelle science de la communication fournit le langage dominant du forum public, dans le domaine commercial aussi bien que politique.

L'une des premières percées de Bernays concerne son travail pour la Compagnie américaine des tabacs (American Tobacco Company), lorsqu'il interviewa des psychanalystes pour découvrir pour quelle raison les femmes des années 1920 refusaient de fumer. Apprenant qu'elles voyaient les cigarettes comme des symboles phalliques du pouvoir masculin, par conséquent peu convenables pour des femmes, Bernays engagea un groupe de figurantes à qui il fit jouer le rôle de suffragettes. Elles défilèrent dans la Cinquième Avenue au cours d'une manifestation en faveur des droits des femmes et, passant devant des photographes de presse, sortirent et allumèrent des cigarettes qu'elles proclamèrent «torches de la liberté». Cette stratégie réussit à briser la résistance des femmes vis-à-vis de la cigarette [22].

Sa deuxième victoire concerne un autre de ses clients industriels, Betty Crocker. Bernays s'aperçut que les femmes n'achetaient pas les préparations instantanées pour pâtisserie car elles avaient honte de présenter à leur mari un gâteau qui nécessitait si peu de travail. Bernays conseilla de changer la formule de façon à requérir l'addition d'un œuf frais. Cette fois encore, la stratégie fonctionna. Les femmes se dirent qu'elles avaient fait un effort suffisant pour mériter d'être fières de leurs talents pâtissiers et les préparations pour gâteau commencèrent à bien se vendre.

L'associé de Bernays, Paul Mazur, avait compris l'importance des nouvelles techniques de persuasion de masse. «L'Amérique doit passer d'une culture du besoin à une culture du désir, disait-il. Les gens doivent être formés à désirer, à vouloir de nouvelles choses, avant même que les anciennes n'aient été complètement consommées. Il nous faut forger de nouvelles mentalités. Les désirs de l'homme doivent éclipser ses besoins [23].»

On cite souvent George Orwell qui disait: «La publicité,

103

c'est le cliquetis du bâton dans le seau contenant la pâtée des cochons.» Parmi toutes ces définitions, il vaut sans doute la peine de préciser de quoi nous parlons.

Ce qui aurait dû être le plus gênant dans l'apparition de ces nouvelles techniques, c'était la menace qu'elles faisaient planer sur la logique inhérente au capitalisme. À la main invisible d'Adam Smith se substituaient les ficelles des marionnettes manipulées par les marchands désormais capables d'inventer de toutes pièces la demande.

Comme je l'ai dit dans l'introduction, John Kenneth Galbraith a démontré il y a plus de cinquante ans la brutalité du pouvoir de la publicité électronique de masse qui, alimentée par suffisamment d'argent, peut créer artificiellement la demande de produits dont les consommateurs ignoraient qu'ils avaient envie ou besoin. La publicité fausse la loi de la demande, ce qui complique, à tout le moins, la métaphore de la main invisible d'Adam Smith. Cette distorsion amplifie les contradictions internes entre capitalisme et démocratie. (Ces contradictions sont beaucoup moins évidentes que celles qui existent entre communisme et démocratie, quoi qu'il en soit. On prête à Galbraith ce mot d'esprit: «Le capitalisme, c'est l'exploitation de l'homme par l'homme. Le communisme, c'est exactement l'inverse.»)

Une autre conséquence de l'importance nouvelle de la publicité électronique de masse sur le marché, c'est qu'il y a désormais aux États-Unis de nombreuses industries où la concurrence est strictement limitée aux compagnies qui ont les moyens de financer de gigantesques campagnes publicitaires. La qualité et le prix du produit en question ont toujours de l'importance, bien entendu, mais les nouveaux concurrents, y compris les jeunes entreprises, ont de moins en moins la possibilité d'avoir un impact immédiat sur la compétition, même avec une meilleure stratégie de marketing. En même temps que la fortune industrielle se concentrait aux mains d'un nombre réduit de grands groupes, le pouvoir politique se resserrait entre les mains d'un plus petit nombre de gens.

En conséquence, il y a pour ceux qui cherchent à faire de gros profits grâce à la corruption de puissants motifs de suspendre ou d'interrompre l'usage de la raison comme critère de comportement. Mais même les escrocs les plus ambitieux ne pouvaient imaginer que la loi de la raison, en tant que force dominante du forum démocratique, pourrait être affaiblie à ce point avec le passage de l'ère de la presse écrite à celle des médias électroniques.

Inévitablement, Bernays commença aussi à appliquer ses théories psychologiques de marketing de masse au commerce des idées politiques. «Si nous comprenons les mécanismes et les motifs de l'esprit de groupe, dit-il, n'est-il pas possible de contrôler et d'enrégimenter les masses selon notre volonté sans qu'elles le sachent? La pratique récente de la propagande a prouvé que c'était possible, du moins jusqu'à un certain point et dans certaines limites [24].»

En 1922, tandis que le monde commençait à s'intéresser à la radio, ainsi qu'à Mussolini, Hitler et Staline, Walter Lippmann fut le premier à proposer que les amis de la démocratie adoptent également les techniques de la propagande, même s'il n'utilisa pas le mot. En revanche, il utilisa une expression qui est selon moi encore plus effrayante : «la fabrique de l'opinion» (*manufacturing consent*). Cette formule fut épinglée par les opposants à sa philosophie, notamment par Noam Chomsky, professeur de linguistique au MIT, qui s'en servit plus tard comme titre d'un de ses ouvrages.

Malgré ses bonnes intentions, Lippmann était cynique dans son analyse, élitiste dans sa prescription et complètement inconscient des dégâts que représentait pour la démocratie le fait que les décisions essentielles soient prises par une «classe gouvernante spécialisée» avant d'être ensuite accréditées auprès des citoyens à l'aide de la propagande. C'est là ce qui s'est passé avec l'invasion de l'Irak.

«Savoir obtenir le consentement faussera définitivement tous les calculs politiques et modifiera toutes les théories, disait Lippmann. Grâce à la recherche psychologique, jointe à l'usage des médias modernes, la pratique de la démocratie a pris un virage décisif. Une révolution est en train de se produire, infiniment plus importante que n'importe quel changement de pouvoir économique [25].»

Au cours de la décennie suivante, le président Franklin Delano

Roosevelt utilisa la radio pour communiquer sans passer par les rédacteurs en chef des journaux, ni aucun autre intermédiaire, afin de provoquer un déplacement spectaculaire de la frontière entre démocratie et capitalisme quand il réunit le soutien populaire nécessaire au programme du New Deal.

Mais les contraintes légales imposées aux radios américaines empêchèrent de les utiliser pour le genre de manipulations politiques cyniques auxquelles on assista dans beaucoup d'autres pays, en Europe, en Asie, en Amérique latine et en Afrique.

Ces contraintes furent abolies pendant l'administration Reagan, au nom de la «liberté de parole», et les résultats furent épouvantables. Nos pères fondateurs n'auraient jamais imaginé que la démocratie participative puisse changer au point que le «consentement des citoyens», la source même d'un pouvoir politique légitime dans une démocratie, devienne une marchandise.

Et la radio, bien entendu, n'était que le précurseur de ce média de diffusion infiniment plus puissant qu'est la télévision.

Comme je l'ai dit dans l'introduction, celle-ci est un média à sens unique. Les individus reçoivent mais n'envoient pas, écoutent mais ne parlent pas, on leur délivre une information qu'ils ne partagent pas et qu'ils ne peuvent pas commenter de façon à ce que les autres les entendent. Par conséquent, toute capacité à faire usage de la raison en tant que participants au débat national leur est automatiquement interdite.

Il existe plusieurs conséquences totalement distinctes à cette modification de la nature du débat public, qui ne sont pas cette fois liées à l'impact de la perception ou de la mise en œuvre du cerveau de l'équilibre interne entre raison, peur et conviction religieuse. Elles résultent de la simple réalité économique du fonctionnement même du média. Comme le système a été, jusqu'à une période récente, complètement centralisé, d'énormes investissements de capitaux sont nécessaires pour contrôler ou acheter simultanément la production d'une programmation distribuée à partir d'un point unique en direction de centaines de millions de personnes. Cela a conduit à donner le contrôle de la programmation et de la distribution télévisuelles à ceux qui disposent d'une fortune considérable.

De plus, le nombre de voix qui s'expriment à la télévision ne cesse de s'amenuiser alors que l'influence de ceux qui se font entendre ne fait que croître.

Pour la première génération de diffusion télévisée, la distribution dépendait du spectre électromagnétique et les canaux devaient être séparés d'un certain nombre de longueurs d'ondes, ce qui entraînait une pénurie des fréquences disponibles pour la distribution. Deux conséquences découlaient de ce principe physique : premièrement, la rareté signifiait que seules quelques fréquences ou canaux pouvaient être utilisés dans chaque région géographique. Deuxièmement, le gouvernement se voyait attribuer la décision de savoir qui obtiendrait le privilège d'utiliser ces ressources insuffisantes, ainsi que d'en fixer les critères d'attribution.

C'est l'aspect économique de la diffusion qui a influencé les trois générations suivantes de distribution télévisée : le câble, le satellite et Internet. Dans chaque cas, la conception spécifique et physique du système de distribution a influencé la structure économique. En ce qui concerne le premier type de distribution, le câble constituait un monopole naturel, au même titre qu'un réseau électrique ou téléphonique terrestre. Comme il est de l'intérêt de la communauté de limiter le nombre de câbles et de lignes fixés à des poteaux autour de cette communauté, ou enterrés dans les rues, la politique économique d'un émetteur collectif va dans le sens d'un monopole naturel.

Par conséquent, la vulnérabilité à la corruption réapparaît sous les deux mêmes angles. Premièrement, il faut d'énormes capitaux pour construire, entretenir et faire fonctionner un tel système. Deuxièmement, il faut avoir l'influence politique nécessaire pour recevoir l'accord gouvernemental afin d'être l'unique opérateur naturel, et bénéficier de l'indulgence de ce même gouvernement pour tous les choix stratégiques qui découlent des critères utilisés dans la décision. De même, dans la distribution par satellite, le coût de lancement des satellites en orbite limite sévèrement le nombre de compagnies susceptibles d'entrer en concurrence.

D'aucuns espèrent qu'Internet, troisième système de distribution, apportera des changements spectaculaires dans les modes de création et de distribution de la télévision. J'analyserai la question plus précisément au chapitre 9.

Ainsi, l'une des plus dangereuses et des plus évidentes concentrations de pouvoir s'est formée dans les médias, où de puissants conglomérats utilisent leur richesse pour obtenir davantage de pouvoir et, par suite, davantage d'argent. Les contraintes physiques et économiques d'accès à la télévision en particulier ont rendu ce résultat en grande partie inévitable. On ne saurait minimiser à quel point la propriété des médias a changé en l'espace d'une génération. On a du mal à trouver aujourd'hui une entreprise familiale qui aurait fonctionné avec fierté et indépendance dans la tradition du meilleur journalisme et survécu à une demi-douzaine de générations. Toutes font désormais partie de grands groupes dont les obligations en matière d'information des citoyens sont de répondre aux attentes de Wall Street plutôt qu'à celles de nos fondateurs.

Maintenant que les conglomérats peuvent contrôler l'expression d'une opinion pour en abreuver l'esprit des citoyens et sélectionner des idées si outrageusement amplifiées qu'elles écrasent celles qui, quelle que soit leur valeur, ne sont soutenues par aucun commanditaire fortuné, le résultat équivaut, *de facto*, à un coup d'État qui renverse la loi de la raison. Dans notre société, le lucre et la richesse permettent désormais de s'approprier le pouvoir, qui est à son tour utilisé pour accroître et concentrer encore davantage de richesse et d'autorité entre les mains de l'élite. Si la charge vous semble trop violente, je vous demande de continuer votre lecture, car j'en arrive aux exemples.

Chapitre 4

La commodité du mensonge

Les deux derniers siècles ont démontré la supériorité de l'économie de marché sur l'économie centralisée, et la supériorité de la démocratie sur les formes de gouvernement qui concentrent le pouvoir entre les mains d'un petit groupe. Dans les deux cas, cette supériorité repose sur la circulation de l'information.

Thomas Jefferson voyait dans la communication ouverte la clé du succès de l'expérience américaine : « Ce en quoi nous croyons finira par établir le fait que l'homme peut être gouverné par la raison et la vérité. Notre objectif premier devrait donc être de lui laisser ouvertes toutes les voies menant à la vérité[1]. » Adam Smith, qui décrivait la sagesse collective de l'économie de marché comme une « main invisible » considérait également que la libre circulation de l'information était essentielle à l'efficacité du capitalisme. Quand l'information est directement accessible aux citoyens et irrigue librement tout le système politique et économique, les décisions importantes ne sont pas toujours prises par les mêmes groupes. Au contraire, la capacité à émettre des jugements est largement répartie dans l'ensemble du système, si bien que chaque individu peut contribuer à l'opinion générale.

Les décisions prises de cette façon se révèlent souvent meilleures que celles qui sont le choix d'un groupe restreint, par nature même plus vulnérables aux dangers d'une information limitée et d'une pression personnelle. La démocratie participative, grâce à son ouverture et à sa transparence, aide à minimiser les erreurs de décision en matière de politique gouvernementale.

La nouvelle science de la théorie de l'information offre un moyen de comprendre pourquoi la démocratie, de même que le capitalisme, est tout simplement plus efficace dans la prise de décision au fil du temps. Il y a quelques années, un de mes amis qui est informaticien, Danny Hillis, tenta patiemment de m'expliquer le fonctionnement d'un superordinateur à traitement parallèle en me faisant remarquer que les premiers ordinateurs étaient basés sur le principe d'une unité centrale de traitement environnée d'un champ mémoire. Pour trouver une réponse à un problème donné, l'unité centrale interrogeait la mémoire pour récupérer des données qu'elle ramenait ensuite pour les traiter. Le résultat était ensuite remis en mémoire. Ceci nécessitait trois allers-retours, prenait beaucoup de temps et produisait une chaleur superflue.

L'avancée architecturale associée avec un parallélisme massif fut de diviser la puissance de l'unité centrale et de la répartir dans la mémoire en quantité de microprocesseurs séparés, chacun étant localisé à proximité de la mémoire qu'il devait traiter. Pour exécuter une tâche, tous les microprocesseurs fonctionnent simultanément et chacun traite une petite partie de l'information, puis toutes les parties séparées de la réponse sont centralisées pour être assemblées. Résultat : un seul voyage, moins de temps, moins d'énergie et moins de chaleur.

La métaphore du traitement massif parallèle, ou « intelligence distribuée », explique pourquoi notre démocratie représentative est supérieure à un système de gouvernement dirigé par un dictateur ou un roi. Alors que les régimes totalitaires s'appuient sur un « processeur central » qui dicte tous les ordres, les démocraties représentatives dépendent du pouvoir et du jugement de personnes réparties dans l'ensemble de la société, chacune à proximité du domaine qui l'intéresse le plus.

Dans le cas du capitalisme de marché, la prise de décision est encore plus largement dispersée. L'économie de l'Union soviétique s'est écroulée parce qu'elle dépendait d'un processeur central pour toutes les décisions économiques, ce qui ne fonctionnait pas très bien. L'innovation s'étiola et la corruption s'installa. L'économie de la Corée du Nord continue à s'appuyer sur un processeur central et aujourd'hui la population meurt de faim. En revanche, l'économie capitaliste distribue le pouvoir à ceux qui sont loin du centre – les entrepreneurs et les consommateurs qui prennent leurs décisions indépendamment les uns des autres – et les avis accumulés équilibrent l'offre et la demande et les répartissent efficacement.

Pour prendre un troisième exemple, un grand nombre des techniques de management les plus récentes s'appuient sur le même principe d'intelligence distribuée, même s'il ne porte pas ce nom. En répartissant l'intelligence, l'information et la responsabilité aux employés en première ligne, les organisations se transforment, servent mieux leurs consommateurs et accroissent la valeur de leur production.

Chacun de ces exemples dépend pour réussir de la même architecture fondamentale. Au lieu de persister à prendre les décisions en un seul endroit, le pouvoir est largement réparti dans l'entreprise. Chaque élément de réponse individuelle est ensuite assemblé en une conclusion collective. Pour le capitalisme, ce principe s'appelle l'offre et la demande. Pour la démocratie représentative, c'est l'autodétermination. Dans les deux cas, il est essentiel que tous les individus concernés partagent des caractéristiques élémentaires : par exemple, la liberté d'obtenir l'information qui circule librement dans l'ensemble du système.

Pour n'importe quelle structure, le défi n'est pas uniquement de mettre ces conditions en place, mais de les entretenir et de les maintenir. Il n'est de meilleur exemple que celui de la Constitution américaine, avec son système de séparation des pouvoirs et sa conception soigneusement étudiée pour soutenir la créativité du gouvernement démocratique, même après deux cents ans. Notre Constitution est, en un sens, le logiciel qui guide le fonctionnement d'un système massif de traitement parallèle des décisions politiques.

Cependant, le rôle joué par l'information dans notre démocratie a été profondément modifié depuis la prédominance prise par la télévision sur la presse écrite. Le fonctionnement unilatéral de la télévision – du moins telle qu'elle est structurée jusqu'à présent –, ajouté au nombre relativement réduit de réseaux et à la concentration accrue des propriétaires, a donné à ceux qui étaient au pouvoir la tentation d'augmenter le contrôle sur l'information transmise aux Américains en ce qui concerne leurs activités.

Tous les récents occupants de la Maison Blanche – y compris l'administration à laquelle j'ai participé – ont porté plus d'attention à l'information publiée par le gouvernement et ont été tentés de contrôler l'impression produite dans l'esprit des citoyens. Malheureusement, pendant la présidence actuelle, cette tentation a conduit à un net accroissement de l'usage du secret et à une attaque en règle de l'intégrité des résultats scientifiques. L'administration redouble d'efforts pour intimider et faire taire les détenteurs d'informations qui pourraient remettre en cause les décisions prises par la Maison Blanche.

Pis encore, l'actuelle Maison Blanche a engagé une campagne mensongère sans précédent destinée à abuser l'opinion publique, particulièrement en ce qui concerne la politique en Irak. L'usage de la tromperie délibérée par le pouvoir en place rend quasiment impossible toute vraie délibération et tout débat valable. Lorsqu'un gouvernement ment au peuple, il affaiblit la capacité de l'Amérique à prendre toute décision collective concernant notre République.

Ce fiasco historique étant désormais connu dans toute son ampleur, il est important de comprendre comment un tel ensemble d'erreurs épouvantables a pu se produire dans une grande démocratie. Il est déjà évident que le recours au secret, à la censure et à la tromperie massive – aussi anormal que contraire aux principes américains – est la principale explication de la façon dont l'Amérique s'est lancée dans cette catastrophe.

Cinq ans après que le président Bush a présenté ses arguments en faveur de l'invasion de l'Irak, il s'avère que pratiquement toutes les raisons qu'il a avancées étaient basées sur des mensonges. Si nous avions su publiquement à ce moment-là ce que nous savons aujourd'hui sur l'Irak, la liste des erreurs tragiques ne serait peut-être pas si longue. Le président a choisi d'ignorer, et en fait souvent de supprimer, les études, les rapports et les faits en contradiction avec les fausses impressions qu'il tentait d'entretenir dans l'esprit des Américains.

L'administration a décidé au contraire de se focaliser sur des mensonges commodes faisant appel aux émotions superficielles par des manipulations indignes de la démocratie américaine. Ce gouvernement a exploité les peurs pour des raisons politiques et ses membres se sont fait passer pour des défenseurs de notre pays alors qu'en réalité ils affaiblissaient l'Amérique.

Le président nous a dit que la guerre était son ultime recours. Il est aujourd'hui évident que ce fut toujours sa préférence. Son ancien ministre des Finances, Paul O'Neill, a confirmé que l'Irak avait constitué le sujet numéro 1 à la toute première réunion du Conseil de sécurité nationale, à peine dix jours après son inauguration. «Il s'agissait de trouver un moyen de la faire[2].»

On nous a dit que le président donnerait au système international toutes les chances de fonctionner, mais nous savons aujourd'hui qu'il n'a permis à ce système d'agir que très brièvement, simple concession à son ministre et pour des raisons de pure forme.

La première raison avancée pour justifier la guerre était d'éliminer les armes de destruction massive de l'Irak, qui bien entendu se révélèrent inexistantes. Nous savons aujourd'hui, grâce aux déclarations de Paul Wolfowitz, ancien secrétaire d'État à la Défense, que cet argument fut cyniquement choisi après qu'une analyse attentive de l'opinion publique eut révélé que c'était la raison la plus susceptible de convaincre les électeurs de soutenir une invasion[3].

Tout se passait comme si la Maison Blanche de Bush avait adopté la recommandation de Walter Lippmann de décider à l'avance la politique qu'elle voulait suivre, et ensuite de bâtir une campagne de persuasion massive pour «fabriquer» le consentement des citoyens et leur faire accepter ce que la «classe gouvernante spécialisée» avait déjà décidé.

Comme si tout avait été prévu – et il ne fait aucun doute que c'était le cas – la campagne du parti républicain fut on ne peut plus orchestrée – de nombreux porte-parole de l'administration attisèrent la peur par des déclarations aux médias nationaux selon lesquelles un «champignon atomique» pourrait menacer les villes américaines si nous n'envahissions pas l'Irak pour empêcher Saddam Hussein de donner l'arme atomique au même groupe de terroristes qui nous avaient déjà attaqués avec des conséquences funestes[4].

On a dit à la nation que Saddam s'était procuré la technologie d'enrichissement de l'uranium et qu'il cherchait à se fournir le minerai en Afrique[5]. Et l'administration se montra imperméable à tout sentiment de gêne ou de regret quand la preuve qu'ils proposaient pour soutenir les deux affirmations se révéla totalement fausse.

Imaginez un instant que vous êtes président des États-Unis. Que vous apparaissez à la télévision nationale devant une session conjointe du Congrès, pour prendre la parole à la seule occasion annuelle où la Constitution commande au président de s'adresser directement au Congrès et à la nation américaine quant à l'état de l'Union, et que vous émettez un avis important sur le problème de la guerre et de la paix. Et qu'après votre discours les experts sur la prolifération des armes nucléaires des Nations unies annoncent publiquement que le document que vous avez produit est un faux.

C'est exactement ce qui s'est passé, bien entendu. Le président Bush a dit aux Américains qu'il disposait de preuves documentées que Saddam Hussein se procurait du minerai d'uranium au Niger et laissait entendre que c'était clairement dans le but d'enrichir l'uranium pour fabriquer des bombes nucléaires. Puis il demanda au pays tout entier d'imaginer l'horreur que ce serait si l'une des bombes obtenues à partir de ce minerai explosait avec son nuage en forme de champignon, détruisant une ville américaine. Deux semaines plus tard, cependant, Mohamed ElBaradei, chef de l'agence des Nations unies en charge du contrôle de la prolifération des armes nucléaires et lauréat du prix Nobel, émit un communiqué révélant au monde entier que le document sur lequel le président Bush avait appuyé son acerbe démonstration était en réalité un faux[6].

Si vous étiez président, que vous apparaissiez devant le Congrès réuni et que vous prononciez un discours en direct face à un milliard de téléspectateurs à travers le monde, que vous présentiez à cette immense audience, pour étayer votre argument de déclaration de guerre, des preuves dont vous découvrez par la suite qu'elles sont non seulement fausses mais falsifiées, ne vous sentiriez-vous pas gêné ? N'insisteriez-vous pas pour que quelqu'un soit tenu pour responsable de vous avoir fourni un document falsifié ? N'auriez-vous pas intérêt à comprendre qui a contrefait le document, et pour quelle raison ? Et à déterminer comment il est arrivé entre vos mains ? Et pourquoi on vous a encouragé si lourdement à vous y référer dans votre discours sur l'état de l'Union ? N'éprouveriez-vous pas des remords d'avoir présenté un faux aussi significatif à la nation qui faisait confiance à votre leadership ?

Sir Arthur Conan Doyle écrivit un célèbre roman policier dans lequel l'indice révélateur était « le chien qui n'aboya pas ». Dans ce cas précis, la Maison Blanche n'a pas émis ne fût-ce qu'un grognement à l'encontre du falsificateur du document qui se retrouva entre les mains du président et fut utilisé à la télévision nationale. Il est stupéfiant de voir que la Maison Blanche ne semble toujours pas se préoccuper de l'auteur de cette contrefaçon. Quatre ans plus tard, aucune responsabilité n'a encore été désignée pour cette malhonnêteté.

Dans le même discours sur l'état de l'Union, Bush prétendait également que les inspecteurs des Nations unies avaient découvert que Saddam Hussein avait acquis des tubes d'aluminium spécial conçus pour être utilisés pour l'enrichissement d'uranium dans la fabrication de bombes atomiques. Mais de nombreux experts du ministère de l'Energie et dans le milieu du renseignement savaient avec certitude que l'information présentée à la nation par le président était totalement fausse. Aux États-Unis, les véritables experts de l'enrichissement de l'uranium sont à Oak Ridge, dans l'État du Tennessee dont je suis originaire et où a eu lieu l'essentiel du processus d'enrichissement. Ils m'ont rapidement fait savoir que, selon eux, il n'y avait aucune possibilité que les tubes en question aient été destinés à l'enrichissement. Ils m'ont dit cependant qu'à l'usine d'Oak Ridge on avait essayé de les dissuader d'émettre des déclarations publiques en contradiction avec les affirmations du président Bush.

Dans presque tous les cas, les renseignements utilisés par la Maison Blanche pour soutenir le projet de guerre ont été maquillés jusqu'à devenir méconnaissables, déformés et falsifiés. Et dans tous les cas, quand la preuve fut remise en question, il y eut une réticence systématique à connaître la vérité. En revanche, des stratégies préconçues furent poursuivies en dépit de toute preuve établie. On condamne d'abord, et on juge ensuite.

En conséquence du rapport de la commission du 11 septembre,

115

nous savons aujourd'hui que, quelques heures après l'attaque, le ministre Rumsfeld cherchait activement à établir un lien avec Saddam Hussein. Nous avons le témoignage sous serment du chef de l'antiterrorisme de la Maison Blanche, Richard Clarke, que le lendemain de l'attaque, le 12 septembre, le président voulait connecter les attentats avec l'Irak. Plus tard, Clarke raconta au cours de l'émission d'informations *60 minutes* :

> « Le président m'entraîna dans une pièce avec deux autres personnes, ferma la porte et dit : "Je veux que vous trouviez si c'est l'Irak qui a fait ça." [...] Je répondis : « Monsieur le président, nous l'avons déjà fait. Nous avons cherché. Nous avons regardé objectivement. Monsieur le président, il n'y a aucun lien." Il est revenu vers moi et a dit : "L'Irak. Saddam. Découvrez s'il y a un lien." [...] Nous avons réuni tous les experts du FBI, tous les experts de la CIA. Ils ont tous approuvé le rapport, et nous l'avons envoyé au président. Il a été transmis par le conseiller ou le secrétaire d'État à la Sécurité nationale. Et retoqué avec la mention : "Mauvaise réponse. À refaire." [...] Et je ne crois pas que lui, le président, prenne connaissance des notes dont il n'aime pas la réponse [7]. »

C'était le lendemain de l'attaque et le président n'a pas posé une seule question sur Oussama Ben Laden. Il n'a rien demandé à M. Clarke, le chef expérimenté de l'antiterrorisme sous des présidents démocrates aussi bien que républicains, concernant al-Qaïda. Il n'a pas parlé de l'Arabie saoudite ni d'aucun autre pays que l'Irak.

Lorsque Clarke répondit la première fois que ce n'était pas l'Irak qui était responsable de l'attaque mais al-Qaïda, le président persista à se focaliser sur l'Irak. Le lendemain de l'attaque la plus grave de l'histoire des États-Unis sur notre territoire, Clarke passa donc l'essentiel de son temps, comme responsable de l'antiterrorisme à la Maison Blanche, à essayer de trouver un lien entre l'attaque et quelqu'un qui n'avait absolument rien à voir avec elle. Il ne s'agit pas de critique rétrospective. C'est ainsi que le président pensait au moment où il projetait la réaction de l'Amérique à l'attaque. Ce n'était pas une interprétation malencontreuse des preuves disponibles qui avait amené à déceler par erreur un lien entre al-Qaïda et l'Irak. C'était autre chose : le choix délibéré d'établir une connexion spécifique, qu'il existe ou non des preuves pour l'étayer.

Quand il se préparait à envahir l'Irak, le président Bush donna à plusieurs reprises la nette impression que ce pays était un allié, voire un partenaire d'al-Qaïda, le groupe terroriste qui nous avait attaqués. En fait, peu de temps après le 11 septembre, le président Bush prit la décision de mentionner Saddam Hussein et Oussama Ben Laden dans le même souffle, en une sorte de mantra cynique destiné à les amalgamer dans l'esprit du public. Il usa plusieurs fois de cette technique de façon délibérée dans le but de donner l'impression aux Américains que Saddam Hussein était responsable du 11 septembre.

Dans un commentaire que certains estimèrent appartenir au dossier des « blagues qui révèlent une signification inconsciente », le président Bush déclara : « Voyez-vous, dans ma profession, on est obligé de répéter sans arrêt la même chose pour que la vérité soit bien comprise, pour en quelque sorte catapulter la propagande[8]. »

Il était habituellement plutôt astucieux dans le choix de son vocabulaire. En réalité, la prudence logique du président Bush est en soi la preuve qu'il savait très bien que ce qu'il disait était un mensonge habile et important. Il contournait visiblement la vérité de façon répétée, comme s'il s'était entraîné à l'éviter.

Il y a près de 2 500 ans, Socrate fut l'un des premiers à étudier sérieusement la démagogie. « Par conséquent, disait-il, à chaque fois que les gens sont abusés et se font une opinion éloignée de la vérité, il est clair que l'erreur s'est glissée dans leur esprit par l'intermédiaire d'une certaine ressemblance avec cette vérité[9]. » Mais le président Bush et le vice-président Cheney s'écartaient parfois de leur vocabulaire astucieux et, à certains moments d'inattention, avaient recours à des affirmations qui ne comportaient aucune ressemblance avec la vérité, étant visiblement au contraire des mensonges délibérés.

À l'automne 2002, le président Bush déclara effectivement à la nation : « On ne peut distinguer entre al-Qaïda et Saddam[10]. »

Il dit aussi : « La véritable menace à laquelle notre pays est confronté est un réseau al-Qaïda entraîné et armé par Saddam [11]. » En même temps, le vice-président Cheney répétait : « Il existe des preuves accablantes d'un lien entre al-Qaïda et le gouvernement irakien [12]. » Dès le printemps, le ministre des Affaires étrangères Colin Powell dénonçait devant les Nations unies (intervention qu'il dit regretter aujourd'hui) « la sinistre liaison entre l'Irak et le réseau terroriste d'al-Qaïda [13] ».

Mais le président persistait à écarter toute question portant sur ses affirmations en disant : « La raison pour laquelle je ne cesse d'insister sur les relations qui existent entre l'Irak, Saddam et al-Qaïda, c'est qu'il y a bel et bien des relations entre l'Irak et al-Qaïda [14]. » Et il continuait à ne pas avancer la moindre preuve.

Quand les membres de l'administration eurent terminé, les sondages d'opinion révélèrent que 70 % des Américains avaient reçu le message que Bush voulait leur transmettre : ils étaient convaincu que Saddam Hussein était responsable de l'attaque du 11 septembre.

Le mythe selon lequel l'Irak et al-Qaïda travaillaient de concert n'était pas le résultat d'une erreur fortuite de la Maison Blanche. Longtemps avant le début de la guerre, le président et le vice-président ignorèrent les mises en garde claires de l'agence de renseignements du Pentagone et de la CIA – par des rapports fournis directement à la Maison Blanche – disant que les présomptions étaient fausses. Des services officiels de renseignements européens avaient eux aussi clairement établi qu'il n'y avait aucun lien. « Nous n'avons trouvé aucune connexion entre l'Irak et al-Qaïda, disait en 2002 l'un des chefs des services européens d'investigation terroriste. Si de tels liens existaient, nous les aurions trouvés, mais nous n'avons absolument rien découvert de sérieux [15]. »

La propagation de ce mythe par la Maison Blanche n'était pas un exemple de négligence. Lorsque l'administration s'entend dire précisément et de façon répétée par les sources les plus autorisées qu'il n'existe aucun lien, mais qu'elle continue en dépit de toute évidence à répéter des affirmations qui laissent à 70 % des Américains l'impression que Saddam Hussein est lié à al-Qaïda et qu'il est le principal responsable des attaques du

11 septembre, une telle attitude ne peut être qualifiée que de mensongère.

Certains appartenant au même parti que le président furent quand même de cet avis. Le sénateur Chuck Hagel, qui siège au conseil des affaires étrangères, dit catégoriquement : « Saddam n'est pas ligué avec al-Qaïda. Je n'ai eu connaissance d'aucun renseignement qui me conduirait à connecter Saddam Hussein et al-Qaïda [16]. » Mais ces voix, parmi d'autres, ne suffirent pas à stopper une campagne visant clairement à induire l'Amérique en erreur. Sur une période de plusieurs années, le président et le vice-président utilisèrent un langage habile pour créer, puis renforcer la peur qu'al-Qaïda ne soit armé par l'Irak.

Après l'invasion, la recherche exhaustive de preuves ne donna aucun résultat et, dès août 2003, le précédent gouvernement Bush et les services de renseignements furent forcés de reconnaître que les preuves utilisées pour dénoncer le lien entre l'Irak et al-Qaïda contredisaient les conclusions des services secrets [17]. « Notre conclusion était que Saddam ne procurerait certainement pas à al-Qaïda d'armes de destruction massive ni de connaissances en la matière, étant donné qu'ils étaient ennemis mortels, dit Greg Thielmann, expert en armement au bureau de recherches et de renseignements du ministère des Affaires étrangères. Saddam voyait al-Qaïda comme une menace, et al-Qaïda était opposé à Saddam dont ils détestaient le gouvernement laïc. »

Donc, quand la commission bipartite du 11 septembre publia son rapport, un an plus tard, sans trouver de preuve crédible d'une connexion entre Irak et al-Qaïda, elle n'aurait pas dû prendre la Maison Blanche au dépourvu. Pourtant, au lieu de la franchise dont avaient besoin les Américains et qu'ils méritaient de la part de leurs leaders, la Maison Blanche réitéra son opinion qu'il existait un lien. Le vice-président Cheney, par exemple, prétendit qu'ils avaient sans doute eu davantage d'informations que la commission et qu'« il y avait clairement un lien » dont il existait des « preuves accablantes ». Cheney posait la question suivante : « L'Irak a-t-il planifié avec al-Qaïda l'attaque du 11 septembre ? Nous n'en savons rien [18]. »

Comme Thomas Pynchon écrivait : « S'ils arrivent à vous faire poser les mauvaises questions, ils n'ont pas besoin de s'inquiéter de la réponse [19]. »

Pourtant, l'administration semble maintenant s'inquiéter de la réponse. Le vice-président Cheney attaqua le *New York Times* pour avoir eu le front de publier en gros titre : LA COMMISSION NE TROUVE AUCUN LIEN ENTRE L'IRAK ET AL-QAÏDA [20], ce qui était à ce moment-là un simple constat de l'évidence. Accumulant mensonge sur mensonge, Cheney déclara alors qu'il n'y avait « pas de contradiction fondamentale entre ce que disait le président et ce qu'avait dit la commission [21] ». Il tenta même de nier toute responsabilité personnelle pour avoir aidé à créer la fausse impression qu'il y avait une connexion entre l'Irak et al-Qaïda.

De façon assez appropriée, son interview finit par apporter de l'eau au moulin de l'émission *The Daily Show with Jon Stewart*. Stewart passa d'abord Cheney niant avoir jamais dit que les représentants d'al-Qaïda avaient rencontré les services secrets irakiens à Prague, puis Stewart fit un arrêt sur image et passa le vidéo-clip où Cheney avait effectivement dit exactement ce qu'il avait nié, avec exactement les mêmes mots. Il le prenait ainsi en flagrant délit de mensonge. À ce moment précis, Stewart dit, en s'adressant à l'image fixe de Cheney sur l'écran : « Il est de mon devoir de vous informer que vous êtes pris en flagrant délit de mensonge [22]. »

Même le ministre Rumsfeld, qui avait vu tous les renseignements fournis au président Bush sur une éventuelle connexion entre Saddam Hussein et al-Qaïda, finit par reconnaître, après les questions répétées des journalistes : « À ma connaissance, je n'ai vu aucune preuve tangible d'un lien entre les deux [23]. »

Nous savons aujourd'hui que l'assistant de Rumsfeld, Douglas Feith, avait établi une opération de « renseignement » parallèle et séparée afin de présenter directement une information biaisée au président sans mettre au courant la CIA ni les autres services de renseignements et d'analyse du gouvernement américain [24].

La Maison Blanche avait un intérêt politique majeur à faire croire aux Américains que Saddam Hussein travaillait avec Ben Laden. Ils pouvaient difficilement reconnaître la vérité sans passer pour de complets imbéciles d'avoir lancé notre pays dans une guerre imprudente et inutile contre une nation qui ne nous menaçait pas le moins du monde. Parmi les Américains qui croient encore à ce lien – et il est stupéfiant de voir qu'ils sont encore nombreux – demeure un soutien fort à la décision du président d'envahir l'Irak. Mais chez ceux qui acceptent de voir la vérité, le soutien à la guerre ou à la décision de la lancer a très vite disparu.

C'est compréhensible, car si l'Irak n'avait rien à voir avec l'attaque du 11 septembre, et n'avait aucun lien avec les organisations terroristes qui l'ont lancée, cela veut donc dire que le président a conduit notre pays à la guerre alors que rien ne l'y forçait, et que plus de 3 000 membres des services américains ont été tués et des milliers d'autres blessés, pendant que des milliers d'Irakiens ont été tués et blessés, sans aucune nécessité.

Le mensonge sur la connexion entre l'Irak et al-Qaïda a aussi été la clé servant à justifier le pouvoir constitutionnel dont s'est emparé le président. Et finalement, pour ce gouvernement, tout est question de pouvoir. Aussi longtemps que leur gros mensonge ostensible demeurait un fait établi dans l'esprit des Américains, la majorité considérait que le président Bush avait toute justification pour prendre le pouvoir et faire la guerre selon son désir. Toute justification pour suspendre comme il l'entendait nombre de libertés civiques. Il pouvait ainsi continuer à déformer la réalité politique vécue par les Américains.

Est-il possible que Bush et Cheney aient sincèrement cru aux fausses assertions avec lesquelles ils ont abusé nos concitoyens et nos alliés ? Léonard de Vinci écrivit jadis : « Les hommes sont essentiellement dupes de leurs propres opinions[25]. » Le journaliste d'investigation I. F. Stone a écrit dans *Une époque tourmentée* : « Tous les gouvernements mentent, mais le désastre guette les pays où les gouvernants fument le même hachisch que celui qu'ils servent[26]. » Si Bush et Cheney croyaient effectivement au lien qu'ils dénonçaient – malgré toutes les preuves du contraire qui leur ont été présentées sur le moment –, cela les rendrait de fait, à la lumière de ces preuves, authentiquement incompétents à gouverner notre nation. D'autre part, s'ils connaissaient la vérité et ont menti, massivement et de façon répétée, n'est-ce pas encore pire ? Sont-ils trop naïfs ou trop malhonnêtes ?

En 2004, l'ancien gouverneur républicain du Minnesota, Elmer Andersen, a annoncé à Minneapolis que pour la première fois de sa vie, il a décidé de s'opposer au président en place de son propre parti parce que Bush et Cheney, selon ses mots, « croient à leurs propres mensonges. Ils crachent tous les deux des contre-vérités flagrantes avec une ferveur évangélique ». Il attribuait son désaccord avec « la représentation erronée et grossièrement mensongère de la menace d'armes de destruction massive » du président Bush. « Le siège du terrorisme, disait-il, était l'Afghanistan. L'Irak n'avait aucun lien avec cet acte terroriste, ne menaçait pas sérieusement les États-Unis, comme le prétendait ce président, et il est désormais évident qu'il n'y avait aucune relation avec un armement de destruction massive » [27].

Après la tragédie du Vietnam, l'armée américaine s'engagea formellement à tirer toutes les leçons possibles de l'expérience sud-asiatique. En usant de la logique et de la raison pour disséquer toutes les erreurs commises, nos chefs militaires mirent en œuvre une transformation historique des services de l'armée. La première guerre du Golfe et l'intervention en Bosnie firent partie des succès résultant de l'intégration des leçons du Vietnam dans une approche nouvelle et beaucoup plus efficace de la stratégie militaire.

Malheureusement, le Pentagone fut obligé d'oublier plusieurs de ces leçons pendant les préparatifs de l'invasion de l'Irak. Par exemple, nous savons désormais que la taille de l'armée américaine d'invasion était beaucoup plus faible que ce que recommandaient les experts militaires. En février 2003, avant le début de la guerre, le général en chef de l'armée, le général Eric Shinseki déclarait au Congrès que l'occupation pouvait requérir plusieurs centaines de milliers de soldats, mais la Maison Blanche avait déjà décidé que des forces bien plus réduites étaient suffisantes. Plutôt que d'engager un débat raisonné sur la question, ils sanctionnèrent Shinseki pour avoir désapprouvé leur idée préconçue, alors que c'était lui l'expert.

Les autres généraux et amiraux comprirent le message et cessèrent d'exprimer leur désaccord avec la Maison Blanche.

Shinseki avait raison, naturellement, et la plupart des officiers au sommet de la hiérarchie du Pentagone le savaient. Mais le processus de prise de décision ne souffrait pas de désaccord de principe. En conséquence, la politique choisie ne fut pas établie sur l'opinion collective.

Dans son effort pour persuader le Congrès de soutenir sa décision de se préparer à une invasion, le président Bush promit que s'il conduisait la nation à la guerre, ce ne serait que sur la base de plans soigneusement étudiés. Nous savons aujourd'hui qu'en contraste frappant avec ce qu'il nous dit à l'époque, il partit en guerre sans réflexion approfondie et assurément sans aucune préparation quant aux conséquences, qui atteignent à ce jour plus de 3 000 victimes américaines et plusieurs dizaines de milliers d'irakiennes.

Un petit groupe d'entêtés au sein de cette administration – dont un grand nombre avait évité le service militaire dans leur jeunesse – ont substitué leur jugement à celui des chefs militaires et conduit le pays à une erreur catastrophique. Leur conclusion selon laquelle nous n'avions besoin que d'une force d'invasion réduite était basée sur les mêmes présomptions erronées qui menèrent à un refus arrogant de prévoir le plan d'occupation de l'Irak après l'invasion. Ils imaginaient que les membres des services américains seraient accueillis sous les acclamations des Irakiens leur offrant des guirlandes de fleurs, et que ces mêmes Irakiens reconnaissants allaient rapidement établir un marché libre et une démocratie saine.

Malheureusement, ces présomptions étaient bien entendu complètement fausses. Nous savons désormais par la CIA qu'une analyse exhaustive et solide des conséquences vraisemblables de l'invasion – préparée de longue date – prédisait exactement le chaos, le ressentiment populaire et la probabilité croissante d'une guerre civile, et que cette analyse avait été présentée au président.

Cette erreur de calcul, nous le savons aujourd'hui, était parfaitement évitable. Mais l'information qui aurait pu l'empêcher fut supprimée. Deux mois avant la guerre en Irak, le président Bush reçut des rapports secrets complets et détaillés l'avertissant qu'une invasion de l'Irak lancée par les Américains aurait probablement pour résultat un accroissement du soutien des islamistes intégristes, de profondes divisions de la société irakienne, un haut niveau de conflit interne et une résistance de type guérilla contre les forces américaines.

Cependant, en dépit de ces analyses, le président Bush choisit de supprimer ces avertissements et de dissimuler cette information, et continua au contraire à transmettre aux Américains les opinions absurdement optimistes de sources hautement contestables et visiblement partiales, telles qu'Ahmed Chalabi, criminel condamné et escroc notoire.

L'administration Bush inscrivit Chalabi au nombre de ses salariés et lui donna un siège voisin de celui de Laura Bush, première dame américaine, pour la cérémonie du discours sur l'état de l'Union. Puis on le reconduisit à Bagdad en jet militaire avec une force de sécurité privée. Cependant, l'année suivante, l'administration décida que c'était un espion de l'Iran qui avait abusé le président avec des informations frauduleuses et de fausses prédictions. Aujourd'hui, Chalabi est un des membres les plus influents du nouveau gouvernement de Bagdad[28].

Il est devenu courant pour le président Bush de s'appuyer sur des intérêts privés, comme ceux que représentait Chalabi, pour obtenir des renseignements élémentaires sur les politiques vitales pour les intérêts en question. Exxon Mobil, par exemple, fut sa source d'informations la plus sûre quant à la crise climatique. Les industries chimiques constituent ses sources de prédilection pour savoir si les particules chimiques sont dangereuses pour l'environnement. Et les grandes compagnies pharmaceutiques sont ses conseillers de confiance sur les risques sanitaires des nouveaux médicaments. Quant aux compagnies d'assurance, leurs données sont considérées comme les sources les plus fiables sur toute politique les concernant. Et ainsi de suite.

Il est incroyable qu'en outre le président semble accorder infiniment plus de crédit à l'avis de ces groupes privés qu'à une information objective préparée à son intention par des analystes indépendants chargés de protéger l'intérêt public. Comme son idéologie lui enseigne le mépris pour la notion même d'« intérêt public », il préfère en réalité compter sur une information partiale préparée par des sources d'une fiabilité discutable – tel

Chalabi – qui ont des intérêts personnels dans l'aboutissement d'une politique particulière. Le président, en fait, sous-traite la vérité.

Une investigation approfondie, publiée dans les journaux du groupe de presse Knight Ridder, a dévoilé cette vérité ahurissante : avant même que l'invasion ne commence, il n'existait littéralement *aucun plan* pour la période d'après-guerre. Effectivement, à la veille de la guerre, quand la rédaction de la présentation officielle du plan américain aux chefs militaires et aux officiers des services de renseignements était en voie d'achèvement, la diapositive décrivant le projet du président Bush pour la phase d'après-guerre fut étiquetée : « à fournir », car elle n'existait tout simplement pas [29].

Trois semaines après l'invasion, le général William Wallace, commandant le Cinquième Corps, c'est-à-dire le second officier de l'armée américaine en Irak, fut interrogé par un journaliste au sujet des plans suivant l'invasion. La réponse ahurissante de Wallace fut : « Eh bien, on va d'abord finir ça et on verra ensuite. »

Nous savons aujourd'hui par Paul Bremer – qui avait été choisi par le président Bush pour prendre en charge la politique américaine en Irak immédiatement après l'invasion – qu'il avait prévenu à maintes reprises la Maison Blanche que l'armée était en nombre insuffisant sur le terrain pour que l'entreprise réussisse. Pourtant, au moment même où Bremer lui communiquait ce point de vue, le président Bush affirmait aux Américains qu'il y avait largement assez de soldats sur le terrain et qu'il s'appuyait sur l'opinion des chefs militaires américains à Bagdad pour juger inutile d'en envoyer davantage [30].

Alors même que le chaos grandissant et la violence en Irak devenaient de plus en plus douloureusement manifestes pour tous ceux qui regardaient les informations télévisées, le président Bush fit tous les efforts possibles pour discréditer une mise en garde officielle des services de renseignements nationaux, selon laquelle sa politique irakienne s'écroulait et que la situation dérapait. Bush qualifia cette analyse formelle et rigoureuse de « simple supposition [31] ».

Nous avons également appris par le *Washington Post* qu'au

moment où le président affirmait mensongèrement aux Américains qu'il procurait aux soldats tous les équipements et matériels que leurs supérieurs jugeaient nécessaires, le commandant en chef de l'armée américaine en Irak, le général Ricardo Sanchez, suppliait désespérément qu'on accède à sa requête d'équipement, notamment de matériel de protection rapprochée pour assurer la sécurité des soldats. Et il écrivit qu'en raison de cette situation les unités qu'il commandait « luttaient pour maintenir un niveau de disponibilité relativement bas [32] ».

On nous a dit aussi que nos alliés nous rejoindraient en une coalition massive et que nous ne serions pas seuls à assumer le fardeau. Bien entendu, nous l'assumons aujourd'hui en quasi-totalité. Presque 90 % des soldats non irakiens sont américains et les contribuables de ce pays ont déjà payé plus de 700 milliards pour une guerre qui a, d'ores et déjà, duré plus longtemps que notre participation à la Seconde Guerre mondiale [33], de Pearl Harbor au 8 mai 1945.

Bush a également prétendu que la maîtrise des champs pétroliers irakiens au profit des producteurs américains n'avait jamais fait partie de ses calculs. En réalité, disait-il, il partait en guerre pour résoudre la menace imminente qui pesait sur les États-Unis. Mais, là encore, les preuves montrent clairement qu'il n'y avait aucune menace imminente et que Bush le savait, ou du moins en avait été informé par ceux qui étaient le mieux placés pour le savoir.

De plus, il y a aujourd'hui davantage de preuves qu'au moment de l'invasion suggérant que les réserves pétrolières de l'Irak ont pu jouer un plus grand rôle qu'on ne l'imaginait dans la décision de l'administration. Nous savons désormais, par exemple, grâce à un document daté d'à peine deux semaines après l'inauguration de Bush que son Conseil de sécurité nationale avait reçu l'ordre de coupler son inspection des opérations vis-à-vis des « États voyous » (notamment l'Irak) avec les « actions concernant la capture de champs pétroliers [34] nouveaux ou préexistants » de la mystérieuse commission Cheney à l'énergie.

Des documents obtenus grâce à une enquête de justice contre cette commission Cheney, menée curieusement par l'action conjointe du groupe conservateur de contrôle judiciaire Judicial

Watch et le Sierra Club, ont révélé que l'un des documents étudiés de très près par cette commission à la même période était une carte extrêmement détaillée de l'Irak – qui ne montrait aucune ville, aucun lieu habité, mais révélait de façon très précise l'emplacement de chaque réserve de pétrole connue dans le pays, avec des pointillés démarquant les parties à explorer –, une carte qui, d'après les mots d'un journaliste canadien, ressemblait au croquis d'une génisse fait par un boucher, où les bons morceaux sont délimités par des lignes pointillées[35].

Depuis plus de six ans, l'administration livre une bataille sans merci devant les tribunaux pour refuser aux Américains le droit de savoir quels intérêts privés et quels groupes de pression ont conseillé le vice-président Cheney sur le nouveau projet de politique énergétique. Nous savons que c'est Ken Lay qui a choisi les membres de la commission fédérale de régulation de l'énergie, et nous avons eu connaissance de certaines preuves de ce qu'a fait Enron pour influencer les contrôleurs. Mais nous ignorons encore qui participait avec Cheney aux négociations d'accès aux réserves pétrolières de l'Irak.

Nous savons que Cheney lui-même, quand il était à la tête d'Halliburton, a fait beaucoup d'affaires avec l'Irak, bien que ce pays soit à l'époque sous le coup d'une sanction des Nations unies. Et nous savons que Cheney déclara en 1999, dans un discours public adressé à l'Institut du pétrole de Londres, plus d'un an avant d'être vice-président, que dans la décennie à venir le monde aurait besoin, selon lui, de 50 millions de barils de pétrole supplémentaires par jour.

« D'où viendra-t-il ? » demanda Cheney, puis, répondant à sa propre question : « C'est au Moyen-Orient, avec les deux tiers du pétrole mondial au prix le plus bas, que se trouve encore le trésor[36]. »

Puis, au printemps 2001, quand le vice-président Cheney publia le plan gouvernemental à l'énergie, celui qui avait été concocté en secret par des compagnies et des groupes de pression qu'il refuse toujours de nommer, le rapport de publication incluait cette déclaration : « C'est sur le golfe Persique que se focalisera la politique énergétique internationale des États-Unis[37]. »

La même année, Bush fusionna la politique nationale à l'énergie et sa politique étrangère concernant les «États voyous» comme l'Irak. À la fin de l'été, au cours de l'un des épisodes les plus bizarres du processus politique de Bush, Richard Perle, avant d'être obligé de démissionner de son poste de président de la commission à la défense pour motif de conflit d'intérêts, sollicita l'intervention devant la commission d'un analyste de la Rand Corporation qui recommanda une opération militaire américaine pour s'emparer des champs pétroliers d'Arabie saoudite[38].

La commission n'adopta pas cette recommandation. Mais l'idée cynique de certains, selon laquelle le pétrole joua un rôle démesuré dans la perception de Bush et sa politique à l'égard de l'Irak, fut accentuée par la suite, quand l'une des rares installations sécurisées par l'armée américaine à la suite de l'invasion fut le ministère irakien au Pétrole. En revanche, le Musée national irakien, malgré ses inestimables trésors archéologiques datant de la naissance de la civilisation humaine, les installations électriques cruciales pour garantir un niveau de vie décent aux Irakiens pendant l'occupation qui allait commencer, les écoles, les hôpitaux, les autres ministères, tout fut abandonné aux pillards.

En outre, au début de 2007, le gouvernement que les États-Unis avaient aidé à s'établir à Bagdad décréta un texte rédigé à Washington qui donnait la priorité aux compagnies britanniques et américaines dans l'exploitation des immenses réserves de pétrole irakien[39]. Je reviendrai plus longuement sur cette législation au chapitre 7.

Les erreurs de jugement historiques qui ont conduit à la tragique invasion de l'Irak par les États-Unis auraient pu aisément être évitées. Par un arrogant contrôle et une manipulation frauduleuse de l'information destinés à tromper les Américains afin d'obtenir leur approbation d'une politique malhonnête, l'administration a commis la plus grave erreur stratégique de l'histoire des États-Unis. Mais le préjudice causé à notre pays ne se limite pas à la mauvaise gestion des ressources militaires, économiques et politiques, ni même aux pertes en vies humaines et en argent. Lorsque le chef de l'exécutif dépense une énergie prodigieuse dans ses efforts pour convaincre les Américains de croire à ses mensonges, il détériore le tissu même de la démocratie et la confiance en l'intégrité fondamentale de notre mode de gouvernement.

Malheureusement, l'Irak est loin d'être le seul domaine dans lequel la Maison Blanche a fait preuve de fausseté afin d'obtenir l'approbation de politiques radicalement nouvelles et pour lequel on a appris ensuite que le président disposait d'analyses de sources indiscutables contredisant directement ce qu'il affirmait aux Américains. Dans pratiquement tous les cas, il est désormais évident que l'information écartée par le président était exacte. Bush a choisi au contraire de s'appuyer sur des renseignements fournis par des sources ayant souvent un intérêt direct, financier ou autre, pour établir ses décisions politiques, lesquels renseignements se sont finalement révélés faux. Et dans le cas où ces politiques ont été mises en œuvre, ce sont les Américains qui en ont payé les conséquences, souvent catastrophiques.

Parmi les activités anormales et antidémocratiques auxquelles s'est livrée cette administration dans le but d'augmenter son pouvoir, on peut également compter un usage sans précédent du secret. John Dean, ancien conseiller de la Maison Blanche, déclarait récemment : « Bush et Cheney nous ramènent à la période de Nixon. Toutes les activités gouvernementales sont filtrées politiquement dans cette Maison Blanche, qui a le mode de fonctionnement le plus secret de l'histoire des États-Unis [40]. »

John F. Kennedy écrivait pour sa part : « Le mot même de secret est répugnant dans une société libre et ouverte. Et nous en tant que nation sommes intrinsèquement et historiquement opposés aux sociétés secrètes, aux serments secrets et aux agissements secrets [41]. » Mais, en 2003, la revue *US News & World Report* disait de la Maison Blanche actuelle : « L'administration Bush a enseveli sous la chape du secret nombre d'opérations importantes du gouvernement fédéral, dissimulant à l'examen ses propres activités et détournant du domaine public des informations essentielles relatives à la santé, la sécurité et l'environnement [42]. »

La rétention d'informations de la sphère publique semble surtout inspirée par des motifs politiques. Par exemple, les documents relatifs à la période où Bush était gouverneur du Texas [43] ont été mis sous le sceau du secret d'État. Or, leur divulgation ne peut guère faire courir de grands risques à la sécurité du territoire. De même, toute information sur l'engagement financier du vice-président Cheney dans Halliburton, la compagnie qu'il dirigeait [44], a été retirée du domaine public.

Afin de couper court aux réclamations des gouverneurs du pays quant aux financements qu'ils doivent recevoir des programmes fédéraux, l'administration Bush a tout simplement cessé d'imprimer le rapport du budget primitif [45].

Quand le nombre de licenciements est devenu trop embarrassant, cette administration a cessé simplement de publier le rapport régulier du chômage que les économistes recevaient depuis des décennies [46].

Plus de 6000 documents ont été retirés par l'administration Bush des sites web gouvernementaux, notamment un document sur le site de l'Agence de protection environnementale, qui donnait aux citoyens des informations essentielles sur la façon d'identifier des risques de pollution chimique à proximité de leur domicile.

De plus, cette administration a établi une nouvelle exemption qui leur permet de refuser la diffusion auprès de la presse ou du public des informations importantes concernant la santé, la sécurité et l'environnement soumises au gouvernement par des entreprises, en les qualifiant simplement d'«infrastructures critiques [47]». De récents efforts ont été faits, par exemple, pour retirer des archives nationales une énorme quantité de documents déclassés, et les reclasser, bien qu'ils soient depuis longtemps dans le domaine public [48].

Il est stupéfiant de constater le peu d'indignation provoquée par chaque nouvel effort imposant un contrôle plus strict de l'information mise à la disposition des citoyens dans notre démocratie.

Par exemple, au plus fort du scandale impliquant l'ancien lobbyiste Jack Abramoff, reconnu coupable de délit d'influence et de corruption, les journalistes d'investigation cherchant à documenter les nombreux contacts entre Abramoff et la Maison Blanche se virent répondre que si de tels contacts existaient, ils étaient minimes et que le président Bush ne connaissait même pas ledit Abramoff. Toutes les preuves circonstancielles indiquaient le contraire. L'une des sources incontestables d'informations permettant de résoudre la controverse était le journal de bord de la Maison Blanche, tenu par les services secrets, montrant qui y entrait, et quand. En réponse aux demandes de consultation de ce registre, la Maison Blanche mit au point un compromis selon lequel une petite partie des renseignements demandés fut livrée.

Puis, sans prévenir ni la presse ni la population, l'administration obligea les services secrets à changer un mode de fonctionnement à l'œuvre depuis longtemps, imposant à partir de cette date le secret sur tous les registres d'entrée à la Maison Blanche[49].

De façon ironique, l'un des plus grands experts scientifiques sur le réchauffement climatique à la NASA, James E. Hansen, reçut l'ordre inverse et se mit à tenir un registre précis de tous ses visiteurs destiné à l'administration, afin que celle-ci pût diriger et contrôler ses discussions sur la question climatique. Hansen reçut également l'ordre de ne parler à aucun représentant de la presse, bien qu'apparemment cet ordre n'ait pas été suivi d'effet.

Dans ses efforts pour brouiller le consensus clair de la communauté scientifique sur le réchauffement climatique, la Maison Blanche ordonna également des modifications importantes et la suppression de certaines parties du rapport de l'Agence de protection de l'environnement, modifications si énormes que l'Agence se déclara trop embarrassée pour utiliser les termes imposés par les assistants politiques de la Maison Blanche. Les mises en garde scientifiques quant aux conséquences catastrophiques d'un réchauffement climatique anarchique furent censurées par un représentant politique de la Maison Blanche, Philip Cooney, qui n'avait aucune formation scientifique. Nous semblons parfois très loin de l'époque où Jefferson pouvait exprimer sa « conviction que la science est importante pour la préservation de notre gouvernement républicain, et qu'elle est également essentielle à sa protection contre un pouvoir étranger[50] ».

George Deutsch, jeune représentant politique de l'administration Bush âgé de 24 ans, non seulement n'avait aucune formation politique, mais fut finalement obligé de démissionner pour avoir prétendu détenir des diplômes universitaires qu'il ne possédait pas. Lorsqu'il était en poste, il avait donné l'ordre à tous les scientifiques de la NASA de faire toujours référence au Big Bang comme à une *théorie* plutôt que comme à un fait de science. M. Deutsch, qui était stagiaire pendant la campagne Bush-Cheney, transmit pour cela une note aux chercheurs de la NASA selon laquelle le Big Bang n'est «pas un fait avéré, mais une opinion. Plus qu'une question scientifique, c'est une question religieuse [51]».

En fait, un certain nombre de questions scientifiques ont été traitées par l'administration Bush comme des questions essentiellement religieuses, notamment les questions d'éthique concernant la recherche sur les cellules souches d'origine humaine. Cette subordination de preuves scientifiques à des croyances religieuses constitue un exemple supplémentaire de la stratégie visant à contrôler la politique par la déformation et la suppression de l'information.

Comme l'écrivait le poète Thomas Moore au début du dix-neuvième siècle: «Mais quand la Foi, la foi fanatique, s'unit au bien-aimé mensonge, jamais elle ne relâche son étreinte [52].»

L'administration a également adopté une nouvelle politique sur la loi Information et libertés qui encourage activement les agences gouvernementales à examiner sérieusement toutes raisons potentielles de non-communicabilité, sans tenir compte de l'éventuel danger de la publication. En d'autres termes, le gouvernement fédéral opposera désormais une résistance active à toute requête d'information.

En retenant toute information quant à leurs agissements personnels, les membres de cette administration sont en passe de démanteler un élément fondamental de la transparence du gouvernement américain, car si les actions du gouvernement sont tenues secrètes, celui-ci ne saurait en rendre compte aux citoyens. Une gouvernance démocratique, pour et par les citoyens, devrait à l'évidence leur être transparente. Pourtant, l'administration Bush a cherché à les priver de l'information nécessaire à toute prise de décision en dissimulant sous le secret de nombreux choix politiques. En fait, je n'ai le souvenir d'aucune autre administration ayant banalisé de telles pratiques de violation systématique de la vérité et de malhonnêteté institutionnalisée dans l'exercice politique.

Il existe de nombreux cas dans lesquels l'administration a fait de la rétention d'information concernant des faits contredisant sa position. Par exemple, lorsqu'elle a tenté de persuader le Congrès de voter la loi sur le programme Medicare concernant le remboursement des médicaments, nombreux sont ceux qui à la Chambre des représentants et au Sénat ont exprimé leur inquiétude sur le coût et la conception du programme. Mais, plutôt que d'engager le débat sur des données factuelles, l'administration a retenu l'information, refusant au Congrès la possibilité d'entendre, avant le vote, le témoignage du principal expert gouvernemental qui avait compilé les documents, montrant qu'effectivement les coûts seraient beaucoup plus élevés que les chiffres avancés par le président [53].

Privé de cette information et se fondant sur les chiffres falsifiés qu'on lui avait communiqués, le Congrès a approuvé le programme. De manière dramatique, l'ensemble du programme est en train de s'effondrer et l'administration fait appel aux grandes compagnies d'assurance pour le tirer d'affaire.

Le dirigeant de Medicare, Thomas Scully, fut obligé de démissionner en décembre 2003, accusé d'avoir menacé l'un de ses actuaires afin qu'il dissimule le véritable coût du programme débattu au Congrès. Après avoir supervisé la plus grande expansion du programme fédéral en trente ans, Scully partit donc dans le déshonneur et devint lobbyiste pour les compagnies privées d'assurance santé [54].

L'intimidation de l'actuaire de Medicare n'était malheureusement pas l'exception. Les efforts de l'administration pour empêcher la circulation de l'information concernant les plans du gouvernement comprennent la tentative systématique d'intimidation de nombreux experts dont les rapports factuels pourraient saper la politique de la Maison Blanche.

L'ancienne présidente de l'Agence pour la protection environnementale, Christine Todd Whitman, a révélé qu'à cause de suggestions divergentes sur la politique environnementale, les représentants de la Maison Blanche ont cherché à la faire taire. «Pendant les réunions, je demandais s'il existait des faits pour étayer notre dossier, aurait-elle dit à un journaliste, et pour cette raison j'ai été accusée de déloyauté [55]. »

Joe Wilson, ancien ambassadeur en mission en Irak, se rendit au Niger à la demande de la CIA pour enquêter sur les allégations selon lesquelles Saddam Hussein avait cherché à s'y procurer du minerai d'uranium. N'ayant rien découvert qui confirme cette assertion, il fit un rapport de ses conclusions à l'agence. Beaucoup plus tard, lisant les affirmations de la Maison Blanche selon lesquelles Saddam cherchait à se procurer le minerai d'uranium, Wilson s'efforça de vérifier quelle était la base des conclusions de la Maison Blanche et s'aperçut qu'il n'en existait aucune. Il écrivit alors un article dans le *New York Times*, décrivant ce qu'il pensait être la situation réelle. Immédiatement, la Maison Blanche lança une campagne d'intimidation en attaquant Wilson et, en violation de la loi fédérale, révéla l'identité de la femme de Wilson, officier de la CIA impliquée dans des programmes secrets. Wilson et sa femme, Valerie Plame, comprirent immédiatement que le but de ces attaques personnelles était d'empêcher toute intervention de ceux qui étaient en désaccord avec la Maison Blanche.

Celle-ci tenta également d'étendre ses efforts de manipulation de l'opinion américaine par une campagne d'intimidation des médias pour les forcer à donner une image plus favorable de l'administration. Peu après l'attaque du 11 septembre, l'ancien secrétaire de cabinet de Bush, Ari Fleischer, réagit aux critiques de la rhétorique présidentielle sur le terrorisme en avertissant les commentateurs de «faire attention à ce qu'ils disent [56]». Lorsque la Maison Blanche prit ombrage des reportages télévisés de CBS, le président se lança dans une mise en scène personnelle d'intimidation : se rendant à pied du bureau ovale à sa limousine, il se fit filmer portant ostensiblement sous le bras un exemplaire du livre d'un conservateur de droite qui attaquait CBS et accusait la chaîne de partialité.

Dan Rather, ancien présentateur de CBS, a dit que l'atmosphère de l'après-11 septembre empêchait les journalistes de poser «les plus gênantes des questions qui fâchent». Rather alla jusqu'à comparer les efforts de l'administration pour intimider la presse avec le supplice du pneu utilisé dans l'Afrique du Sud de l'apartheid. Tout en reconnaissant que la comparaison était « obscène », il dit : « j'ai grand peur que vous ne soyez soumis au supplice. On vous mettra autour du cou le pneu en flammes du manque de patriotisme[57]. »

Christiane Amanpour, de CNN, a dit : « Je crois que la presse était muselée, et qu'elle se muselait elle-même. Je suis désolée de le dire, mais la télévision était assurément – et peut-être dans une certaine mesure, ma station – intimidée par l'administration[58]. »

Paul Krugman, chroniqueur au *New York Times*, fut l'un des premiers journalistes à dénoncer la constante déformation des faits à laquelle se livrait le président. « Ne minimisons pas le rôle de l'intimidation. Après le 11 septembre, si vous pensiez ou exprimiez un avis négatif sur le président [...] il fallait vous attendre à ce que des experts de droite et certaines publications fassent tout ce qui était en leur pouvoir pour ruiner votre réputation[59]. » Bush et Cheney ont délibérément répandu la confusion, tout en tentant de sanctionner par tous les moyens les journalistes qui constituent une menace à la poursuite de cette confusion.

Le pouvoir exécutif actuel a pris l'habitude d'essayer de contrôler ou d'intimider les organismes d'information, de PBS à CBS en passant par *Newsweek*. Quand ils avaient besoin d'un service à un moment crucial, ils faisaient généralement appel à un pseudo-reporter, Jeff Gannon, qui avait obtenu une carte de presse de la Maison Blanche alors qu'en fait il travaillait pour un site web dont le propriétaire était délégué du Texas du parti républicain. Initialement, bien entendu, Jeff Gannon se livrait à la prostitution. L'ironie voulut que l'une des tentatives de Gannon (dont le vrai nom était James D. Guckert) pour aider le président Bush vînt immédiatement après une question d'un véritable reporter concernant l'argent payé par l'administration Bush au chroniqueur Armstrong Williams pour avoir dissimulé une propagande favorable sous des dehors d'information indépendante et objective[60]. Tandis que le président terminait sa réponse, il se hâta de désigner Gannon en disant : « Oui, monsieur ? » Gannon descendit alors en flammes les leaders démocrates de la Chambre et du Sénat et demanda au président : « Comment allez-vous travailler avec des gens qui semblent avoir totalement perdu le sens de la réalité ? » Bonne question.

L'échange du président avec un prétendu journaliste pour détourner l'attention des efforts d'investigation sur l'interaction de plus en plus pernicieuse entre la presse libre et les membres du gouvernement tombe avec un parfait à-propos. Voilà qui évoque ces scènes en faux direct des spots de campagne électorale, où l'on voit des acteurs qui font semblant d'être des « citoyens objectifs » exprimant leur soutien à un candidat dont les commanditaires ont payé le tournage du film. Ces imitations synthétiques de démocratie, comme le journaliste interprété par Gannon, servent à détourner l'attention populaire de la trahison continue du véritable fonctionnement démocratique.

Ils ont également payé des acteurs pour faire de faux communiqués de presse et payé cash certains commentateurs acceptant d'en faire un traitement positif[61]. Et presque chaque jour, avec l'aide de leur alliés de droite à la radio, ils lâchent sur les ondes des escadrons d'« auditeurs » qui éreintent tout journaliste osant critiquer le président.

Ces manœuvres ont toutes pour but de duper plus facilement les gens. Comme le juge Hugo L. Black l'écrivait dans un attendu qui a fait date : « La presse a été protégée afin de pouvoir mettre à nu les secrets du gouvernement et d'informer les citoyens. Seule une presse disposant d'une liberté illimitée peut mettre au jour les pratiques frauduleuses d'un gouvernement. Et parmi toutes les responsabilités d'une presse libre émerge le devoir d'empêcher n'importe quelle branche du gouvernement de tromper les citoyens[62]... »

En 2002, l'administration Bush a même proposé un programme de surveillance citoyenne qui équivalait à donner à des millions d'Américains le pouvoir d'espionner leurs concitoyens. Rejeté par le ministère de la Justice, le « système de renseignement et de prévention du terrorisme » était destiné à encourager les Américains – ceux qui avaient accès au domicile des gens, par exemple des porteurs de courrier, transporteurs ou livreurs – à dire au gouvernement ce qu'ils avaient observé pendant leur journée de travail. Le Congrès descendit le projet en flammes peu après qu'il fut proposé mais des mesures comme la surveillance sans mandat de certains citoyens furent quand même secrètement effectuées.

Cette administration cherche à mener ses agissements en secret alors même qu'elle demande un accès illimité à l'information personnelle des citoyens américains. Selon les critères de protection de sécurité nationale, les membres de l'administration ont obtenu de nouveaux pouvoirs pour réunir des renseignements sur les citoyens et les garder secrets. Pourtant, dans le même temps, ils refusent de leur côté de révéler des informations de première importance dans la lutte antiterroriste.

C'est le rôle de plus en plus réduit des idées dans le système politique américain qui a encouragé la Maison Blanche à imposer une dissimulation sans précédent de ses activités et à tenter de limiter la circulation de l'information, ce qui est le moyen de contrôler toutes les décisions importantes qui reposent encore entre les mains des citoyens. Plutôt que d'accepter nos traditions de franchise et de transparence, cette administration a choisi un mode de gouvernement autoritaire et n'admettant pas la discussion.

Pour cette administration, la vérité est trop souvent douloureuse. Du moins quand elle est accessible aux citoyens. Par conséquent, ils ont souvent recours à la solution de priver les Américains de l'information qui leur revient de droit.

Un gouvernement par et pour le peuple est censé être accessible à l'examen des citoyens, alors que l'information privée des gens eux-mêmes devrait être tout naturellement protégée de l'intrusion du gouvernement. Cette administration a totalement pris à rebours les fondements de notre démocratie. Et en fin de compte, l'atteinte portée à nos principes démocratiques essentiels réduit notre liberté et notre sécurité.

Chapitre 5

L'atteinte à l'individu

Tout comme les limites entre « sphère économique » et « sphère politique » ont bougé dans les deux sens au cours des siècles, ainsi qu'on l'a vu dans le chapitre 3, les frontières entre l'« individu » et la « nation » ont été redessinées dans les différentes sociétés aux diverses périodes de l'histoire. La nouvelle écologie de l'information due à l'invention de l'imprimerie, qui donna aux individus le pouvoir d'utiliser la connaissance comme moyen d'influence, amena une reconnaissance et un respect nouveau du rôle des individus. On pourrait dire que la notion de dignité personnelle acquit un sens nouveau avec l'accès à l'information qui suivit l'invention de l'imprimerie. Sans l'imprimerie – et sans la connaissance transmise aux masses grâce à l'instruction – il n'y aurait pas eu en Amérique de Déclaration des droits pour protéger la liberté et la dignité des individus.

De même que la révolution de l'information du dernier quart du vingtième siècle a transformé la production économique en ajoutant l'intelligence à la matière première (la valeur totale de la production économique américaine a augmenté de 300 % de 1950 à 2000, alors que le tonnage est resté le même[1]), celle qui avait commencé au quinzième siècle a peu à peu substitué la force des idées à la force des armes dans l'économie politique européenne.

Dès que les idées complexes ont pu être aisément transmises par un individu à une multitude d'autres – et dès que les autres ont pu aisément les recevoir et ont eu la possibilité d'y adhérer –, chaque individu a eu soudain la capacité de susciter un pouvoir politique de masse. La libre circulation de l'information a donné par conséquent plus de place à chaque individu au sein de la société – sans référence de classe ni de fortune – pour prétendre à une mesure de dignité égale pour tous, et a conféré à chacun la capacité de vérifier comment les gouvernants font usage du pouvoir.

En conséquence, tant que les individus ont eu accès au forum public en termes égaux, ou presque, à ceux qui détenaient richesse et autorité, ils étaient en mesure d'exercer un pouvoir politique et avaient implicitement droit au respect de l'État. En effet, au moment de la Révolution américaine, le pouvoir de l'État en vint à n'être considéré comme légitime que s'il découlait du consentement des individus au nom duquel il était exercé. C'était comme si chaque personne avait le droit de porter symboliquement la légendaire bannière de l'infanterie de marine levée par le Congrès continental en 1775, représentant un serpent à sonnettes et l'avertissement « NE ME MARCHEZ PAS DESSUS ».

Aujourd'hui, en revanche, les Américains de l'ère de la télévision n'ont pas les mêmes moyens d'attirer l'attention ou l'accord de la masse de leurs concitoyens, même si leur opinion est des plus éloquentes. Contrairement au menaçant serpent à treize sonnettes du drapeau vieux de plus de deux siècles, les Américains du vingt et unième siècle ne semblent plus jouir du même respect individuel.

Évidemment, les Afro-Américains, les Indiens et les femmes n'étaient pas inclus dans le cercle du respect il y a deux cents ans. Et, en réalité, le débat public était beaucoup plus librement accessible aux élites instruites qu'à l'Américain moyen. Même si le taux d'instruction était élevé à la fin du dix-huitième siècle, l'illettrisme restait une barrière pour un grand nombre, ce qui est encore le cas aujourd'hui.

Néanmoins, à cause de la prépondérance de la télévision sur le texte écrit – et tant que ses défauts de jeunesse ne permettent pas à Internet de concurrencer sérieusement la télévision –, nous avons momentanément perdu un lieu de rencontre et de débat public où des idées émises par un individu ont le pouvoir d'influencer l'opinion de millions de gens et d'engendrer un authentique changement politique. Ce qui a émergé à sa place, c'est un genre très différent de forum public, où les individus sont constamment courtisés mais rarement écoutés. Quand le consentement des citoyens est fabriqué et manipulé par des marchands et des propagandistes, la raison joue un rôle de plus en plus réduit.

Au fil des mois, Internet apporte de nouvelles chances aux individus de réaffirmer leur rôle historique dans la démocratie américaine. Les blogs, par exemple, commencent à servir de contrepoids aux informations erronées transmises par les médias. Et la distribution croissante de brefs clips vidéo sur le Web laisse espérer que la télévision ne sera bientôt considérée que comme le média de transition entre l'ère de l'imprimerie et l'ère d'Internet. Cependant, pour l'instant, la télévision est encore, et de loin, le plus puissant des médias. La similitude des messages soigneusement conçus pour toucher une audience de masse ainsi que le manque de véritable interaction ont abouti à l'usure et à la destruction des caractéristiques individuelles dans la société américaine.

En outre, la diminution du rôle des individus dans le débat national américain s'est accompagnée d'un respect amoindri des *droits* du citoyen, particulièrement sous l'administration Bush-Cheney.

Par exemple, le président Bush a déclaré qu'il disposait du pouvoir inhérent à sa fonction, non reconnu jusqu'ici, de saisir et d'emprisonner tout citoyen américain dont il peut lui seul juger qu'il constitue une menace pour notre pays – sans mandat d'arrêt, sans lui notifier de quoi il est accusé et sans même informer sa famille de son emprisonnement. Le président prétend qu'il peut tout simplement arrêter un citoyen américain dans la rue et le garder emprisonné pour une période indéfinie, voire le restant de ses jours, en lui refusant le droit de téléphoner ou de parler à un avocat, même pour prouver que le président et ceux qu'il a mis en poste se sont trompés et ont emprisonné la mauvaise personne.

Pour rendre cette démarche parfaitement légale, selon le président, il suffit de qualifier ce citoyen de «combattant ennemi illégal». Voilà les mots magiques. Si le président décide que ces mots qualifient quelqu'un avec exactitude, cette personne peut être immédiatement enfermée et tenue au secret aussi longtemps que le souhaite le président, sans qu'aucun tribunal ait le droit de déterminer si les faits justifient effectivement cet emprisonnement. Ces prétentions sont actuellement contestées en justice, mais avec un succès jusqu'à présent modéré.

Aujourd'hui, si le président fait une erreur ou qu'il reçoit une information fausse de quelqu'un qui travaille pour lui, et enferme une personne sur la foi de ses informations, ce prisonnier est dans l'impossibilité de prouver son innocence – parce qu'il ne peut pas parler à un avocat, ni à sa famille ni à personne. Ce prisonnier n'a même pas le droit de savoir de quel crime spécifique il est accusé. Par conséquent, sans aucune vérification significative d'aucune autre branche du gouvernement, le président peut aujourd'hui priver instantanément tout Américain du droit constitutionnel à la liberté et à la poursuite du bonheur que nous croyions, de façon un peu démodée, « inaliénable ».

Pour les détenus fédéraux qui parviennent à obtenir une représentation légale, l'administration actuelle a émis des réglementations autorisant le garde des Sceaux à enregistrer toutes les conversations entre l'accusé et son avocat si le procureur l'estime nécessaire. Ces règlements court-circuitent la procédure permettant d'obtenir une vérification judiciaire préalable pour un tel enregistrement, dans les rares cas où cela a été autorisé antérieurement. Désormais, tout détenu fédéral doit présumer que le gouvernement est en mesure d'écouter ses entretiens avec son avocat[2].

Dans son célèbre livre *Le Procès,* Kafka décrivit un prisonnier imaginaire, « K », qui se retrouve dans une situation dramatique atrocement similaire aux conditions de certains détenus emprisonnés par l'administration Bush-Cheney.

> « K. ne devait pas perdre de vue que les débats n'étaient pas publics, qu'ils pouvaient le devenir si le tribunal le jugeait nécessaire, mais que la loi ne prescrivait pas cette publicité. Aussi les dossiers de la justice, et principalement l'acte d'accusation, restaient-ils secrets pour l'accusé et son avocat, ce qui empêchait en général de savoir à qui adresser la première requête et ne permettait au fond à cette requête de fournir des éléments utiles que dans le cas d'un hasard heureux. Les requêtes vraiment utiles ne pouvaient se faire, ajoutait

Me Huld, que plus tard, au cours des interrogatoires, si les questions que l'on posait à l'inculpé permettaient de distinguer ou de deviner les divers chefs d'accusation et les motifs sur lesquels ils s'appuyaient. Naturellement, dans de telles conditions, la défense se trouvait placée dans une situation très défavorable et très pénible, mais c'était intentionnel de la part du tribunal. La défense n'est pas, en effet, disait encore Me Huld, expressément permise par la loi ; la loi la souffre seulement, et on se demande même si le paragraphe du Code qui semble la tolérer la tolère réellement. Aussi n'y a-t-il pas, à proprement parler, d'avocat reconnu par le tribunal en cause, tous ceux qui se présentent devant lui comme défenseurs ne sont en réalité que des avocats marrons. Évidemment, ce fait était très déshonorant pour toute la procédure[3]. »

Comme le dit un jour Winston Churchill : « Le pouvoir qu'a l'exécutif de mettre un homme en prison sans formuler de charge connue de la loi, et en particulier de lui refuser le jugement de ses pairs, est odieux au degré le plus extrême, et le fondement même de tout gouvernement totalitaire, qu'il soit nazi ou communiste[4]. »

La Cour suprême a récemment exprimé son désaccord avec l'administration quant à son étrange prétention de pouvoir supralégal, mais le président s'est engagé dans des manœuvres juridiques qui ont interdit jusqu'ici à la Cour de trouver une parade efficace à cet abus de pouvoir.

Cette administration semble tout simplement incapable de comprendre que le défi de la préservation des libertés démocratiques est incompatible avec l'abandon des valeurs américaines essentielles. Incroyablement, l'administration actuelle a tenté de compromettre les droits les plus précieux que symbolise l'Amérique dans le monde entier depuis plus de deux cents ans : procès légal, traitement équitable devant la loi, dignité de l'individu, exemption de perquisition et de saisie abusives, exemption d'inspection gouvernementale sans préavis.

Par exemple, au moment de la fondation des États-Unis, la Déclaration des droits protégeait les citoyens de toute perquisition ou saisie abusive. Pendant les deux premiers siècles de l'existence des États-Unis, si la police voulait perquisitionner chez vous, il leur fallait d'abord convaincre un juge indépendant de leur donner un mandat, puis (à quelques rares exceptions près), ils devaient frapper à votre porte en criant : « Ouvrez ! » Si vous ne leur ouvriez pas rapidement, ils étaient autorisés à enfoncer la porte[5]. Ils devaient également, en cas de confiscation, laisser une liste de ce qu'ils avaient pris. De cette façon, si tout n'était qu'une terrible méprise (ce qui arrive parfois), vous pouviez aller récupérer votre bien[6].

Mais tout cela a bien changé. Depuis quelques années, la loi censée fournir les outils pour contrer le terrorisme, le Patriot Act, a donné aux agents fédéraux une nouvelle autorité statutaire pour perquisitionner sans autorisation dans toutes sortes de cas. Ils peuvent se rendre chez vous à votre insu et sans prévenir – que vous y soyez ou non – et attendre des mois avant de vous en aviser. Des perquisitions de ce genre peuvent ne pas avoir le moindre lien avec le terrorisme. Elles peuvent être déclenchées par n'importe quel délit de proximité[7]. La nouvelle loi permet de contourner très facilement le besoin du traditionnel mandat de perquisition. Il suffit que les agents disent que la fouille de votre domicile pourrait avoir un lien (même très éloigné) avec l'investigation menée contre un agent d'une puissance étrangère[8]. Ils peuvent ainsi en référer à un tribunal différent – un tribunal secret – qui n'a rejeté que quatre demandes de mandat sur les 18 000 enregistrées[9].

Dans un discours au siège du FBI, le président Bush est même allé plus loin et a formellement proposé que le garde des Sceaux soit autorisé à délivrer ces mandats spéciaux par ordre administratif, sans avoir besoin de passer par un tribunal[10].

Voici un autre exemple de changement récent dans nos libertés civiques : désormais, s'il le veut, le gouvernement fédéral a le droit de contrôler tous les sites Internet auxquels vous accédez et de garder un fichier de toutes les personnes à qui vous envoyez ou qui vous envoient un courrier électronique, de tous vos appels téléphoniques passés ou reçus, sans même avoir à justifier de la probabilité d'un délit de votre part. Le gouvernement n'a pas non plus à informer un tribunal de l'utilisation de ces fichiers. De plus, il n'existe pratiquement aucune parade pour empêcher le gouvernement de lire la totalité de vos courriers électroniques[11].

En fait, l'administration en place revendique également le droit de lire le courrier que vous recevez par le service postal public (US Postal Service) et d'écouter à volonté tous vos appels téléphoniques. Les fonctionnaires ont promis de ne pas le faire à moins d'avoir une bonne raison. Mais ils peuvent décider seuls de ce qui constitue une bonne raison et n'ont pas besoin de la permission d'un juge. Cela est très surprenant pour ceux qui connaissent bien la Constitution des États-Unis. Les tribunaux ont toujours reconnu une autorité présidentielle inhérente dans de rares cas d'urgence afin d'effectuer des contrôles et des perquisitions qui nécessiteraient normalement un mandat, mais ce qui est différent aujourd'hui, c'est que le président revendique le droit d'entrer chez vous par effraction, de mettre votre téléphone sur écoute, de lire votre courrier quand il le veut, en toute légalité, pour un nombre non négligeable d'Américains, à très grande échelle[12].

Chaque fois que des critiques font remarquer que cela constitue un affaiblissement historique des droits individuels garantis aux Américains par la Constitution, cette administration les accuse d'être «aux petits soins pour les terroristes». Mais un nombre croissant d'Américains des deux partis ont exprimé leur crainte que la politique de Bush ne constitue un précédent permettant aux futurs présidents de violer systématiquement les droits individuels inscrits dans la Constitution.

Beaucoup ont peur que si le mode de fonctionnement inauguré par ce gouvernement n'est pas remis en cause, il puisse devenir un élément permanent du système américain. Quelques conservateurs scrupuleux ont précisé que si l'on concédait un pouvoir illimité au président actuel, cela signifierait que le suivant disposerait des mêmes prérogatives. Et ils sont parfaitement conscients que le prochain président pourrait être quelqu'un dont ils ne partageront ni les valeurs ni les croyances.

Le Congrès des États-Unis, lorsqu'il était sous contrôle républicain, a voté une loi qui clarifiait les procédures devant être suivies par le pouvoir exécutif pour protéger le caractère privé des lettres distribuées par le service postal américain. Mais le président a émis au moment de signer la loi une déclaration écrite précisant qu'il avait autorité indépendante pour ordonner, sans mandat, que le courrier soit ouvert pour vérification.

Comme l'écrivit James Madison, le principal auteur de la Constitution : « Il y a plus d'exemples de restriction de la liberté des citoyens par atteintes graduelles et discrètes du pouvoir en place, que par usurpation soudaine et violente [13]. »

Pour citer un autre changement – que, grâce aux documentalistes, plus de gens connaissent –, la Maison Blanche a revendiqué le droit d'envoyer le FBI dans n'importe quelle bibliothèque pour obtenir les fichiers des lecteurs et de ce qu'ils ont consulté, en alléguant simplement d'une investigation des services secrets. Ils ont même requis l'obligation de silence des documentalistes, sous peine d'emprisonnement, alors même qu'un tribunal a qualifié cette mesure d'anticonstitutionnelle et que le Congrès l'a modifiée. De même, le FBI peut exiger tous les renseignements des banques, universités, hôtels, hôpitaux, compagnies de cartes de crédit, et quantité d'autres organismes [14].

L'administration a également réclamé le droit de lancer des vérifications de crédit et de renseignements personnels sur toute personne que le gouvernement déciderait « susceptible de relever d'une investigation », c'est-à-dire toute personne jugée suspecte par l'administration – même sans aucune preuve de comportement délictueux [15].

L'administration a en outre autorisé, sur leur simple initiative, les agents du FBI à assister aux rassemblements religieux, rencontres, réunions politiques et autres activités publiques des citoyens, revenant ainsi sur une méthode vieille de plusieurs dizaines d'années qui nécessitait de justifier auprès d'un supérieur qu'une telle infiltration avait un lien prouvable avec une enquête légale [16].

Comme nous le savons désormais, l'exécutif de ce gouvernement a été pris en flagrant délit de surveillance d'un très grand nombre de citoyens américains et a prétendu sans le moindre scrupule au droit unilatéral de continuer sans tenir compte de la loi établie par le Congrès pour empêcher de tels abus. Il est impératif que le respect de la loi soit restauré.

Pourquoi ce genre d'espionnage devrait-il nous inquiéter? Rappelez-vous que, pendant les dernières années de sa vie, Martin Luther King Jr. avait été mis illégalement sur écoute, comme des centaines de milliers d'Américains dont les communications personnelles étaient interceptées par le gouvernement à cette période. Le FBI décrivait King comme «le leader noir le plus dangereux et le plus efficace du pays[17]» et avait juré de le «descendre de son piédestal[18]». Le gouvernement tenta même de détruire son mariage et, selon la rumeur, de le convaincre de se suicider.

Cette campagne se poursuivit jusqu'au meurtre de Martin Luther King. C'est en fait la révélation que le FBI menait depuis longtemps une surveillance électronique secrète et extensive dans le but d'infiltrer les rouages internes de la Southern Christian Leadership Conference et de connaître les détails les plus intimes de la vie de King qui aida à convaincre le Congrès de décréter de nouvelles restrictions statutaires sur les écoutes téléphoniques.

En réponse à ces violations, et à d'autres similaires, intervint le décret sur la surveillance des services secrets (FISA), qui fut voté dans le but exprès d'obliger les services de renseignements à justifier devant un juge impartial et par des causes suffisantes la surveillance qu'ils exercent. J'ai voté cette loi lors de mon premier mandat au Congrès, et pendant près de trente ans le système a assuré un niveau efficace de protection privée des citoyens américains, tout en permettant de poursuivre la surveillance à l'étranger.

Mais, en décembre 2005, les Américains ont découvert avec stupéfaction que, malgré cette loi établie de longue date, le pouvoir exécutif espionnait secrètement un grand nombre d'Américains depuis plus de quatre ans et surveillait un nombre incalculable de courriers électroniques et de communications téléphoniques «sur le territoire américain» sans aucun mandat de perquisition ni autorité légale.

Pendant la période où cette écoute illégale était encore secrète, le président se lança plus d'une fois dans de grandes démonstrations pour assurer aux Américains que, bien entendu, tout gouvernement avait besoin d'une autorisation judiciaire pour espionner les citoyens américains et que, bien entendu, ces garanties constitutionnelles étaient toujours en vigueur[19].

Les déclarations lénifiantes du président révélaient qu'il avait menti en parfaite connaissance de cause. En outre, dès que ce gigantesque programme d'espionnage domestique fut dévoilé par la presse, le président confirma non seulement l'exactitude de l'information, mais déclara qu'il n'avait aucune intention de mettre fin à cette grossière violation de la vie privée.

Pour l'instant, à la suite du renversement de tendance au Congrès, selon une déclaration plus récente, la Maison Blanche commencerait à respecter le FISA, mais ce n'est pas encore bien net et le secret imposé à toutes les procédures légales est loin d'être rassurant. Nous savons en tout cas avec certitude que cette mise sur écoute sauvage prouve que le président des États-Unis a obstinément violé la loi à maintes reprises[20].

Le ministre de la Justice, Alberto Gonzales, a écrit que l'administration croit encore en la légalité du programme mais travaille maintenant avec le tribunal du FISA, dont un des juges a fixé des règles qui garantissent « la rapidité et la souplesse nécessaires » à la lutte contre le terrorisme. Ni Gonzales ni les fonctionnaires du ministère de la Justice n'ont dévoilé les détails des règles fixées par le tribunal, prétextant qu'elles étaient classées secret d'État. Il est donc difficile de savoir si l'administration a obtenu l'approbation individualisée, comme le requiert le FISA, ou dispose au contraire d'une autorité élargie. La présidente du tribunal du FISA a déclaré qu'elle était d'accord pour révéler le règlement, mais que l'administration s'y était opposée sous prétexte que les ordres contiennent des informations relevant du secret d'État. Comme d'habitude, le gouvernement gère cette question en tentant de dégonfler la controverse par de petites concessions sur la forme, sans jamais céder sur le principe essentiel.

Les hommes du président ne sont pas clairs quand ils évoquent les lois américaines. Le garde des Sceaux a concédé ouvertement que ce « genre de surveillance » – dont nous avons désormais la preuve – nécessite un ordre juridique si elle n'est pas statutairement autorisée. Il est évident que le FISA n'a pas autorisé ce qu'a fait l'Agence de sécurité nationale, et personne ne le prétend, ni à l'intérieur ni à l'extérieur de l'administration.

Mais avec un aplomb ahurissant, elle fait croire que la surveillance était implicitement autorisée au moment où le Congrès a voté pour approuver l'usage de la force contre les auteurs de l'attaque du 11 septembre [21].

Cet argument ne tient pas et pose un certain nombre de questions embarrassantes. Premièrement, selon un autre aveu du ministre de la Justice Alberto Gonzales, l'administration savait que le projet de l'Agence de sécurité nationale était interdit par les lois existantes et qu'une discussion était en cours avec certains membres du Congrès pour en changer le statut. Gonzales dit qu'on avait laissé entendre à l'administration que ce ne serait probablement pas possible [22]. Il est donc parfaitement invraisemblable que l'administration prétende par la suite que l'autorisation de l'usage de la force militaire permettait implicitement, depuis le début, le projet de l'Agence de sécurité nationale. Deuxièmement, au moment du débat sur l'autorisation, les membres de l'administration ont effectivement cherché à y faire inclure une clause qui les aurait autorisés à utiliser la force militaire sur le territoire national, ce qu'a refusé le Congrès. Le sénateur Ted Stevens (républicain, Arkansas), et le député Jim McGovern (démocrate, Massachusetts), entre autres, ont fait des interventions pendant le débat qui réaffirmaient que cette autorisation ne s'appliquait pas sur le territoire [23].

Le manque de respect de la Constitution américaine a amené notre république au bord de la rupture du tissu démocratique. Et le manquement qu'illustrent ces violations grossières de la loi fait partie d'un schéma plus vaste d'indifférence apparente à la Constitution qui trouble profondément des millions d'Américains des deux partis politiques.

Thomas Paine, dont le pamphlet *Le sens commun* a attisé la flamme de la Révolution américaine, a décrit succinctement l'alternative américaine. Dans ce pays, disait-il, nous avons voulu garantir que «la loi est souveraine [24]» C'est par une vigilante adhésion à la souveraineté de la loi que se renforcent à la fois notre démocratie et l'Amérique. Elle nous assure que ceux qui nous gouvernent agissent dans les limites de la structure constitutionnelle, ce qui veut dire que nos institutions démocratiques jouent leur rôle indispensable de décision politique et de détermination dans la direction de notre nation. Cela signifie que ce sont les citoyens de cette nation qui en fin de compte déterminent son orientation et non les fonctionnaires administratifs opérant en secret et sans retenue.

La souveraineté de la loi nous rend plus forts en veillant à ce que les décisions soient vérifiées, étudiées, révisées et examinées par l'intermédiaire des processus gouvernementaux censés améliorer les orientations politiques. Et c'est parce que l'on sait qu'elles seront vérifiées que l'on empêche les déviations du pouvoir et en contrôle l'abus.

De la même façon, chaque fois que le pouvoir s'exerce hors de tout contrôle et sans transparence, il conduit presque inévitablement aux erreurs et aux excès. En l'absence d'une stricte responsabilité, l'incompétence prospère. La malhonnêteté est encouragée et récompensée.

Par exemple, en janvier 2006, le vice-président Cheney a tenté de défendre la surveillance établie par l'administration sur des citoyens américains en disant que si ce programme avait été mis en œuvre avant le 11 septembre 2001, il aurait permis de trouver le nom des pirates de l'air [25].

Tragiquement, il semble toujours ignorer qu'en réalité les membres de l'administration connaissaient les noms d'au moins deux des pirates de l'air longtemps avant le 11 septembre, et qu'ils pouvaient accéder à des renseignements qui les auraient aisément conduits à l'identification de la plupart des autres terroristes. Pourtant, pour cause d'incompétence, ces renseignements n'ont jamais été utilisés pour protéger les citoyens américains.

Il y avait en effet une quantité d'informations spécifiques disponibles avant le 11 septembre qui auraient pu servir à empêcher la tragédie. Une analyse récente de la fondation Markle (travaillant sur des données d'une compagnie de logiciels recevant un capital à risque d'une entreprise financée par la CIA) le démontre de manière explicite :

• À la fin du mois d'août 2001, Nawaf Alhazmi et Khalid Almidhar réservent des billets sur le vol 77 d'American Airlines (qui percuta le Pentagone). Ils achètent ces billets sous leur véritable nom. Leurs deux noms étaient alors fichés sur une liste du service de renseignements du ministère de la Sécurité intitulée TIPOFF. Les deux hommes étaient recherchés par le FBI et la CIA comme éventuels terroristes, en particulier parce qu'ils avaient été vus à un meeting terroriste en Malaisie.

• Les noms de ces deux passagers auraient pu être repérés grâce à la liste TIPOFF. Ce qui n'aurait été que la première étape. D'autres vérifications auraient alors pu commencer.

• En vérifiant les adresses communes (les adresses sont disponibles partout, y compris sur Internet), les analystes auraient découvert que Salem Alhazmi (qui avait lui aussi acheté un billet sur le vol 77 d'American Airlines) avait donné la même adresse que Nawaf Alhazmi. Plus important, ils auraient pu découvrir que Mohamed Atta (vol 11 d'American Airlines, tour nord du World Trade Center) et Marwan Al-Shehhi (vol 175 de United Airlines, tour sud du World Trade Center) utilisaient la même adresse que Khalid Almidhar.

• En vérifiant les numéros identiques d'abonnés, les analystes auraient découvert que Majed Moqed (vol 77 d'American Airlines) utilisait le même numéro qu'Almidhar.

• Ayant ainsi identifié Mohamed Atta comme possible associé du terroriste Almidhar, les analystes auraient pu ajouter le numéro de téléphone d'Atta (renseignement également accessible au public) à leur catalogue. Ils auraient de la sorte identifié quatre autres pirates (Fayez Ahmed, Mohand Alshehri, Wail Alshehri et Abdulaziz Alomari).

• Plus proche du 11 septembre, une vérification supplémentaire des listes de passagers comparée à une liste plus anodine (de visas expirés) aurait identifié Ahmed Alghamdi. Grâce à lui, le même genre de corrélation simple aurait permis d'identifier les autres pirates, qui ont embarqué sur le vol 93 de United Airlines (qui s'est écrasé en Pennsylvanie) [26].

Cette analyse de la fondation Markle démontre clairement que toutes les données nécessaires étaient disponibles pour prévenir les attaques du 11 septembre. Dans le prochain chapitre, j'expliquerai que les officiers compétents du FBI et de la CIA détenaient la majeure partie de ces informations, mais qu'on fit obstruction à leurs efforts pour obtenir que la Maison Blanche y prête attention.

En gros, ce qu'il nous faut, c'est une analyse plus approfondie et plus adaptée. Entasser des informations brutes qui sont presque toutes sans pertinence ne va pas résoudre la question, mais risque au contraire de l'obscurcir. Comme le dit Bruce Schneier, l'un des plus grands spécialistes technologiques de la sécurité : « Nous cherchons une aiguille dans une meule de foin. Ce n'est pas en rajoutant du foin à la meule qu'on va avancer [27]. »

En d'autres termes, le collectage massif de renseignements personnels sur des centaines de millions de gens complique la protection de la nation contre le terrorisme. On devrait par conséquent le réduire à l'essentiel.

Il y eut naturellement d'autres périodes dans l'histoire américaine où le gouvernement exécutif prétendit à de nouveaux pouvoirs jugés par la suite excessifs ou déplacés. Notre deuxième président, John Adams, fit voter les infamants décrets *Alien and Sedition* (qui autorisaient le président à expulser les étrangers jugés dangereux) et chercha à museler et à faire emprisonner les opposants politiques.

Quand son successeur, Thomas Jefferson, revint sur ces abus, il déclara : « Les principes essentiels de notre gouvernement […] constituent la constellation dont l'éclat a guidé nos pas dans la traversée d'une ère de révolution et de réforme… S'il nous arrive de nous en éloigner en des moments d'erreur et de crainte, hâtons-nous de revenir en arrière pour reprendre la seule route qui mène à la paix, la liberté et la sécurité [28]. »

Notre plus grand président, Abraham Lincoln, a suspendu l'habeas corpus pendant la guerre de Sécession. Certains des pires abus commis avant ceux de l'administration actuelle l'ont été par le président Woodrow Wilson pendant et après la Première Guerre mondiale avec les raids Palmer et la « Terreur rouge » de sinistre mémoire. L'internement des Japonais américains pendant la Seconde Guerre mondiale a donné une piètre image du respect des droits individuels de la part de l'exécutif en place. Puis il y eut les abus de McCarthy pendant la guerre froide. Et, pendant la guerre du Vietnam, le fameux programme COINTELPRO était du même acabit que les mauvais traitements vécus par Martin Luther King et des milliers d'autres.

Mais dans tous ces cas, lorsque le conflit et le tumulte se sont apaisés, le pays a recouvré son équilibre et tiré parti des leçons apprises. Après chaque période d'excès, nous avons, en tant que nation, éprouvé de la honte et tenté de réparer les abus commis – par de l'argent dans certains cas, des excuses, des lois et des garanties nouvelles, dans d'autres. Nous n'en sommes pas encore arrivés au temps des regrets et du repentir, mais à l'évidence nous vivons depuis un certain temps une de ces périodes d'excès regrettables.

William Brennan, ancien juge de la Cour suprême, a commenté cette évolution cyclique en écrivant : « À la fin de chaque crise sécuritaire, les États-Unis se sont rendu compte avec remords que l'abrogation des libertés civiques était inutile. Mais ils se sont montrés incapables de ne pas répéter l'erreur quand une nouvelle crise s'est présentée [29]. »

S'il y a lieu de s'inquiéter une fois encore, c'est que nous ne vivons peut-être pas la première partie d'un cycle récurrent, mais bien le début d'un nouveau processus. D'une part, l'administration nous prédit que cette guerre va durer pour le restant de nos jours. On nous annonce donc que les conditions de menace nationale utilisées par les autres présidents pour s'arroger des pouvoirs accrus persisteront pratiquement à perpétuité. Certains ont exprimé l'avis qu'au fil du temps cette lutte finira par ressembler à la « guerre » contre la drogue, c'est-à-dire qu'elle deviendra plus ou moins permanente et occupera une part significative de notre programme de répression et de sécurité. Si c'est le cas, combien de temps faudra-t-il pour que cette violation de nos libertés meure de mort naturelle ?

D'autre part, nous sommes témoins depuis des décennies de l'augmentation lente et régulière du pouvoir présidentiel. Dans un contexte mondial d'armement nucléaire et de tensions dues à la guerre froide, le Congrès et le peuple américain ont accepté d'élargir toujours plus la sphère d'initiative du président dans la conduite des activités d'espionnage et de contre-espionnage et le positionnement de notre force armée sur le terrain mondial. Comme l'exprima Felix Frankfurter, magistrat de la Cour suprême, dans un jugement rendu en 1952 : « Ce n'est pas en un jour que le pouvoir atteint un niveau de concentration dangereux.

Mais avec une certaine lenteur, par la force d'entraînement d'un irrespect non contrôlé des restrictions qui limitent toute affirmation d'autorité, jusqu'à la plus désintéressée [30]. »

Dans ce procès, le président Harry Truman était confronté aux plus gros industriels américains de l'acier, au beau milieu de la guerre de Corée. Outrepassant ses pouvoirs, Truman avait déclaré que le gouvernement américain allait prendre simplement le contrôle des aciéries. Mais la cour l'empêcha d'exécuter ce projet en s'appuyant sur une législation parlementaire antérieure.

La troisième raison de craindre que nous ne soyons témoins d'une rupture et non d'un autre cycle récurrent, c'est que les technologies de surveillance – anticipées il y a longtemps par le romancier George Orwell et d'autres prophètes de l'«État policier» – sont aujourd'hui plus nombreuses que jamais. Elles donnent au gouvernement une capacité nouvelle pour réunir et analyser de gigantesques quantités de renseignements utilisables pour l'espionnage. Cela rend particulièrement vulnérables la liberté et le droit à la vie privée de millions de gens innocents, car l'administration a ainsi la possibilité de déplacer l'équilibre du pouvoir entre l'appareil d'État et la liberté individuelle de manière à la fois subtile et profonde.

En outre, ces technologies sont largement utilisées non seulement par le gouvernement, mais aussi par les entreprises et diverses entités privées. Le Patriot Act impose ainsi à un certain nombre de compagnies – surtout dans la finance – de fournir au gouvernement des millions de rapports annuels sur les activités suspectes de leurs clients [31]. Mais encore une certaine flexibilité a été accordée aux compagnies pour la mise en commun des fichiers de leurs clients.

La quatrième raison d'inquiétude est que la menace de nouvelles attaques n'est que trop réelle. Les efforts conjugués des organisations terroristes pour acheter des armes de destruction massive imposent réellement d'exercer le pouvoir exécutif avec souplesse et rapidité – tout comme l'émergence d'armes nucléaires et de missiles à longue portée avait créé pendant la guerre froide un nouvel impératif qui altéra l'équilibre entre le Congrès et le président quant à la responsabilité d'entrer en guerre. De plus, le président a de par la Constitution le pouvoir inhérent de prendre de façon unilatérale toute mesure pour protéger la nation en cas de menace soudaine et immédiate, et il est simplement impossible de préciser en termes légaux quand ce pouvoir est opportun et quand il ne l'est pas. Par exemple si, dans un cas isolé, le président se trouve en position d'arrêter un individu qu'il a des raisons de croire dangereux pour les États-Unis ou leurs ressortissants, il a le pouvoir intrinsèque d'agir rapidement sur cette information. En tant que vice-président, j'ai donné précisément cette indication au président Clinton quand il a eu l'opportunité de faire arrêter un membre actif d'al-Qaïda qui projetait une attaque contre notre pays. Le président a suivi mon avis, mais l'individu que nous avons tenté de capturer nous a échappé.

Cependant, il y a une grande différence entre l'exercice du pouvoir présidentiel dans des circonstances exceptionnelles, et l'institution secrète d'un nouveau mode permanent de gouvernement qui outrepasse clairement les limites établies par la Constitution. L'existence de cette prérogative ne peut justifier un abus grossier de pouvoir qui dure depuis des années et instaure un grave déséquilibre des relations entre l'exécutif et les autres branches du gouvernement.

Il y a enfin une ultime raison de craindre que nous ne vivions autre chose que le cycle connu d'excès et de regret. Cette administration a obtenu le pouvoir grâce à la manipulation d'une théorie légale visant à nous convaincre que cette concentration excessive de l'autorité présidentielle est exactement ce que prévoyait la Constitution.

Ce qui n'est pas vrai, bien sûr. Si nos pères fondateurs voyaient dans quel état est l'œuvre de leur génération et pouvaient évaluer la qualité de notre gouvernance, au début de ce vingt et unième siècle, je suis certain qu'ils seraient stupéfaits des prétentions de l'administration en place.

Il est indéniable que nous devrons continuer à affronter de nouveaux défis à la suite de l'attaque du 11 septembre et veiller à la protection de nos citoyens. Mais nous ne sommes pas obligés d'enfreindre la loi ou de sacrifier notre système de gouvernement pour protéger les Américains contre le terrorisme. En réalité, cela ne ferait que nous affaiblir et nous rendre plus vulnérables.

En outre, il est fréquent qu'un exécutif fasciné par la poursuite d'un pouvoir illimité réagisse à ses propres erreurs en proposant automatiquement qu'on lui donne encore plus de pouvoir. Souvent, la demande elle-même est utilisée pour ne rien laisser voir des erreurs déjà commises.

Une partie des abus les plus graves que l'administration actuelle a perpétrés sur des individus sont intervenus quand les immigrants américains d'origine arabe ont été arrêtés au cours des semaines suivant le 11 septembre. Ces mauvais traitements massifs ont effectivement nui à notre sécurité pour quantité de raisons.

Mais d'abord, soyons clairs sur ce qui s'est passé : ce ne fut guère plus qu'une mascarade politique bête et méchante mise en scène par le garde des Sceaux en poste, John Ashcroft. Plus de 99 % des hommes, essentiellement d'origine arabe, qui ont été arrêtés avaient simplement dépassé la date limite de leur visa ou commis un quelconque délit mineur dans leur poursuite du rêve américain, exactement comme la plupart des immigrants. Mais ils ont servi à vanter les efforts de l'administration, qui cherchait à donner l'impression d'avoir arrêté un grand nombre de méchants ennemis. Beaucoup d'entre eux furent indignement maltraités.

Voyons un exemple relaté en détail par l'ancien chroniqueur du *New York Times*, Anthony Lewis :

> « Anser Mehmood, Pakistanais dont le visa était périmé, fut arrêté à New York le 3 octobre 2001. Le lendemain, il fut brièvement interrogé par des agents du FBI, qui lui signifièrent qu'ils n'avaient rien de plus à lui demander. Il fut ensuite menotté, enchaîné aux pieds et par la taille et conduit au centre de détention de Brooklyn. Les gardiens lui ajoutèrent de nouvelles paires de menottes et de fers aux pieds. L'un d'eux jeta Mehmood contre un mur. Puis ils l'obligèrent à descendre une rampe en courant, avec les fers qui lui entaillaient les poignets et les chevilles. Aux mauvais traitements physiques s'ajoutaient les provocations et insultes verbales.

Au bout de deux semaines, Mehmood fut autorisé à téléphoner à sa femme. Elle n'était pas chez elle et on dit à Mehmood qu'il ne pourrait rappeler que six semaines plus tard. Il la vit pour la première fois au cours d'une visite trois mois après son arrestation. Durant tout ce temps, il resta enfermé dans une cellule sans fenêtre, au secret, avec deux lampes fluorescentes allumées en permanence. Il fut finalement condamné pour utilisation d'une carte de sécurité sociale non valable et expulsé en mai 2002, près de huit mois après son arrestation[32]. »

La religion que je partage avec Ashcroft comprend cet enseignement de Jésus-Christ : « Ce que vous faites au plus petit de mes frères, c'est à moi que vous le faites[33]. »

Ne vous y trompez pas : le traitement indigne infligé à nombre de ces immigrants vulnérables a créé un profond ressentiment et nui à la coopération désespérément nécessaire de la part des communautés issues de l'immigration aux États-Unis et des services de sécurité des autres pays.

Usant d'une démarche encore plus cynique, des années après l'arrestation de plus de 1 200 ressortissants d'origine arabe, le ministère de la Justice refuse encore de livrer les noms des personnes détenues, alors que pratiquement tous ceux qui ont été arrêtés ont été blanchis de tout soupçon de lien avec le terrorisme. Il n'existe absolument aucune justification liée à la sécurité nationale pour taire leur nom[34].

La guerre est une violence légalisée, mais quand elle fait rage nous reconnaissons la nécessité de respecter certaines règles. Nous savons qu'au cours de nos guerres il y eut des entorses à ces principes, résultant souvent de la colère spontanée dans le feu de la bataille. Mais c'est à notre président de nous protéger de ce genre de violence, et non de créer le cadre qui la rend possible.

Nous pourrions attendre du chef de l'exécutif qu'il fasse respecter la loi et apporte la réparation. L'une des plus grandes fiertés de notre pays était d'avoir une gouvernance humaniste et fidèle à la loi. Alors que la situation que nous connaissons aujourd'hui résulte des décisions d'un président et d'une administration pour qui la meilleure loi est l'absence de loi, de peur qu'elle ne limite leur autorité politique. Et lorsque les contraintes de la loi ne peuvent être ni évitées ni éliminées, ils la manipulent pour l'affaiblir par l'échappatoire, le délai, la chicane, l'obstruction et l'incapacité à la faire appliquer par ceux qui ont fait serment de la respecter.

En 1999, la Cour suprême d'Israël dut mettre en balance le droit individuel des prisonniers et les terribles menaces pesant sur la sécurité publique. Voici ce que déclara le tribunal : « C'est le destin de la démocratie, car tous les moyens n'y sont pas acceptables et toutes les pratiques employées par ses ennemis ne lui sont pas permises. Même si une démocratie doit souvent lutter avec une main attachée dans le dos, c'est elle cependant qui mène la partie. La préservation de la loi et la reconnaissance de la liberté individuelle constituent les composantes essentielles à la notion de sécurité. En définitive, elles en renforcent l'esprit et lui permettent de surmonter ses difficultés [35]. »

La violation constante des libertés civiques par l'administration Bush-Cheney favorise également la fausse impression que ces violations sont nécessaires pour prendre toutes les précautions contre une nouvelle attaque terroriste. Pourtant la vérité, c'est que la grande majorité de ces violations n'ont absolument pas amélioré notre sécurité, mais lui ont nui. Et elles nous ont conduits toujours plus loin vers un gouvernement du genre Big Brother, avec les risques d'intrusion prédits par George Orwell dans *1984*, que personne n'aurait jamais cru possibles aux États-Unis.

Que devons-nous faire ? Pour commencer, notre pays doit cesser immédiatement sa politique de détention indéfinie des citoyens américains sans chef d'accusation ni procès à l'appui. Ce genre de conduite est incompatible avec les valeurs et les traditions américaines, avec les principes sacrés d'une bonne application de la loi et de la séparation des pouvoirs.

Ce n'est pas fortuit si notre Constitution requiert dans toute poursuite judiciaire « un jugement prompt et public ». Les principes de liberté et de transparence du gouvernement, au cœur de ce qui rend l'Amérique unique, n'en demandent pas moins. Le traitement infligé par l'administration Bush à des citoyens américains qu'elle appelle «combattants ennemis» n'est tout simplement pas digne de l'Amérique.

Deuxièmement, les citoyens étrangers détenus à Guantánamo et ailleurs comme prisonniers de guerre doivent être protégés par les États-Unis au titre de l'article 3 de la convention de Genève, qui interdit le meurtre, la mutilation, la cruauté, la torture, les traitements humiliants et dégradants. L'article 3 interdit également l'application de peines et l'exécution sans jugement préalable prononcé par une cour légalement constituée présentant toutes les garanties judiciaires reconnues comme indispensables par les peuples civilisés. Depuis l'adoption de la convention, c'est ce qui s'est passé pour toutes les guerres jusqu'à celle-ci, y compris pour la guerre du Vietnam et la guerre du Golfe.

Ni nous n'assurons pas cette protection, comment pouvons-nous espérer que les soldats américains capturés outre-mer soient traités avec un égal respect? Nous le devons à nos fils et filles qui se battent pour défendre la liberté en Irak, en Afghanistan et partout dans le monde.

Ensuite, la grandeur de notre nation se mesure à la façon dont nous traitons les plus vulnérables. Les détenus qui ne sont pas ressortissants américains doivent disposer de droits élémentaires. L'administration ne doit pas continuer à violer le prétendu statut de témoin matériel. Ce statut avait été conçu pour détenir brièvement des témoins avant qu'ils ne soient appelés à témoigner devant un tribunal. Il a été détourné par cette administration comme prétexte à détention indéfinie sans chef d'accusation. C'est tout simplement inacceptable.

Le Patriot Act, malgré ses multiples excès, contenait quelques modifications légales nécessaires. Et il est probablement vrai que nombre des pires violations de la loi et des libertés civiques qui ont lieu actuellement se produisent sous couleur légale sur ordre de l'exécutif en dehors du Patriot Act. Néanmoins, tout bien pesé, ce décret se révèle être une erreur catastrophique qui est devenue une sorte de résolution du golfe du Tonkin conférant la bénédiction du Congrès à toutes les atteintes aux libertés civiques perpétrées par le président. Le Congrès a manqué une excellente occasion en votant une nouvelle application du décret, y compris dans ses éléments les plus discutables, avec seulement des modifications mineures, au lieu de le remplacer par une nouvelle loi plus courte et plus efficace.

Dans cette administration, la politisation de la mise en application de la loi fait partie d'un programme plus vaste pour revenir sur les changements dans le mode de vie apportés par le New Deal et le mouvement progressiste. Dans ce but, le gouvernement fait marche arrière sur l'application des droits civiques, des droits des femmes, de l'impôt progressif, de l'impôt sur la succession, de l'accès aux tribunaux, de l'assurance maladie, et de bien d'autres droits encore. Il tente même de passer à la retraite des procureurs généraux pour des raisons qui semblent purement politiques. Dans certains cas étudiés par le nouveau Congrès, des procureurs dont l'extrême compétence a été reconnue par les deux partis ont été remplacés par des personnes qui ont apparemment pour unique qualification leurs liens politiques avec la Maison Blanche. David C. Iglesias, procureur général du Nouveau-Mexique, a révélé qu'il avait été soumis à des pressions de la part de deux républicains de cet État, dont il n'a pas donné le nom, pour inculper des démocrates importants avant les élections partielles de 2006. Il a refusé et la Maison Blanche a approuvé son renvoi [36].

Mais la manifestation la plus bizarre et la plus inquiétante de l'erreur dans laquelle la politique de ce président plonge l'Amérique tient au grave problème que pose la torture à notre pays. Il y eut d'abord ces images extrêmement choquantes d'Abu Ghraib qui illustraient les formes les plus étranges de violence physique et sexuelle, de torture, voire de meurtre, perpétrées par certains de nos soldats contre des personnes emprisonnées en Irak, dont 90 % sont estimées innocentes [37].

En conséquence directe d'une planification incompétente et d'une force armée inadéquate, nos jeunes soldats ont été mis dans une position intenable. Par exemple, les réservistes assignés aux prisons irakiennes ont été appelés sans formation préalable ni supervision, puis ont reçu l'ordre de supérieurs n'appartenant pas à leur chaîne de commandement de briser la résistance de prisonniers afin de les préparer pour les interrogatoires [38]. Ils se sont retrouvés dans une situation embrouillée où la chaîne de commandement était à l'intersection du service de renseignements et de l'administration pénitentiaire, confusion à laquelle s'ajoutait le mélange des autorités civiles et militaires. Les soldats qui ont commis ces atrocités sont naturellement responsables de leurs actions. Mais ils ne sont pas les principaux responsables de la honte qui a entaché les États-Unis. Ce n'est pas eux qui ont conçu la politique militaire et qui l'ont mise en place. Ce n'est pas le soldat Lynndie England qui a décidé que les États-Unis cesseraient de respecter la convention de Genève. Ce n'est pas le caporal Charles Graner qui a construit dans plusieurs pays l'immense réseau d'installations où des prisonniers nus et grelottant de froid sont brimés, voire torturés, pour les forcer à révéler ce qu'une procédure légale n'aurait peut-être pas pu obtenir d'eux.

Les méthodes qui se trouvent au fondement de ces atrocités ont été conçues et exigées par la Maison Blanche de Bush. En fait, le conseiller juridique privé du président l'a muni d'instructions spécifiques sur le sujet. Son ministre de la Défense et ses secrétaires d'État ont favorisé cette déviation des principes historiques de l'Amérique malgré les objections des cadres militaires. Les membres du secrétariat du procureur général aux armées, au sein du ministère de la Défense, étaient si inquiets et si opposés à cette politique qu'ils avaient pris la décision sans précédent de se faire conseiller par un avocat privé de Washington, spécialiste des droits de l'homme. En tant que groupe, ils lui ont dit: «Il existe un effort calculé pour créer une atmosphère d'ambiguïté légale en ce qui concerne les mauvais traitements des prisonniers [39].» Effectivement, le secret du programme indique que ses auteurs avaient compris que la culture et les mœurs des militaires leur interdiraient de soutenir ces agissements, et qu'il en serait de même pour le public américain et la communauté internationale. Voilà pourquoi ils ont cherché à garder le secret. Le fait d'envoyer des prisonniers dans des pays moins opposés à la torture, et à des sous-traitants privés qui apparemment ne rendent de comptes à personne, est un autre aveu implicite de la violation des comportements que l'on savait devoir être exemplaires.

Le président Bush a personnellement donné le ton en ce qui concerne notre attitude à l'égard des suspects. Il a fait remarquer que plus de 3 000 terroristes soupçonnés ont été arrêtés dans de nombreux pays. Puis il a ajouté : « Et beaucoup d'autres ont connu un destin différent. Disons qu'ils ne posent plus de problème aux États-Unis, ni à nos amis, ni à nos alliés [40]. »

Il a promis de « changer le ton » de Washington, et effectivement ce fut de pire en pire. Nous savons aujourd'hui qu'au moins trente-sept prisonniers ont peut-être été assassinés en captivité, bien qu'il soit difficile de se fier aux chiffres car, dans beaucoup de cas de mort violente, il n'y a pas eu d'autopsie. Il est scandaleux que l'administration fasse porter la responsabilité de ces méfaits à de jeunes engagés d'un régiment de réserve du nord de l'État de New York, et qu'elle prétende que ces faits généralisés ont été le fait de « quelques pommes pourries » parmi les recrues.

Le président Bush devrait faire amende honorable, non seulement pour avoir laissé tomber les jeunes soldats, qui sont personnellement coupables mais n'ont eu clairement pas d'autre choix que de patauger dans le bourbier moral créé par la politique de la Maison Blanche. Les délinquants comme les victimes se sont retrouvés dans un rapport de forces résultant des décisions prises à Washington. Ces décisions de l'administration Bush-Cheney ont engendré un comportement qui a scandalisé la conscience américaine et traîné la réputation de notre pays dans la boue d'Abu Ghraib, l'ancienne geôle de torture de Saddam Hussein.

Ne nous y trompons pas, cependant. Les dégâts causés à Abu Ghraib ne concernent pas que la réputation de l'Amérique et ses intérêts stratégiques, mais également son esprit. Vous souvenez-vous comme chacun de nous était choqué par ces images odieuses ? La tendance naturelle fut d'abord un mouvement de recul, puis on a voulu croire que ces images représentaient une curieuse aberration due à quelques rares esprits malades ou, comme le dit le Pentagone, des « pommes pourries ».

Mais peu de temps après, une enquête militaire sur la mort des prisonniers et les mauvais traitements en Irak et en Afghanistan a révélé des abus généralisés [41] impliquant un nombre important de régiments à des endroits différents. Ces méthodes n'étaient visiblement pas issues de l'esprit tordu de quelques-uns de nos engagés les moins gradés. Elles provenaient de valeurs dévoyées et de l'atrocité des politiques décidées au sommet de la hiérarchie gouvernementale. C'était le fait de nos leaders, en notre nom.

Ces horreurs étaient les conséquences prévisibles de décisions politiques découlant directement du mépris des lois manifesté par cette administration. Et la domination qu'ils ont recherchée n'est pas seulement indigne de l'Amérique, c'est également un but illusoire en soi. Il est impossible de conquérir le monde car il est impossible de conquérir l'esprit humain. Toute stratégie nationale basée sur la poursuite d'un tel but de domination est vouée à l'échec parce qu'elle génère à mesure sa propre opposition et engendre ce faisant les ennemis de l'éventuel dominateur.

Vous vous rappelez sans doute le rapport légal inique par lequel l'administration cherchait à justifier la torture et à donner en quelque sorte une apparence de légitimité aux activités sadiques qui, selon toute personne raisonnable, seraient reconnues comme répugnantes à la conscience humaine.

Le tollé provoqué par la divulgation de cette analyse légale obligea l'administration à prétendre qu'elle détruisait le dossier et à le considérer comme nul et non avenu, mais cette même administration refuse encore de reconnaître que les revendications initiales du rapport permettant au président d'ignorer la loi sont tout simplement criminelles [42].

Il est compréhensible que le Congrès, peu convaincu par ces dénégations, ait mis en application l'amendement McCain, interdisant ainsi non seulement ce que le rapport considère comme torture, mais également tout «traitement cruel, inhumain et dégradant» des détenus. Malgré la menace d'un veto, la législation est passée à une majorité écrasante dans les deux chambres. Plutôt que de voir son veto annulé, le président a signé la loi mais émis simultanément une déclaration modificative indiquant qu'il refusait d'être lié par la nouvelle loi. Cette déclaration précisait que l'amendement McCain serait «interprété» de façon à être «en accord» avec le pouvoir du président en tant que chef de l'exécutif et commandant en chef des armées, ainsi qu'à la lumière des «limites constitutionnelles du pouvoir judiciaire».

Torturons-nous toujours régulièrement des prisonniers sans défense et, si c'est le cas, est-il normal que nous ne soyons pas, en tant que citoyens américains, scandalisés par cette pratique ? Est-il normal qu'aucun débat n'ait lieu pour savoir si cette pratique médiévale et répugnante est encore exécutée à l'heure actuelle au nom du peuple américain ?

L'administration doit divulguer toutes ses méthodes d'interrogatoire, y compris celles qui sont utilisées par les militaires en Irak et en Afghanistan, celles qui sont employées par la CIA dans tous les centres de détention en fonctionnement en dehors des États-Unis, ainsi que toutes les analyses relatives à l'adoption de ces méthodes. Nous méritons de savoir ce qui est fait en notre nom et pourquoi.

Dans leur analyse, les avocats du gouvernement ont conclu que le président, lorsqu'il joue son rôle de commandant en chef, est en grande partie au-dessus et à l'abri des lois. Du moins est-il facile de deviner ce que nos pères fondateurs auraient à dire sur cette théorie si peu conforme à l'esprit américain.

En outre, le vaste rapport dans lequel étaient revendiqués des pouvoirs étendus pour le commandant en chef n'a jamais été explicitement désavoué. Et les opinions exprimées dans ledit rapport, selon lesquelles il était de l'autorité du commandant en chef d'ordonner toute technique d'interrogatoire jugée nécessaire pour obtenir des renseignements, ont très certainement contribué à l'atmosphère qui a conduit aux atrocités commises à Abu Ghraib. Le président Bush a récompensé le principal auteur de cette monstruosité en lui attribuant un siège à la Cour d'appel des États-Unis [43].

Ce président se pose épisodiquement en unificateur et réconciliateur. S'il avait réellement envie de jouer ce rôle, il aurait condamné Rush Limbaugh, l'un de ses plus ardents partisans – qui a déclaré publiquement que la torture à Abu Ghraib était un truc génial, que les photos étaient « de la bonne vieille pornographie américaine » et qu'elles représentaient simplement des gens qui prenaient du bon temps parce qu'ils avaient besoin de « relâcher un peu la pression » [44].

Les différences de degré comptent quand il s'agit de torture. Ceux qui souhaitent trouver des excuses à ce qui s'est passé ont raison sur certains points qu'il importe d'entendre clairement. C'est un fait que toute culture et tout système politique s'expriment parfois par la cruauté. Il est également indéniable que d'autres pays ont pratiqué et pratiquent encore la torture plus régulièrement et beaucoup plus brutalement que nous.

George Orwell a décrit dans *1984* un régime totalitaire fictif inspiré par celui de la Russie soviétique. Il comparait la vie qu'il y dépeignait à «un coup de pied écrasant à jamais le visage humain[45]». C'était la culture de la cruauté ultime, si enracinée, si fondamentale, si systématique que tout le monde vivait dans la terreur, même les tortionnaires. Tels étaient la nature et le degré de la cruauté dans l'Irak de Saddam Hussein. Nous le savons, et il n'est pas nécessaire de nous rassurer ni de nous féliciter d'avoir une société moins cruelle que d'autres. Mais il vaut la peine de noter qu'il en existe qui le sont moins. Ce que nous faisons aujourd'hui, en réaction aux photos des atrocités perpétrées à Abu Ghraib, déterminera notre identité en tant que pays en ce début de vingt et unième siècle.

Il est important de noter que, tout comme les abus envers les prisonniers ont été directement entraînés par les décisions politiques de la Maison Blanche de Bush, ces décisions ont à leur tour non seulement découlé des instincts du président et de ses conseillers mais été renforcées par l'attitude de certains citoyens face à la colère et à la peur engendrées par les attaques du 11 septembre. Le président a exploité et attisé ces peurs, mais d'autres Américains par ailleurs raisonnables et sensés les ont également exprimées.

Je me rappelle avoir lu des articles écrits sans passion demandant publiquement si l'interdiction de la torture était encore souhaitable et avait encore une raison d'être. La même confusion absurde sur ce qu'implique réellement la torture donnait également le ton du rapport d'Alberto Gonzales, qui écrivait le 25 janvier 2002 que les attaques du 11 septembre «rendaient obsolètes les strictes limitations des accords de Genève applicables aux interrogatoires des prisonniers et surannées certaines de leurs mesures[46]».

«Surannées»? Le progrès serait-il une notion surannée? Est-il vraiment naïf de croire que les États-Unis vont continuer à conduire ce progrès ? Du temps a passé depuis que nous avons vu ces images, que nous avons appris ce qui se passait. La question importante est désormais : qu'allons-nous faire de la torture perpétrée en notre nom ?

L'arrêter ? Oui, bien sûr, mais cela signifie qu'il faut exiger de connaître tous les faits et non les dissimuler comme certains accusent l'administration de le faire. L'un de ceux qui a déclenché le scandale d'Abu Ghraib, le sergent Samuel Provance, a déclaré aux journalistes qu'il était puni pour avoir dit la vérité. « On cherche à dissimuler les faits, c'est sûr. J'ai l'impression d'avoir été sanctionné pour mon honnêteté », a-t-il déclaré [47].

Le président a lui-même fait porter la responsabilité des horribles conséquences de sa politique à ces jeunes soldats et sergents, qui sont certes coupables individuellement de leurs actes, mais n'étaient assurément pas responsables de la politique qui a conduit l'Amérique à la catastrophe stratégique irakienne.

Aucun des représentants officiels du Pentagone et de la Maison Blanche, responsables de cette épouvantable trahison des valeurs américaines, n'a eu pour l'instant à en répondre.

L'animatrice de radio conservatrice Laura Ingraham a dit : « L'Américain moyen adore l'émission 24. D'accord ? Il adore Jack Bauer, et il adore 24. À mon avis, nous ne pouvons pas avoir de meilleur référendum national pour dire que les Américains sont d'accord pour utiliser des méthodes musclées contre les commandos al-Qaïda de haut niveau [48]. » Peut-on imaginer commentaire plus parfait et plus triste de ce qu'il advient lorsque nous n'avons plus de véritable forum public où les citoyens peuvent faire usage de la raison pour mettre un gouvernement en face de ses responsabilités ? Nos opinions sur le bien et le mal sont interprétées à l'aune du pourcentage d'audience.

Pis encore, selon Jane Mayer et le New Yorker, les DVD de 24 sont devenus extrêmement populaires parmi les soldats basés en Irak. Mayer rapportait les propos d'un ancien interrogateur de l'armée, Tony Lagouranis, qui disait : « Les gens regardent les vidéos, puis ils rentrent dans les box d'interrogatoire et ils reproduisent les scènes qu'ils viennent de visionner [49]. »

Les actes odieux d'Abu Ghraib et d'ailleurs furent le résultat direct d'une culture d'impunité, encouragée, autorisée et insti-

tuée par Bush et Rumsfeld dans les déclarations où ils préten-
daient que les accords de Genève ne s'appliquaient pas. Ce
genre d'horreurs était la conséquence logique et inévitable des
prises de position et des décisions politiques du gouvernement.
Pour moi, la révélation de la pratique habituelle qui consistait à
déplacer les prisonniers lors des visites du comité international
de la Croix-Rouge afin de ne pas les laisser interviewer vaut
comme preuve à l'égal des photos scandaleuses. Personne ne
peut prétendre qu'il s'agissait dans ce cas du fait de «quelques
pommes pourries». C'était bien une politique établie en haut
lieu dans l'intention expresse de violer les valeurs américaines
que l'administration prétendait défendre.

C'est exactement le genre de politique que nous constatons et
critiquons à Cuba et en Chine. De plus, l'administration a également exposé les hommes et les femmes de notre propre armée
à payer ces exactions de retour lorsqu'ils seront eux-mêmes faits
prisonniers. Elle doit en être tenue pour responsable.

Il est désormais clair que la violation de la vérité et les abus
de confiance inadmissibles qui ont suivi le 11 septembre ont
conduit à ces problèmes, et nous apprenons aujourd'hui que le
même problème se pose à travers le réseau secret de camps de
détention de l'administration Bush, dans lesquels, selon la
Croix-Rouge, 70% à 90% des gens sont innocents[50].

Qu'aurait pensé Thomas Jefferson du curieux et douteux
argument de notre actuel ministère de la Justice, prétendant que
le président peut autoriser ce qui équivaut clairement à la torture
des prisonniers, et que toute loi ou traité ayant pour but de restreindre ce pouvoir en temps de guerre serait intrinsèquement
une violation de la Constitution?

Il est très troublant de voir l'administration user si fréquemment du terme *domination* pour parler de ses objectifs. Troublant parce qu'une politique américaine de domination est aussi
répugnante pour l'ensemble du monde que les affreuses photos
de ces Irakiens nus et sans défense soumis à cette «domination»
pour nos concitoyens.

La domination se mesure aux actes. Ce n'est ni une stratégie
ni une philosophie politique. C'est plutôt l'illusion séduisante
qui tente les puissants pour assouvir leur appétit de pouvoir

grâce à un marchandage avec leur conscience. Et comme cela finit toujours par arriver à ceux qui passent un marché avec le diable, ils s'aperçoivent trop tard qu'ils ont perdu leur âme.

L'une des indications les plus claires de cette perte d'âme imminente est l'incapacité à reconnaître l'existence de ceux sur qui on exerce un pouvoir, en particulier si les plus faibles en arrivent à être déshumanisés, humiliés et traités comme des animaux. Ce fut particulièrement choquant de voir ces excès perpétrés si crûment et si cruellement au nom des États-Unis d'Amérique.

Ces images de torture et d'abus sexuels nous sont parvenues parmi une foule d'informations sur le nombre croissant de victimes et le chaos grandissant en Irak. Mais, pour comprendre l'échec total de cette politique, je crois qu'il est important de se concentrer sur ce qui s'est vraiment passé dans la prison d'Abu Ghraib et de se demander si ces actions étaient représentatives de ce que nous sommes en tant qu'Américains.

Comme il a été rapporté, beaucoup de ces prisonniers sont morts sous la torture pendant des interrogatoires dirigés par des représentants de l'administration, et quantité d'autres ont été brisés et humiliés. Dans la prison d'Abu Ghraib de sinistre réputation, les enquêteurs chargés du dossier sur la torture ont estimé que *90 %* des victimes étaient innocentes.

Cet abus de pouvoir honteux contredit des principes essentiels à notre nation énoncés par Georges Washington pendant la guerre d'Indépendance et observés par tous les présidents depuis lors, jusqu'à aujourd'hui. Ces pratiques violent la convention de Genève et la convention des Nations unies contre la torture, sans parler de nos propres lois. À la suite de la Seconde Guerre mondiale, le gouvernement des États-Unis a intenté des procès contre des soldats étrangers pour avoir utilisé des méthodes de torture par l'eau contre des soldats américains.

Le président a également prétendu avoir autorité pour livrer à des régimes dictatoriaux notoires pour leurs infâmes méthodes de torture des prisonniers placés sous notre contrôle, pour emprisonnement et interrogatoire en notre nom.

Est-il possible qu'un président ait réellement de tels pouvoirs sous notre Constitution ? Si la réponse est oui, alors, selon la théorie par laquelle ces actes sont commis, existe-t-il des actes qui peuvent être interdits ? Si le président a l'autorité inhérente d'espionner, d'emprisonner des citoyens sur simple déclaration, de kidnapper et de torturer, alors qu'est-ce qui lui est impossible ?

Après analyse des revendications concernant ces pouvoirs auparavant non reconnus, Harold Koh, doyen de la faculté de droit de Yale, a dit : « Si le président a le pouvoir du commandant en chef de pratiquer la torture, il a le pouvoir de commettre un génocide, de permettre l'esclavage, de promouvoir l'apartheid et d'autoriser les exécutions sommaires [51]. »

Au cours de l'histoire, la principale alternative à la démocratie fut la concentration de pratiquement tous les pouvoirs d'État dans les mains d'une seule personne ou d'un petit groupe exerçant ce pouvoir sans le consentement informé des citoyens.

C'est en se révoltant contre ce genre de régime que l'Amérique a été fondée. Lorsque Lincoln déclara au moment de notre plus grande crise que la principale question que devait résoudre la guerre de Sécession était de savoir « si la nation, ou aucune nation conçue sur un tel modèle et attachée à un tel but, pouvait résister longtemps [52] », il sauvait non seulement notre Union, mais reconnaissait le fait que les démocraties sont rares dans l'histoire. Et quand elles échouent, comme Athènes et la République romaine dont se sont fortement inspirés nos pères fondateurs, elles sont remplacées par un régime de dictature.

L'insistance de l'administration à donner aux États-Unis un rôle dominant dans le monde n'a d'égale que son aspiration à attribuer au président l'autorité dominante sur le système constitutionnel. L'objectif de domination nécessite une concentration de pouvoir, voire un pouvoir absolu.

L'administration a également lancé l'offensive contre le droit des tribunaux à examiner son action, contre le droit du Congrès d'obtenir des informations sur la façon dont l'argent public est dépensé, contre le droit des médias à s'informer sur les politiques mises en œuvre, et contre tous ceux qui critiquent ses excès. Le même instinct les a ensuite conduits à introduire un niveau accru de brutalité dans les attaques partisanes. Comme, par exemple, à accuser d'antipatriotisme le sénateur Max Cleland, qui a perdu trois membres dans la guerre du Vietnam.

Ce même mode de comportement caractérise pratiquement toute la politique de l'administration Bush. Elle juge comme une insulte toute entrave à sa volonté de domination et d'exercice du pouvoir, et son appétit en la matière semble insatiable. La tendance à concentrer le pouvoir au nom de la sécurité nationale est une vieille rengaine, et les conséquences actuelles de cette tendance ne sont que trop familières dans l'histoire, comme nous le verrons au chapitre suivant.

Chapitre 6

Insécurité nationale

La troisième loi de Newton affirme : « À toute force d'action correspond une force de réaction égale et opposée. » La politique de sécurité nationale n'a rien à voir avec la physique, mais les principes de la logique et de la raison s'y révèlent cependant utiles et appropriés. Et il semble en effet qu'une loi proche de celle de Newton préside aux relations internationales. Lorsqu'une nation est perçue comme tentant de dominer les autres, il se crée une « force de réaction » qui s'y oppose en retour.

La poursuite de la « domination » en politique étrangère a conduit l'administration de Bush à ignorer les Nations unies, à mettre en péril nos alliances les plus importantes, à violer les lois internationales et à cultiver la haine et le mépris dans une grande partie du reste du monde. L'appétit de pouvoir absolu et unilatéral a conduit ce président à interpréter les prérogatives qui lui sont données par la Constitution d'une manière qui a donné vie au pire cauchemar de nos père fondateurs.

Toute politique basée sur la domination du reste du monde ne crée pas seulement des ennemis pour les États-Unis et des recrues pour al-Qaïda, mais affaiblit également la coopération internationale essentielle pour vaincre les terroristes qui veulent nuire et faire peur à l'Amérique. Plutôt que la domination, nous devrions chercher la prééminence dans un monde où les nations nous respecteraient, et chercheraient à suivre notre leadership et à adopter nos valeurs.

L'unilatéralisme, comme nous l'avons douloureusement expérimenté en Irak, est souvent suivi de la réponse qu'il mérite. L'action individuelle peut satisfaire une pulsion politique, mais est dangereuse pour nos soldats, même sans que le commandant

171

en chef ne provoque les terroristes en les menaçant de « les avoir ».

Et le genre de pouvoir unilatéral qu'imaginent le président Bush et le vice-président Cheney est, de toute façon, un Eldorado stratégique. De même que leur action en Irak a conduit à des conséquences tragiques pour nos soldats et le peuple irakien, leur nouvelle interprétation de la fonction présidentielle, qui finit par affaiblir le Congrès, les tribunaux et la société civile, ne vaut rien ni à la présidence ni au reste de la nation. Si le Congrès n'est plus qu'un outil affaibli inféodé à l'exécutif et qu'il devient notoire que les tribunaux prennent des décisions par calcul politique, alors le pays est en danger.

Les amiraux et généraux expérimentés ont compris au cours de l'histoire le danger de se préparer à « la dernière guerre » plutôt qu'à la prochaine. Les nations avisées – et, jusqu'à une période récente, les États-Unis étaient considérés comme tels – comprennent elles aussi le risque qu'il y a à protéger uniquement leur sécurité nationale contre de vieilles menaces sans tenir compte des nouvelles, qui sont plus dangereuses. Le programme américain de sécurité nationale s'est bâti traditionnellement sur des efforts communs pour résister à l'agression et arrêter les conflits armés. Pendant nos deux premiers siècles, nous avons été témoins de guerres entre nations ou de violences à l'échelle de la guerre au sein d'une même nation, pour de multiples raisons.

Les revendications de supériorité religieuse, idéologique, raciale ou ethnique ont provoqué des conflits majeurs tout au long de l'histoire. La pauvreté a provoqué l'effondrement des espérances et le désespoir a rendu les gens vulnérables aux discours démagogiques. Les leaders ont parfois utilisé l'agression contre les voisins pour dissimuler les tensions existant dans leur propre pays. L'appétit de pouvoir a souvent conduit à l'expansion et la violence.

Mais tandis que la communauté mondiale doit encore affronter les anciennes menaces, de nouvelles forces apparaissent qui pourraient bientôt défier l'ordre international et remettre la paix en question. Ce qui importe, c'est de trouver un de ces précieux moments, rares dans l'histoire de l'humanité, où nous aurions la chance de provoquer le changement que nous voulons voir dans le monde, en cherchant un accord commun sur une vérité nouvelle et insistante qui s'éveille dans tous les cœurs humains : il est temps de changer la façon dont nous vivons ensemble sur cette planète.

À partir de cette position avantageuse, nous avons l'opportunité de bâtir et de suivre un nouveau programme de sécurité nationale et mondiale. En premier lieu, notre sécurité est menacée par la crise mondiale de l'environnement, qui pourrait rendre tous les autres progrès inutiles, à moins d'être gérée avec succès. Déjà, l'augmentation de la sécheresse, des inondations et de la force des tempêtes a un impact sévère.

Deuxièmement, la crise de l'eau qui se dessine reflète à la fois le net accroissement de la demande en eau potable, la rupture du système de réserves naturelles que constituent les glaciers à cause du réchauffement de la planète, et une baisse de la qualité de l'eau due aux effets de la pollution et aux traitements inadéquats.

Troisièmement, nous devons gagner le défi mondial que représente le terrorisme, amplifié par un accès croissant aux nouvelles armes de destruction massive.

Quatrièmement, le défi mondial de lutte contre la drogue et la corruption, qui passent désormais nos frontières, n'a jamais été plus important compte tenu de la force et de la sophistication croissantes des organisations criminelles.

Cinquièmement, de nouvelles pandémies comme le virus du sida démolissent des sociétés entières, problème auquel s'ajoute l'émergence de nouvelles formes d'anciennes maladies qui présentent une résistance terrifiante aux antibiotiques qui ont protégé les trois dernières générations.

Nous avons tendance à penser aux menaces sur la sécurité en termes de guerre. Pourtant personne ne peut nier que les ravages causés par le sida menacent notre sécurité. L'objectif principal d'un programme de sécurité est de protéger la vie humaine, or nous savons déjà que le nombre de gens qui mourront du sida dans la première décennie du vingt et unième siècle atteindra celui des morts de toutes les guerres du vingtième siècle.

Quand, à chaque heure de chaque jour, des centaines de nouvelles personnes des régions subsahariennes sont infectées, que

15 millions d'enfants sont déjà orphelins et qu'un grand nombre doivent être élevés par d'autres enfants, quand une seule maladie met en danger l'équilibre entier de la vie, de la capacité économique au maintien de la paix, nous avons clairement à faire face à une menace de sécurité de première grandeur[1].

Notre tâche n'est pas uniquement d'identifier et d'affronter ces défis, mais de chercher à réaliser nos idéaux. Pour y parvenir, nous devons créer un monde où la foi qu'ont les citoyens en leur propre capacité de gouvernance démocratique libère leur potentiel et justifie leur conviction croissante que tout le monde peut prendre part à un cercle toujours plus grand de dignité et de souveraineté humaines.

En tant que communauté planétaire, nous devons prouver que nous avons assez de sagesse pour contrôler ce que nous avons eu l'intelligence de créer. Nous devons comprendre que la vieille conception de sécurité mondiale, essentiellement axée sur les ennemis, les idéologies et la géopolitique, doit être élargie.

Il nous faut poursuivre avec détermination un programme nouveau et plus vaste, en y mettant les ressources adéquates et en utilisant les nouveaux outils disponibles pour nous unir dans un effort commun. Ces outils, tels Internet et les infrastructures émergentes d'information mondiale, s'ils sont utilisés de manière imaginative, permettront une nouvelle capacité de prévision et de coopération entre les nations, les organisations non gouvernementales et les citoyens à tous niveaux.

Nous devrions adopter une politique d'«implication en amont», comme l'a prescrit Leon Geurth, professeur à l'université George Washington, et rétablir le rôle de la raison dans notre analyse des multiples opportunités stratégiques et des dangers que nous devons anticiper en nous engageant à l'avance dans la construction d'un monde plus sûr, plus sécurisé et plus civilisé pour les générations à venir.

Il est important de fonder notre espoir sur les avancées de l'histoire humaine, que nous tenons parfois comme évidentes en croyant qu'elles ont été inévitables. L'esclavage, par exemple, fut autrefois considéré comme normal alors qu'il est désormais inadmissible et obsolète. Bien que des restes de cette épouvantable pratique subsistent encore dans des parties reculées du monde, et bien que le mot *traite* reste attaché à d'odieux enlève-ments de femmes pour un commerce sexuel, il n'existe plus de société où une race en tient ouvertement une autre en esclavage, à grande échelle, comme c'était le cas avant la guerre de Sécession.

Dans quelques siècles, les pratiques que nous trouvons nor-males à l'heure actuelle seront également considérées comme absurdes et contre-productives. Mais nous sommes confrontés à la nécessité urgente d'accélérer notre évolution psychologique, émotionnelle, intellectuelle et spirituelle, de façon à voir au-delà des frontières internes qui avaient peut-être leur raison d'être il y a fort longtemps, mais qui sont devenues de simples obstacles nous empêchant de voir la nouvelle route à suivre.

Nous devons montrer que nous sommes capables non seulement de contenir l'agression, d'empêcher la guerre et de négocier les conflits, mais aussi de travailler ensemble pour anti-ciper et répondre aux nouveaux impératifs planétaires du vingt et unième siècle.

À ce moment crucial de notre histoire, il est vital de voir clai-rement qui et quels sont nos ennemis et comment nous comp-tons les affronter. Il est important, cependant, de préserver en l'occurrence non seulement la sécurité physique de nos citoyens, mais également notre attachement au respect de la loi. En tant que nation, ce que nous avons exporté de mieux a toujours été l'espoir que, grâce au respect de la loi, les hommes sont libres de poursuivre leurs rêves. Nous avons toujours espéré que la démocratie puisse supplanter la répression et que la justice, plutôt que le pouvoir, soit la force directrice de la société.

Compte tenu de l'échec patent de l'actuel gouvernement amé-ricain à respecter les lois, nous sommes désormais confrontés au double défi de restaurer l'autorité morale de l'Amérique dans le monde et de prouver notre volonté d'améliorer la vie de nos voisins planétaires.

Nous avons atteint un stade où nous reconnaissons à peine notre pays en regardant dans le miroir. Comment avons-nous pu en arriver là ? De même que les grandes compagnies en sont venues à reconnaître la valeur des « marques » qu'elles vantent aux consommateurs, nous devrions en tant que citoyens américains reconnaître la valeur et la signification des opinions viscérales des gens dans le monde entier quand ils entendent ou lisent «États-Unis d'Amérique». Nos pères fondateurs l'avaient compris en d'autres termes il y a plus de deux siècles. Thomas Jefferson écrivait alors: «La bonne opinion de l'humanité, comme le levier d'Archimède, sur un point d'appui donné, fait bouger le monde[2].»

Qu'on ne s'y trompe pas, c'est précisément notre autorité morale qui est notre plus grande force. C'est notre autorité morale qui a été imprudemment mise en danger par les calculs mesquins de ce président obstiné. Il a joué avec l'histoire et mis en jeu la bonne volonté et la réputation de l'Amérique. Il a perdu et, parce que notre pays a été pris en otage par ses compromis moraux, nous avons tous perdu.

L'administration Bush-Cheney se caractérise par la même approche préoccupante de quasiment toutes les questions nationales. Dans presque tous les domaines politiques, l'objectif constant de cette administration a été d'éliminer toute contrainte dans l'exercice du pouvoir, qu'elle provienne d'une loi, d'un règlement, d'une alliance ou d'un traité. Ce qui du même coup a montré aux autres nations une Amérique méprisant la communauté internationale.

Le dédain que manifeste cette administration dans son approche de tous les accords et traités internationaux n'a d'égal que son mépris pour le débat rationnel étayé par des preuves dans le discours national. Plutôt que de faire confiance au forum public international pour arriver à des accords avantageux pour tous les participants, l'administration Bush-Cheney adopte une stratégie ouvertement unilatérale en matière de politique étrangère: le pouvoir prend le pas sur le compromis et la domination sur la loi internationale.

La tentative américaine de domination sur tout adversaire potentiel est précisément ce qui a conduit à l'erreur tragique et démesurée de la guerre en Irak, douloureuse aventure marquée d'un désastre après l'autre, basée sur une suite de présomptions obstinées. Mais ceux qui en ont payé le prix sont les hommes et les femmes portant l'uniforme américain qui s'y sont trouvés pris au piège, ainsi que les Irakiens eux-mêmes.

Quant à nos relations avec le reste du monde, l'administration a volontairement remplacé le *respect* à l'égard des États-Unis par la *peur*. C'était le véritable sens de l'expression «frapper pour terrifier» utilisée dans la stratégie militaire ancestrale. Cette administration a conjugué sa théorie de domination avec une doctrine de frappes préventives, sans se soucier de l'imminence de la menace. George Tenet, directeur de la CIA de 1997 à 2004, a clairement précisé que l'Agence n'avait jamais dit que l'Irak représentait une menace imminente[3]. Mais pour ce gouvernement, il n'est nul besoin de menace imminente pour intervenir.

La nouvelle doctrine qualifiée de «préemptive» affirme un nouveau droit exclusivement américain d'attaquer par avance tout pays que le président juge potentiellement dangereux. Ce qui s'appuie sur l'idée qu'en cette ère de prolifération des armes de destruction massive, et dans un contexte de menace terroriste sophistiquée, les États-Unis ne peuvent attendre la preuve d'une menace mortelle avérée. Ils doivent agir rapidement pour couper court au risque.

Le problème de l'action préventive, c'est que, premièrement, elle ne donne pas aux États-Unis les moyens d'agir pour leur propre défense, soit contre le terrorisme en général soit contre l'Irak en particulier. Mais c'est une question relativement mineure comparée avec les conséquences à long terme qui me paraissent prévisibles.

Cette doctrine est présentée en termes ouverts, ce qui signifie que l'Irak n'est pas nécessairement sa dernière mise en application. En fait, la logique même de ce concept suggère une suite d'actions militaires contre une série d'États souverains : Syrie, Lybie, Corée du Nord, Iran – aucun de ces pays n'étant très populaire aux États-Unis, évidemment –, ce qui implique que partout où existe la combinaison entre intérêt pour les armes de destruction massive et rôle d'accueil ou de participation aux opérations terroristes, la doctrine entrera en vigueur.

Cela signifie également que la résolution concernant l'Irak a créé un précédent pour une action préemptive partout dans le monde, chaque fois que ce président-ci ou tout autre par la suite décidera qu'il en est temps.

Les risques de cette doctrine de «préemption» vont bien au-delà du désastre irakien. Cette politique affecte les relations fondamentales entre les États-Unis et le reste du monde. L'article 51 de la charte des Nations unies reconnaît à toute nation le droit de se défendre, y compris d'avoir recours à des actions préventives pour faire face à des menaces imminentes.

Cependant, si d'autres nations affirmaient le droit élargi de préemption que s'est attribué l'administration Bush, la règle de la loi serait vite remplacée par le règne de la peur. Selon cette approche, toute nation percevant des circonstances qui pourraient aboutir à une menace imminente serait fondée à engager une action militaire contre une autre nation. En d'autres termes, le président Bush a lancé l'une des théories militaires les plus fatidiques de l'histoire. Il a trahi ce que nous croyions être la mission de l'Amérique dans un monde où les nations sont guidées par une éthique commune codifiée sous forme de lois internationales.

Une stratégie nationale émergente qui non seulement fait l'éloge de la force américaine mais glorifie la notion de domination pourrait avoir pour conséquence de renforcer les ennemis que nous cherchons précisément à vaincre. Si l'Amérique représente le leadership dans un monde de richesses communes, nos amis seront légion. En revanche si nous symbolisons l'impérialisme, ce sont nos ennemis qui seront légions. Il y a plus de deux décennies, l'Union soviétique se prévalait du droit de lancer une guerre préemptive contre l'Afghanistan. Nous avons, comme il se doit, encouragé et soutenu la résistance afghane, qui dix ans plus tard a forcé l'armée soviétique à battre en retraite. Cependant, quand les Russes sont partis, nous avons malheureusement abandonné les Afghans, et l'absence d'un programme cohérent de reconstruction nationale a conduit directement les Talibans à prendre le contrôle du pays et à offrir à al-Qaïda une base pour ses opérations terroristes internationales.

C'est de là qu'ont été organisées les attaques du 11 septembre. N'est-il pas incroyable qu'en dépit de cette leçon cuisante, après avoir vaincu assez facilement les Talibans, et malgré les engagements du président Bush de ne jamais plus abandonner l'Afghanistan, ce soit précisément ce qui s'est passé ? Seule une partie de la capitale a été renforcée. Les Talibans et

178

al-Qaïda se sont promptement réinstallés dans le reste du pays, comme il était prévisible.

La question à laquelle nous étions confrontés en 2002 était de savoir si Saddam Hussein constituait une menace si grave et si imminente pour les États-Unis qu'elle justifie que nous agissions selon l'interprétation généralement admise de l'article 51 de la charte des Nations unies, qui réserve aux États le droit de légitime défense. Étant donné qu'il ne présentait aucune menace de ce genre, les États-Unis n'auraient pas dû chercher à provoquer la confrontation immédiate, ni à trouver une cause de guerre, ni à lancer l'attaque.

Il n'existe aucune loi internationale qui puisse jamais nous empêcher d'agir pour défendre nos intérêts vitaux lorsqu'il est manifeste qu'il faut choisir entre la loi et la survie. En fait, la législation internationale reconnaît qu'un tel choix reste la prérogative de toutes les nations. Je suis cependant convaincu que ce choix ne se posait pas dans le cas de l'Irak.

L'Irak ne présentait pas de menace imminente, notre décision de l'envahir n'était donc pas justifiée selon l'acception de la législation internationale. Mais en réalité l'administration Bush semble préférer se situer hors du domaine légal international. Elle est apparemment opposée à tout traité international – et pas uniquement au protocole de Kyoto – indépendamment du fait qu'il pourrait renforcer notre sécurité nationale et limiterait fort peu notre capacité de décision en matière de politique étrangère. Quant il s'agit de traités, la Maison Blanche actuelle est toujours prête à souligner le prix à payer, sans jamais considérer le bénéfice.

Par exemple, le traité d'interdiction des essais nucléaires constituait un effort d'entente entre les pays disposant de l'arme nucléaire et tous ceux qui s'étaient engagés à ne pas la développer. Bien entendu, nous n'avons pas testé d'arme nucléaire depuis plus de quinze ans et nous n'avions aucun projet d'essai quand nous avons négocié le traité. Il ne nous imposait donc en fait aucune restriction. Sans changer notre politique, nous aurions pu aider à bâtir une coalition internationale pour empêcher d'autres pays, comme la Corée du Nord, de tester des armes nucléaires. Hans Blix, l'inspecteur en armement de renommée internationale, a déclaré publiquement: «Aucune mesure n'encouragerait davantage le contrôle mondial des armes nucléaires qu'une reconnaissance par tous les États du traité d'interdiction des essais nucléaires adopté en 1996[4].»

Mais cette administration a rejeté ce traité et veut maintenant s'embarquer dans un programme de construction d'une nouvelle génération de petites bombes nucléaires *destinées* à détruire les bunkers souterrains. Nous possédons déjà les «bunker busters» nucléaires les plus modernes du monde et des armes conventionnelles capables de détruire la plupart des bunkers ennemis. Là encore, il ne nous coûterait donc pas grand-chose de ne pas développer ces armes. En revanche, de nouveaux essais nucléaires seraient selon moi pure folie. Si nous réalisions pour de bon ces essais, nos alliés et, pis encore, des États hostiles à nos intérêts seraient incités à réaliser les leurs. Si nous nous précipitions pour construire une nouvelle génération d'armes nucléaires, la Chine, la Russie, l'Inde, le Pakistan et d'autres seraient poussés à la concurrence, ce qui amènerait tous les pays du monde à ressentir le besoin impérieux de développer leurs armes. Nous risquons de nous retrouver dans un monde où de nouveaux États rejoindront le club nucléaire bien plus rapidement que dans les décennies passées.

La Maison Blanche de Bush a annoncé en 2002 que, pour la première fois, les États-Unis incluaient dans leur stratégie de dissuasion la possibilité d'utiliser des armes nucléaires dans l'attaque d'un État ne disposant *pas* d'armement nucléaire[5]. Cette doctrine extrémiste et imprudente de préemption nucléaire encourage en fait les autres nations à développer les armes nucléaires aussi vite que possible de façon à pouvoir répondre si l'Amérique lance effectivement une première attaque, selon la possibilité avancée par l'équipe de Bush. Leur politique, décrite dans la *Nuclear Posture Review,* document classé, a provoqué de sévères critiques d'experts mondiaux du contrôle de l'armement. Il est indubitable que l'échec de l'administration à empêcher la Corée du Nord et l'Iran de poursuivre leurs efforts d'armement nucléaire pourrait être considéré par les historiens à venir comme la plus grave de toutes les erreurs commises.

Autre exemple de l'échec de la stratégie de non-prolifération de la Maison Blanche, son manque de respect pour le traité de non-prolifération nucléaire, basé sur le contrôle multilatéral des armes nucléaires. Plus de 180 pays ont signé ce traité et, depuis qu'il est entré en vigueur en 1970, il a indiscutablement été très utile au ralentissement du développement d'armes nucléaires. Beaucoup pensent que le traité de non-prolifération a incité des pays comme l'Égypte, l'Argentine, l'Afrique du Sud et l'Ukraine à abandonner leur programme d'armement nucléaire. Le traité unit les efforts de la communauté internationale pour dissuader les États de développer leurs armes. Malheureusement, l'administration Bush a sérieusement porté atteinte à notre engagement au traité de non-prolifération au travers de politiques telles que son entente nucléaire avec l'Inde, son initiative de sécurité contre la prolifération et son manque de respect du traité d'interdiction des essais nucléaires, ou son approche désastreuse des armes spatiales.

L'atteinte portée par Bush au régime de non-prolifération n'a d'égale que son incapacité persistante à assujettir le matériel nucléaire non contrôlé qui serait l'origine la plus vraisemblable d'une attaque terroriste des États-Unis. Graham Allison, expert en matériel nucléaire non contrôlé et professeur à Harvard, défend la thèse qu'il est réellement possible d'empêcher le terrorisme nucléaire et qu'il est simplement nécessaire de posséder « quelques connaissances de base en physique : sans matière fissile, il est impossible d'avoir une bombe atomique. Et sans bombe atomique, pas de terrorisme nucléaire[6] ». Allison soutient que nous devrions adopter une stratégie de coopération mondiale, en particulier avec la Russie, pour maîtriser le matériel nucléaire non contrôlé afin d'empêcher des États potentiellement dangereux ou des groupes terroristes de se procurer de la matière fissile[7]. Comment Allison voit-il les efforts de l'administration Bush en ce domaine ? Il concluait en 2004 :

> « La liste des actions négligées par l'administration reste longue et ennuyeuse. Bush n'a pas fait du terrorisme nucléaire sa priorité, ni pour lui ni pour ceux qui lui rendent compte directement. Il a refusé les propositions du sénateur Richard Lugar (républicain, Indiana) et de l'ancien sénateur Sam

Nunn (démocrate, Géorgie), entre autres, d'assigner la responsabilité de cette question à un seul individu, qui pourrait alors rendre des comptes. Résultat, si aujourd'hui le président demandait à son cabinet qui est responsable de la prévention du terrorisme, ou bien une douzaine de personnes lèveraient la main, ou bien aucune ne répondrait. Bush n'a communiqué aucun sentiment d'urgence quant au terrorisme nucléaire ni au président de la Russie ni à celui du Pakistan. Il n'a pas non plus accéléré le rythme de la coopération américaine pour contrôler les anciens armements et matériels nucléaires. Par conséquent, après une décennie d'efforts, la moitié de l'arsenal soviétique demeure insuffisamment sécurisé[8]. »

En outre, Bush a manifesté un mépris volontaire des traités les plus importants concernant l'espace, ce qui a considérablement affaibli la sécurité mondiale. En 1967, l'Amérique et les autres nations ont codifié la protection d'un usage pacifique et commercial de l'espace grâce au traité de l'espace. Cet engagement reflétait le désir concret de tous les pays d'éviter une course aux armements spatiaux qui pourrait perturber les découvertes scientifiques permises par l'exploration spatiale, ainsi que la croissance des communications et du commerce dû au lancement des satellites. Mais le traité de l'espace représentait plus que l'exploitation concrète de l'espace : il reflétait aussi l'idée que l'espace est une frontière commune à toute l'espèce humaine et que toutes les nations ont le droit de vivre la magie et la transcendance offertes par l'exploration spatiale.

Le traité de bouclier anti-missile de 1972, signé en pleine période de guerre froide, témoignait du même esprit. Parmi les nombreuses conditions de cet important accord figurait une restriction concernant les systèmes de défense par bases spatiales. L'accord reposait sur l'idée qu'aucun des deux pouvoirs rivaux n'avait intérêt à se lancer dans une course spatiale à l'armement.

Mais les décisions politiques du président Bush semblent violer ce traité. La déclaration de politique spatiale émise par l'administration en 2006 est totalement en accord avec sa vision fondamentale de la sécurité américaine. La sécurité nécessite une domination militaire totale, selon l'administration, jusques et y compris à un niveau susceptible de dissuader tout compétiteur. Cette approche a comme corollaire l'opposition au contrôle des armes ou à toute autre contrainte internationale du développement ou de l'usage du pouvoir militaire, pouvant empêcher le maintien d'un avantage militaire américain. L'abrogation du traité antimissiles a clairement démontré que cette administration ne souhaite pas s'encombrer d'accords. La doctrine de frappe préventive contre tout ennemi potentiel (contrairement à une action en dernier recours pour s'opposer à une menace) s'intègre tout naturellement dans cette philosophie. Ce gouvernement a nié que sa déclaration de politique spatiale avait pour but de prévoir le développement de bases spatiales d'armement. Cependant, il est clair que des personnalités comme Rumsfeld, ancien ministre de la Défense, étaient extrêmement favorables à cette approche. Et la logique de la doctrine clairement exprimée dans la conclusion écrite indique que l'administration estime que les États-Unis doivent être en mesure d'interdire aux autres nations l'accès à l'espace, si cela est nécessaire pour protéger le matériel stratégique américain qui s'y trouve déjà.

En conséquence, la communauté internationale est fortement encline à voir la politique américaine comme une tentative de domination unilatérale et permanente de l'espace comme moyen de combat. Aucun autre État important ne peut vraisemblablement accepter la politique spatiale de Bush à titre permanent. La réaction scandalisée de l'administration lorsque la Chine a récemment fait des essais de bouclier antisatellites est un exemple de sa prédilection pour l'évitement de la législation internationale. Le monde serait idéal (pour nous) si nous pouvions prendre nos rêves pour la réalité. Malheureusement, l'expérience suggère qu'à long terme il serait plus sage de travailler avec les autres pour réduire le risque de transformer l'espace en théâtre d'opérations militaires.

Outre l'inquiétude légitime de voir nos efforts de militarisation de l'espace encourager d'autres pays à nous imiter, c'est un fait que toutes ces armes et tous ces systèmes défensifs n'ont aucune chance d'augmenter notre sécurité. Il n'existe pas de preuve crédible que les systèmes spatiaux de défense soient efficaces pour protéger notre pays, fût-ce d'une attaque terroriste ou d'un missile lancé par un autre pays. Si nous développons effectivement un système de défense efficace, cela ne fera qu'encourager les autres pays et groupes terroristes à tenter de contourner le système, soit grâce à des contre-mesures technologiques sophistiquées, soit en recourant à des stratégies alternatives, comme l'usage de valises explosives.

Il est également ironique que cette administration, après avoir exprimé son inquiétude concernant d'éventuelles armes biologiques terroristes, ait refusé d'approuver toute nouvelle démarche de vérification pour soutenir la convention des armes biologiques. Pour être juste, il faut dire cependant que le président Bush a proposé quelques mesures susceptibles de renforcer la convention et qu'il semble parfois approuver son existence. Mais la plupart des experts sont d'avis que, sans inspection, il sera impossible aux nations de mettre cet accord en application et de s'assurer de la destruction des stocks d'armes biologiques. Après avoir rejeté le plan d'inspection de la communauté internationale, le président Bush n'a pas proposé de mode de vérification alternatif.

Bush a également saboté le Tribunal pénal international. Je partage l'inquiétude de l'administration Bush concernant le traité dans sa forme actuelle et les effets qu'il peut avoir sur nos soldats. Mais je sais par expérience que, plutôt que d'abandonner simplement le dialogue international lorsque d'autres nations n'acceptent pas immédiatement notre position – comme l'a fait Bush dans le cas du Tribunal pénal international –, nous avons plus de chances d'obtenir satisfaction et d'entraîner le monde vers un accord bénéfique à la sécurité nationale et mondiale si nous restons engagés dans le processus et si nous sommes convaincus que tous les pays peuvent se réunir dans l'arène internationale et arriver au meilleur compromis par l'usage de la logique et de la raison.

Peut-être ne devrions-nous pas nous étonner que Bush ne souhaite pas participer à la création d'une cour internationale pour juger les crimes de guerre puisque, comme je l'ai décrit plus tôt, il a fait tout ce qui était en son pouvoir pour créer une atmosphère d'ambiguïté législative autour de la question de l'usage légal par des militaires américains de techniques d'interrogatoire qui équivalent clairement à de la torture. Il a poussé le Congrès américain à faire de l'Amérique le premier État du monde à répudier les conventions de Genève, soutenues par près de 190 pays depuis un demi-siècle, et qui interdisent « les outrages à la dignité personnelle et en particulier, les traitements humiliants et dégradants [9] ».

Comme je l'ai noté dans le chapitre 5, les conventions de Genève protègent nos soldats. Si ceux-ci sont faits prisonniers, ils savent qu'ils sont protégés par la loi internationale s'ils décident de ne pas répondre à des questions stratégiques. En revanche, si les militaires américains se mettent à torturer leurs prisonniers en toute impunité, nos soldats devront s'attendre à subir le même traitement s'ils sont capturés.

Ma tradition religieuse m'a enseigné dans l'Évangile selon saint Matthieu : « C'est à leurs fruits que vous les reconnaîtrez : cueille-t-on du raisin sur les épines, ou des figues sur les ronces ? Ainsi tout arbre bon porte de bons fruits, et tout arbre mauvais porte de mauvais fruits. Donc, c'est à leurs fruits que vous les reconnaîtrez [10]. »

Le président a convaincu une majorité d'Américains que Saddam Hussein était responsable des attaques du 11 septembre alors qu'en réalité il n'en était rien. Bush a planté les graines de la guerre et récolté la tempête. L'« arbre » corrompu de cette guerre engagée sur de fausses hypothèses nous a apporté les mauvais « fruits » de la torture et de l'humiliation sexuelle de prisonniers sans défense, par les Américains qui les gardaient.

Immédiatement après le 11 septembre, nous avons bénéficié d'une immense réserve de sympathie et de bonne volonté en provenance du monde entier. Nous l'avons gaspillée et remplacée par un grand sentiment d'angoisse, non pas envers l'action d'un éventuel réseau de terroristes, mais pour ce que *nous* pourrions faire. Je ne veux pas dire par là que les autres pays ont raison d'éprouver ce sentiment, simplement que c'est le cas. De même que nous avons gaspillé toute la bonne volonté mondiale pour la remplacer par l'appréhension, nous avons transformé un excédent de 5 000 milliards de dollars en un déficit annoncé de 4 000 milliards.

Les membres de cette administration ont laissé entendre que la guerre contre le terrorisme allait peut-être durer jusqu'à la fin de nos vies. Je crois savoir ce qu'ils voulaient dire, mais les angoisses du monde ne sont pas soulagées par la doctrine de préemption affirmée par Bush. Il est possible qu'aujourd'hui l'administration ait commencé à se rendre compte que la cohésion nationale et internationale constitue un atout stratégique. Mais la leçon a été longue à apprendre et n'est toujours pas acceptée uniformément, ni logiquement par les plus anciens membres du cabinet. Depuis le début, l'administration a agi de manière à satisfaire sa base d'extrême droite, aux dépens de la solidarité entre tous les Américains et entre notre pays et ses alliés.

La violation grossière des droits de l'homme autorisée par Bush à Abu Ghraib, Guantánamo Bay et dans des douzaines d'autres sites à travers le monde a sérieusement porté atteinte à l'autorité morale des États-Unis et ôté toute légitimité aux efforts américains pour continuer à promouvoir les droits de l'homme. Comme l'a dit l'analyste James Zogby : « Autrefois, nous avions mis la barre très haut pour l'ensemble du monde. Aujourd'hui nous l'avons considérablement abaissée [11]. » Notre autorité morale est après tout notre plus grande source de force durable dans le monde.

La façon dont les prisonniers ont été traités à Guantánamo a causé un tort considérable à l'image de l'Amérique. Même l'Angleterre et l'Australie, qui sont indéniablement nos plus proches alliés, ont critiqué notre non-respect des lois internationales, en particulier des conventions de Genève. Cette attitude vis-à-vis des prisonniers a été à peu près aussi réfléchie que le « plan d'après-guerre » pour l'Irak concocté par Rumsfeld.

Nombre de nos alliés traditionnels ont été effectivement choqués par ces nouvelles pratiques. L'ambassadeur britannique en Ouzbékistan, qui est un des pays ayant la plus mauvaise réputation quant à la torture, a transmis à son ministre de l'Intérieur une plainte concernant la cruauté et l'absurdité de la nouvelle méthode américaine : « Les renseignements obtenus sont inutilisables, nous vendons notre âme pour rien. C'est en réalité extrêmement nuisible [12]. » Les spécialistes des interrogatoires savent depuis longtemps que les renseignements obtenus sous la torture peuvent résulter de fausses confessions et ne sont pas fiables. Même si la torture n'était pas un affront moralement inadmissible à tout ce que représente l'Amérique, nous devrions la rejeter.

Pendant la présidence de Ronald Reagan, Ray Donovan, alors ministre du Travail, avait été accusé de corruption [13]. Quand, après beaucoup de publicité, l'accusation fut finalement rejetée par le juge, Donovan demanda : « Et maintenant, où vais-je retrouver ma réputation ? » Le président Bush a placé tout notre pays dans la même situation. Où l'Amérique doit-elle se rendre pour récupérer sa réputation ? De plus, contrairement au cas du ministre Donovan, beaucoup des accusations à notre encontre ne sont pas fausses.

L'une des conséquences les plus tragiques de ces crimes officiels, c'est qu'il sera désormais extrêmement difficile pour n'importe quel Américain de défendre les droits de l'homme, où que ce soit, et de critiquer les autres gouvernements. Cette administration a attiré la honte sur l'Amérique et gravement porté atteinte à la cause de la liberté et des droits de l'homme, sapant ainsi le message essentiel transmis au monde par les États-Unis.

En abandonnant la loi de la raison pour se laisser tenter par le pouvoir autoritaire, l'administration actuelle ne crée pas seulement un sentiment d'étrangeté en Amérique, mais un effet déstabilisant pour l'ensemble du monde. Sans l'exemple positif des États-Unis, le reste du monde a plus de risques d'évoluer dans le mauvais sens. Par exemple, la Russie n'aurait peut-être pas effectué ce brutal retour en arrière en matière de liberté politique et économique si les États-Unis n'avaient pas abandonné leur propre ligne de conduite.

Le président Bush a présenté des excuses aussi brèves que peu convaincues à l'ensemble du monde arabe, mais il devrait faire amende honorable auprès des Américains pour avoir trahi les conventions de Genève, et auprès de tous les corps de l'armée américaine pour avoir mis des soldats en danger sans tenir compte des avis éclairés de leurs commandants en chef.

Le plus important est peut-être l'explication qu'il doit à tous les hommes et les femmes du monde entier qui se référaient à l'idéal américain pour susciter dans leur propre pays des efforts devant conduire à la justice et au respect de la loi.

Bien entendu, on ne peut faire d'excuses sincères sans reconnaître ses erreurs, accepter sa responsabilité et rendre des comptes. Non seulement le président Bush semble peu disposé à reconnaître son erreur, mais il a refusé jusqu'ici de faire porter la responsabilité des fautes stratégiques et militaires les plus dramatiques de toute notre histoire à quelque membre de son administration que ce soit.

Ironiquement, l'administration n'a eu aucun problème à ignorer toutes les leçons données au monde entier, selon lesquelles les démocraties n'envahissent pas les autres pays. Si nous nous étions comportés comme une démocratie, nous n'aurions pas envahi l'Irak. Nous pouvons nous défendre à l'étranger et sur notre territoire sans abandonner nos principes essentiels. En fait, c'est précisément en ne reniant pas nos valeurs que nous réussirons à nous défendre. Notre priorité devrait être de préserver ce que représente l'Amérique dans le monde et de gagner la guerre contre le terrorisme.

La Maison Blanche de Bush nous a demandé de nous concentrer uniquement sur cette menace. Mais, tragiquement, ils ont totalement échoué à nous protéger contre la pire attaque terroriste de l'histoire américaine.

La plupart des Américains ont eu naturellement tendance à accorder à l'administration Bush-Cheney le bénéfice du doute quant à son incapacité à prendre des mesures préventives avant le 11 septembre. Après tout, chacun sait par expérience que, rétrospectivement, les erreurs semblent toujours plus visibles et plus faciles à éviter.

Mais aujourd'hui, plusieurs années après, à la lumière des enquêtes qui ont été publiées, il ne paraît plus si évident que l'administration mérite cette absolution politique.

S'il peut être utile et important d'examiner les avertissements que l'administration a ignorés, ce n'est pas pour accuser, mais pour déterminer comment notre pays pourrait éviter pareilles erreurs à l'avenir. Lorsque les leaders sont exemptés de la responsabilité de leurs erreurs, leurs successeurs aussi bien qu'eux ont de fortes chances de les reproduire.

Au chapitre précédent, j'ai précisé comment l'information qui aurait pu être utilisée pour prévenir les attaques du 11 septembre était disponible à l'époque et comment elle avait été ignorée par l'administration Bush. Je ne crois pas une seconde qu'ils l'ont intentionnellement négligée en sachant que l'attaque terroriste aurait davantage de chances de réussir. Bien sûr que non ! Je crois au contraire qu'ils n'ont pas tenu compte de ces données à cause de leur tendance injustifiée à imaginer qu'ils savaient tout ce qu'il y avait à savoir et que, par conséquent, il était inutile de s'inquiéter des avertissements des experts et des agents de renseignements. Selon moi, ils se sont montrés imprudents, mais leur attitude s'explique par l'entêtement et non par je ne sais quelle absurde théorie du complot.

Nous savons aujourd'hui, par exemple, grâce à son témoignage devant la commission du 11 septembre, que Thomas J. Pickard, directeur par intérim du FBI, avait demandé à plusieurs reprises à John Ashcroft, l'officier de police chargé par le président Bush du service antiterroriste, de *faire* attention à tous les signes avant-coureurs notés par le FBI au cours de l'été 2001. Pickard a témoigné sous serment qu'Ashcroft lui avait répondu sèchement qu'il ne voulait plus entendre parler de ça et qu'il avait mis fin à la conversation[14]. (Ashcroft a démenti cette accusation dans son témoignage devant la commission du 11 septembre.)

Il vaut la peine de se souvenir que, parmi les rapports qu'Ashcroft ordonna au FBI de ne plus lui montrer, il y avait l'avertissement émis par un agent de terrain selon lequel la nation devrait immédiatement vérifier l'hypothèse que des hommes d'Oussama Ben Laden étaient inscrits dans des écoles de pilotage sur le territoire américain. Au même moment, le 19 août 2001, un agent du FBI prévenait ses supérieurs par e-mail qu'un de ces stagiaires en formation de pilote, Zacarias Moussaoui, était « un islamiste extrémiste qui préparait une action en rapport avec des objectifs intégristes[15] ».

La CIA recevait également des alertes sans précédent qu'une attaque des États-Unis par al-Qaïda était imminente. En fait, George Tenet a écrit que « tous les voyants du système d'alarme étaient au rouge[16] ». Nous savons également grâce au rapport de Bob Woodward, et à des preuves confirmées, que le chef de la CIA, George Tenet, tentait désespérément de communiquer ces mêmes avertissements à Condoleeza Rice, conseiller national à la Sécurité de George Bush, et qu'il ne parvenait pas à se faire entendre[17].

Ces refus répétés d'entendre des avertissements clairs révèlent une attitude qui dépasse la simple négligence. Ils représentent au minimum une négligence choquante pour la sécurité des Américains.

Bien entendu, c'est dans cette même période, *après* que tous les avertissements et «voyants au rouge» eurent été non seulement ignorés mais sèchement écartés, que le président lui-même se vit remettre un rapport de la CIA qui présentait un titre plus alarmant et plus précis que tous ceux que j'ai vus en huit ans de briefings, six fois par semaine, avec la CIA : «Ben Laden est déterminé à frapper aux USA[18].»

Les seuls avertissements de cette nature dont je me souvienne qui puissent ressembler d'assez loin à celui que reçut George Bush furent d'une part les prétendues menaces du passage à l'an 2000 prédites pour la fin de 1999, et d'autre part les alertes moins précises quant aux dangers éventuels des jeux Olympiques d'Atlanta, en 1996. Dans les deux cas, ces alertes données par le communiqué quotidien du président furent immédiatement suivies, dès le jour même, de rencontres journalières d'urgence à la Maison Blanche avec des représentants des agences et des bureaux qui permettaient à notre pays de prévenir ces attaques.

J'ai participé personnellement à ces réunions, que j'ai parfois convoquées et présidées. Et ni le président Clinton ni moi n'avons jamais eu le sentiment de faire plus que notre devoir envers la nation. Ces réunions étaient simplement basées sur une réaction de bon sens à de terribles alertes, et tout responsable de police de ce pays les considérerait comme relevant de son travail. C'est ce que ferait toute «personne raisonnable» dans une situation similaire si la responsabilité lui en incombait.

En revanche, quand le président Bush reçut ce communiqué fatidique, il ne convoqua pas le Conseil de sécurité nationale. Il ne réunit pas le FBI, la CIA, ni les autres agences chargées de la sécurité du pays. Il ne posa même pas les questions concernant le suivi de l'avertissement. Ce qu'il *fit*, selon le journaliste Ron

Suskind, c'est qu'il renvoya l'agent de la CIA qui lui transmettait le communiqué avec ce commentaire : «C'est bon. Vous avez protégé vos arrières[19].»

La commission bipartite du 11 septembre, dans un rapport unanime, a résumé ce qui s'est passé. «Nous n'avons trouvé nulle autre trace de discussion avant le 11 septembre, entre le président et ses conseillers, sur l'éventualité d'une menace d'attaque d'al-Qaïda sur le territoire des États-Unis[20].»

Les membres de la commission rapportent ensuite que, malgré les avertissements provenant de différentes parties de l'administration, «les agences territoriales ne se sont jamais mobilisées pour répondre à la menace. *Ils n'avaient ni consignes* (c'est moi qui souligne) *ni plan à mettre en œuvre. Les frontières n'ont pas été renforcées. Les systèmes de transport n'ont pas été sécurisés. Aucune surveillance électronique n'a été mise en place contre une menace du territoire. Ni les autorités locales ni les forces de chaque État n'ont été rassemblées pour seconder l'effort du FBI. La population n'a pas été mise en garde[21].»

Le terrorisme ne cesse actuellement d'augmenter. Il est vrai que nous n'avons pas eu d'autre attaque terroriste sur le territoire américain depuis le 11 septembre 2001, et il n'est que juste de supposer que c'est grâce aux nombreux changements que le président et le Congrès ont effectués à la suite des événements. Cependant, en avril 2006, le Centre national antiterroriste a publié son rapport ministériel annuel. Il montrait que les attaques terroristes dans le monde entier ont presque quadruplé en 2005[22]. Six mois plus tard, en septembre, une série de fuites obligea Bush à publier en partie l'estimation des services secrets nationaux qui décrivait la situation terroriste dans toute sa triste réalité. «Le *jihad* irakien forme une nouvelle génération de chefs et d'exécutants terroristes, disait le rapport. Les succès remportés en Irak peuvent inciter d'autres combattants à poursuivre la lutte dans d'autres pays... Si cette tendance se confirme, les menaces contre les intérêts américains, aussi bien sur le territoire qu'à l'étranger, vont se diversifier et conduiront à une augmentation des attentats dans le monde entier[23].»

Il y avait alors, il y a encore et il y aura toujours, indépendamment de ce qu'a fait le président Bush, une menace de terrorisme à affronter. Mais, au lieu d'arranger les choses, il n'a fait que les aggraver. Sa politique n'a fait que diminuer notre sécurité. Il a provoqué plus de colère et d'indignation contre nous que n'importe quel autre de nos présidents depuis le début de notre histoire en tant que nation.

La difficulté croissante que nous rencontrons pour combattre le terrorisme s'explique en partie par l'attitude de mépris de Bush vis-à-vis de toute personne, institution ou pays qui ne partage pas son avis. Il a exposé les Américains résidant à l'étranger aussi bien que les Américains de toutes les villes des États-Unis à de plus grands risques d'attentats à cause de son arrogance et de son entêtement, en particulier à vouloir réveiller les intégrismes du nid de frelons irakien. Et pour compliquer le problème, il a régulièrement insulté la religion, la culture et la tradition d'autres nations du monde musulman.

Il a également mené une politique qui a abouti à la mort de milliers d'hommes, de femmes et d'enfants innocents, tout cela en notre nom. Le président Bush a dit à plusieurs reprises que la guerre en Irak était le front principal de la guerre contre le terrorisme. Ce n'était bien sûr pas le cas, mais c'est devenu le principal centre de recrutement des terroristes.

La désagréable vérité, c'est que les erreurs de stratégie politique du président Bush en Irak et en Afghanistan ont rendu le monde beaucoup plus dangereux. C'est malheureux, mais c'est vrai. L'Institut international d'études stratégiques a ainsi rapporté : « Le conflit irakien a indiscutablement contribué à focaliser les énergies et les ressources d'al-Qaïda et des partisans de Ben Laden, tout en dispersant celles de la coalition mondiale anti-terroriste [24]. » L'Institut dit aussi qu'à la suite de la guerre en Irak al-Qaïda dispose désormais de plus de 18 000 terroristes potentiels à travers le monde.

Nos amis du Moyen-Orient, notamment et surtout Israël, ont été mis en grand danger à cause de ces erreurs politiques et de l'incompétence avec laquelle les autorités civiles du Pentagone ont conduit cette guerre. En Israël, le « *think tank* » de la prestigieuse université Jaffee a émis un rapport accablant, accusant cet échec irakien de n'avoir été qu'un dérivatif meurtrier de la guerre cruciale contre le terrorisme. Ce rapport a été corroboré et soutenu par des études semblables aux États-Unis et dans le monde entier [25]. C'est presque devenu un consensus.

La guerre en Irak est devenue la filière de recrutement des terroristes, qui l'utilisent comme preuve ultime de la culpabilité des États-Unis et de leur politique. Les pertes civiles massives subies par l'Irak, constamment diffusées par les télévisions arabes dans tout le Moyen-Orient, ont constitué pour Oussama Ben Laden une publicité au-delà de toutes ses plus folles espérances. C'est d'autant plus dramatique que cela aurait pu être évité.

La guerre en Irak était une erreur d'incompétence due au refus de l'avis des spécialistes militaires. Et l'analyse des services de renseignements qui concluait que nos soldats seraient accueillis en libérateurs par des foules enthousiastes et des guirlandes de fleurs fut une deuxième preuve d'incompétence. Cette hypothèse erronée fut l'une des raisons pour lesquelles le Pentagone ne respecta pas la prétendue doctrine Powell préconisant une force écrasante.

Heureusement, nos soldats ont manifesté un haut niveau de compétence, même si on leur a refusé le matériel et le nombre dont ils avaient besoin pour cette mission. Mais quelle honte que leurs familles aient été obligées de faire des ventes de gâteaux pour acheter des gilets Kevlar en solde avec lesquels les soldats capitonnent les planchers intérieurs des Humvee qu'ils doivent conduire sans protection adéquate. Vendre des gâteaux pour avoir des gilets pare-balle. Est-ce là une politique sérieuse ?

Au début de 2007, le ministre des Armées, Francis Harvey, fut contraint de démissionner à cause des conditions sordides, du chaos bureaucratique et de l'indifférence grossière avec laquelle les soldats américains blessés en Irak étaient traités au Centre médical de l'armée (Walter Reed Army Medical Center). Apparemment, certains membres de l'administration connaissaient ces conditions scandaleuses depuis des mois, mais rien ne fut fait avant que le *Washington Post* ne publie une série de reportages d'investigation [26].

Le général Joseph Hoar, ancien chef du corps des Marines, a déclaré au Congrès : «Je pense que nous sommes tout près de l'échec. Nous voyons le fond du gouffre [27].» Quand un chef militaire de la trempe de Hoar utilise le mot « gouffre », nous ferions bien de prendre le temps de l'écouter. Voici ce qu'il veut dire : de plus en plus de morts parmi les soldats américains, l'Irak qui glisse dans une violence et un chaos incontrôlés, pas d'issue en vue, avec en prime l'autorité morale et l'influence des États-Unis sérieusement endommagées. Anthony Zinni, général en retraite du corps de Marines, ancien général quatre étoiles en charge du commandement en chef, a récemment déclaré que la course des États-Unis en Irak prenait « la direction des chutes du Niagara [28] ».

Zinni, nommé par le président Bush comme émissaire personnel au Moyen-Orient en 2001, propose cette vision de la situation dans un livre récent :

> « Dans ce qui a conduit à la guerre en Irak et son déroulement ultérieur, j'ai vu au minimum faiblesse, négligence et irresponsabilité. Au pire, mensonge, incompétence et corruption. Fausses raisons maquillées en justifications, stratégie foireuse, manque d'organisation, aliénation inutile de nos alliés, sous-estimation de la tâche, diversion inutile des menaces réelles, pression insupportable dont on se débarrasse sur les épaules de nos militaires déjà trop tendus, tout cela m'a obligé à parler ouvertement, et j'ai été traité de traître par les responsables civils du Pentagone [29]. »

Je me souviens d'avoir vu le porte-parole de la Maison Blanche, Dan Bartlett, interrogé à la télévision sur ce qu'il pensait de ces condamnations cinglantes des généraux au niveau le plus élevé de la hiérarchie du Pentagone. Il les réfutait au motif qu'elles provenaient d'officiers en retraite.

Mais alors des officiers en activité ont commencé à s'exprimer contre la politique du président Bush. Par exemple, on peut citer les propos d'un général du Pentagone : « Le cabinet du ministère de la Défense a refusé d'écouter ou de suivre les conseils militaires [30]. » On a demandé au commandant de la 82e division aéroportée, le major général Charles Swannack Jr., s'il pensait que les États-Unis étaient en train de perdre la guerre en Irak. « Stratégiquement, je pense que oui [31] », a-t-il répondu.

Le colonel Paul Hughes, qui dirigea l'organisation stratégique des autorités d'occupation à Bagdad, a comparé ce qu'il a vu en Irak avec ce qui s'est passé pendant la guerre du Vietnam, dans laquelle il a perdu son frère. «Je me suis promis, en arrivant sur le terrain, dit-il, que je ferais tout ce qui était en mon pouvoir pour empêcher que ça se reproduise[32].» Il parlait des batailles gagnées au Vietnam, alors qu'on perdait la guerre. Hughes ajouta: «À moins d'assurer la cohérence de notre politique, nous allons perdre stratégiquement.» Un autre général dit: «Comme beaucoup d'officiers supérieurs, je suis très en colère contre Rumsfeld et le reste de l'administration.» Il donna deux raisons puis: «Je crois qu'ils vont anéantir l'armée.» Il ajouta: «Ce qui me rend le plus furieux, c'est que je crois qu'ils s'en moquent»[33].

Les généraux qui n'étaient pas d'accord avec la politique de la Maison Blanche ont été désavoués et mis sur la touche. Ceux qui l'ont soutenue avec enthousiasme ont été promus, même s'ils ont échoué sur toute la ligne. Les futurs gourous du management vont peut-être citer un «corollaire W» du principe de Peter: quand quelqu'un est clairement promu au niveau où son incompétence est la plus flagrante, remettez-lui la médaille de la liberté et confiez-lui encore plus de responsabilités.

Il y a depuis cinq ans une différence croissante entre le portrait que le président Bush fait de la situation où nous nous trouvons et la réalité sur le terrain. En réalité, sa politique tout entière a fait long feu. Ce qui reste de l'État irakien est également en train de s'écrouler, sans parler du nombre croissant de victimes américaines et d'une guerre civile à plusieurs facettes, avec le chaos qui l'accompagne et le risque d'un État islamiste intégriste, ou «État défaillant», où se développera le terrorisme pour les années à venir. Tucker Carlson, présentateur d'une émission de télévision conservatrice a commenté ainsi la politique de Bush: «Je trouve que c'est un cauchemar total, un vrai désastre, et j'ai honte d'avoir bravé ma réticence instinctive pour la soutenir.»

Doug Bandow, membre éminent du Cato Institute, vétéran de la fondation Heritage et de la Maison Blanche de Reagan, écrivait en septembre 2004: «Les conservateurs convaincus doivent craindre pour le pays… Les conservateurs doivent préférer les principes au pouvoir. » Il avait l'air extrêmement inquiet de l'état d'esprit malsain de Bush : « Il ne semble pas réfléchir à ses actions, notait Bandow, et paraît incapable de reconnaître ne serait-ce que la plus petite erreur. Il refuse également de tenir qui que ce soit pour responsable. » Bandow poursuivait : « C'est une combinaison infernale. » Il décrivait la politique étrangère de Bush comme « une pagaïe totale, avec l'Irak à feu et à sang et l'Amérique de plus en plus déconsidérée, auprès de ses amis aussi bien que de ses ennemis » [34].

William F. Buckley Jr., reconnu comme le fondateur du nouveau mouvement conservateur, écrivit à propos de la guerre en Irak : « Si j'avais su alors ce que je sais aujourd'hui sur la situation que nous allions connaître, je me serais opposé à la guerre [35]. »

Ce que je veux surtout montrer dans ce livre, c'est qu'en tant qu'Américains nous aurions dû « savoir alors ce que nous savons aujourd'hui », non seulement à propos de l'invasion de l'Irak, mais en ce qui concerne la crise climatique, et ce qui se passerait si les barrages ne suffisaient pas à protéger La Nouvelle-Orléans au passage du cyclone Katrina, et beaucoup d'autres choix fatidiques qui ont été faits sur la base d'informations insuffisantes ou carrément mensongères. Nous aurions pu et nous aurions dû savoir, parce que les informations étaient disponibles. Nous aurions dû prévoir il y a des années l'éventualité de la pandémie mondiale de sida. De façon plus générale, si nous connaissons cette crise des décisions américaines, c'est que la raison est de moins en moins respectée, et joue un rôle toujours plus réduit dans le débat national.

La guerre contre le terrorisme requiert manifestement une approche multilatérale. Il est impossible d'enrayer le terrorisme si nous ne renforçons pas la coopération constante et soutenue entre un grand nombre de nations. Et voici ce que je veux démontrer : notre capacité à stimuler cette coopération multilatérale dans la guerre contre le terrorisme a été sérieusement mise à mal par la façon unilatérale dont nous avons agi contre l'Irak.

Les attentats du 11 septembre ont poussé la plupart des Américains à se poser la question de la défense de notre pays. Dès que j'ai perçu les premiers signes de ce que projetaient le président et son équipe de Sécurité nationale concernant l'Irak, j'ai opposé l'argument qu'une invasion ne ferait qu'affaiblir la sécurité des États-Unis. Nous aurions dû concentrer nos efforts essentiellement sur ceux qui nous avaient attaqués et qui jusquelà s'en sont tirés. Je n'ai jamais cru que nous devions nous permettre de nous détourner de notre but parce qu'il se révélait plus difficile que prévu de retrouver Oussama Ben Laden. Un grand pays doit persévérer avant de gagner. Il ne saute pas d'une tâche inachevée à une autre.

Après avoir renversé le pouvoir des Talibans, je crois que nous aurions dû envoyer en Afghanistan une force armée internationale d'au moins 35 000 soldats, comme nous l'avons fait en Bosnie, et dire, en somme : «Il y a maintenant un nouveau shérif en ville. Calmez-vous.» Et, au bout d'un certain temps, la pression aurait diminué et, au lieu de s'attendre systématiquement à des conflits et des violences, ils auraient commencé à accepter l'idée d'une coopération. Voilà ce qui n'a pas été fait en Afghanistan, bien que de nombreux responsables militaires y aient été favorables.

En 1991, je fus l'un des rares sénateurs démocrates à voter la résolution en faveur de la guerre du Golfe. Je me sentis trahi par la manière dont la première administration Bush abandonna précipitamment le champ de bataille alors que Saddam Hussein recommençait à persécuter les Kurdes au nord et les chiites au sud, alors que nous avions encouragé ces groupes à se soulever. Après une brillante campagne militaire, notre décision d'abandonner prématurément nos efforts de destruction des capacités offensives de Saddam Hussein lui ont permis de se maintenir au pouvoir. Ce précédent aurait dû être débattu au Congrès en 2002. Le Congrès aurait dû exiger que toute résolution concernant l'invasion projetée de l'Irak comprenne des garanties explicites relatives aux suites d'une victoire militaire.

J'ai commencé à m'élever contre le régime de Saddam Hussein à l'automne 1988, peu après qu'il eut utilisé des gaz toxiques pour se débarrasser d'une partie de son peuple. Le frère aîné de mon père avait été gazé pendant la Première Guerre mondiale. Pour cette raison, ma famille nous a transmis l'horreur de ces armes. La Première Guerre mondiale a communiqué cette leçon à tous les peuples du monde. Nous avons traversé la Seconde Guerre sans usage de gaz toxiques, excepté quelques horribles expériences en Extrême-Orient. Quand Saddam a, le premier, rompu ce tabou, il a déclenché la sonnette d'alarme.

Il est instructif d'examiner les différences entre la décision d'expulser l'Irak du Koweït en 1991 et celle d'envahir l'Irak en 2002. Passons-les rapidement en revue : en 1991, l'Irak avait franchi une frontière internationale pour envahir une nation souveraine voisine et annexer son territoire. En revanche, en 2002, l'Irak n'avait envahi aucun voisin. Ce sont les États-Unis qui ont franchi une frontière internationale. Cette différence de circonstances a eu de profondes implications sur la façon dont le reste du monde a perçu notre politique.

Autre différence : en 1991, les Nations unies ont voté une résolution pour soutenir notre réaction contre Saddam. En 2002, quand nous leur avons demandé de voter une résolution de soutien, nous ne l'avons pas obtenue.

En 1991, le premier président Bush, avec patience et habileté, a constitué une large coalition internationale. Sa tâche était plus facile que celle à laquelle son fils était confronté, en partie parce que Saddam avait envahi un autre pays. Pour des raisons diverses, la plupart des États arabes, à l'exception de la Jordanie, placée dans l'ombre de l'Irak, ont soutenu nos efforts militaires et pris part à la coalition internationale. Certains d'entre eux ont même fourni des troupes. Pratiquement tous nos alliés d'Asie et d'Europe avaient soutenu la coalition, concrètement ou oralement.

En 2002, la plupart de nos alliés d'Europe et d'Asie se sont opposés ouvertement à l'action du président Bush, et la plupart de ceux qui nous ont encouragés au départ ont conditionné leur soutien au vote d'une nouvelle résolution des Nations unies. Même si le président Bush avait eu raison de supposer que Saddam Hussein disposait d'armes de destruction massive, son approche du problème était mauvaise. Comme je l'ai dit avant la guerre, en 2002, une invasion réussie nécessitait une coalition internationale. Si le shérif pourchasse Jessie James, il doit commencer par organiser le détachement d'hommes nécessaires, surtout si au même moment il est pris dans une autre fusillade.

Quatrièmement, la coalition réunie en 1991 a payé la majorité des dépenses de guerre. Cette fois, ce sont les contribuables américains qui ont endossé le coût de plus de 700 milliards de dollars [36].

Cinquième différence, en 1991 le président George H. Bush a intentionnellement attendu les élections de mi-mandat de 1990 pour obtenir un vote favorable du nouveau Congrès de 1991. Le président George W. Bush a tenté d'obtenir ce vote à l'automne 2002, juste avant les élections de mi-mandat.

Le second président Bush demandait, à une période hautement politique, que le Congrès confirme rapidement qu'il avait l'autorité nécessaire pour agir immédiatement contre l'Irak, sans se soucier des évolutions à venir ou des circonstances imprévues. Cette soudaine urgence qui poussait à bouleverser le calendrier et à donner la priorité à cette nouvelle cause à la place de la précédente, c'est-à-dire la guerre contre Oussama Ben Laden, fut expliquée en toute innocence par le chef de cabinet de la Maison Blanche dans une déclaration désormais célèbre : «D'un point de vue marketing, le mois d'août n'est pas le bon moment pour introduire un produit sur le marché [37].»

Plutôt que de faire l'effort de rassurer l'Amérique et l'étranger sur le rôle de la politique dans son calendrier, le président était en campagne deux ou trois jours par semaine, défiant souvent publiquement les démocrates sur les conséquences politiques d'une abstention. Le comité national républicain fit passer des publicités sur le même thème, tout cela apparemment en accord avec une stratégie politique explicitement décrite sur le disque dur de l'ordinateur d'un employé de la Maison Blanche. Cette stratégie prévenait les candidats républicains que leur meilleure chance de remporter les élections quelques semaines plus tard était de «se focaliser sur la guerre [38]». Le vice-président Cheney, pendant ce temps, qualifiait avec indignation de telles suggestions de répréhensibles avant de se dépêcher de rapporter intégralement cette discussion sur la guerre à l'émission de radio de Rush Limbaugh [39]. Je crois que cette accélération des débats du Congrès a privé les citoyens du temps nécessaire pour analyser attentivement ce qui les attendait. Cette attention était d'autant plus importante que l'administration n'a pas jugé utile de présenter la moindre estimation du développement ultérieur de la guerre, alors qu'elle laissait par ailleurs toute liberté à des personnes à la fois à l'intérieur et proches du gouvernement de suggérer en toute occasion que ce serait un jeu d'enfant. L'administration n'a pratiquement rien précisé, ni quant à ce qui allait se passer après le changement de régime, ni quant au niveau d'engagement que les États-Unis s'apprêtaient à assumer dans les mois ou les années suivant ce changement.

Le cynisme avec lequel l'administration a profité des élections de mi-mandat pour faire voter la guerre a soulevé des doutes sur le rôle joué par les calculs politiques de certains membres du gouvernement. Ce sont ces doutes qui ont entravé les efforts de consensus national et de coalition internationale. Pour citer un exemple, la campagne électorale allemande a révélé un profond et inquiétant changement dans l'attitude de l'électorat allemand vis-à-vis des États-Unis. Notre plus fidèle allié, Tony Blair, a également rencontré de graves soucis avec ses électeurs, dus en partie à des doutes similaires soulevés par sa décision de prendre part à l'invasion.

Lorsque, avec d'autres, j'ai demandé à l'administration Bush ce qu'ils comptaient faire à la suite d'une invasion rapide et victorieuse de l'Irak, le ministre Rumfeld a répondu qu'il n'était pas sûr que nous portions cette responsabilité. « C'est aux Irakiens de s'unir et de décider », disait-il. Nous savons désormais qu'à ce moment précis il tentait d'ajourner le programme de l'université militaire américaine (US Army War College) qui travaillait au projet de stabilisation après invasion[40]. Il excluait également des programmes prévisionnels d'après-guerre l'équipe du ministère des Affaires étrangères qui projetait la reconstruction nationale.

Cela n'aurait pas dû constituer une grande surprise. Je me souviens très clairement que, pendant les débats de la campagne de 2000, le président de l'Assemblée, Jim Lehrer, demanda à George Bush, alors gouverneur, si l'Amérique, après une action militaire, devait ou non s'engager dans une forme de reconstruction nationale. Bush avait répondu : « Je ne crois pas. Je crois que ce qu'il faut faire c'est de convaincre les habitants de ces pays de rebâtir leur nation. Il y a peut-être là quelque chose qui m'échappe. Allons-nous avoir en Amérique une sorte d'unité de reconstruction nationale ? Absolument pas [41]. »

Nous avons eu à faire un choix de reconstruction nationale dans un contexte beaucoup plus vaste à la fin de la Seconde Guerre mondiale. Le pouvoir américain en comparaison du reste du monde était encore plus grand qu'aujourd'hui. Nous avons fait le choix de devenir cofondateur de ce que nous appelons aujourd'hui la période de l'après-guerre, sur la base des concepts de défense et de sécurité collectives, manifestés d'abord et avant tout dans les Nations unies. Au cours des années périlleuses qui ont suivi, nous n'avons jamais abandonné notre conviction que ce que nous nous battions pour réaliser ne se limitait pas à notre sécurité physique, mais s'étendait à tous les espoirs de l'humanité restant à satisfaire.

L'absence de toute construction nationale ambitieuse après la Première Guerre mondiale a conduit directement aux conditions qui ont rendu l'Allemagne vulnérable au fascisme et permis la montée d'Adolf Hitler, dont les sinistres projets ont fragilisé toute l'Europe. En revanche, après la Seconde Guerre mondiale, il y eut une ambition inspirée concrétisée par le plan Marshall, les Nations unies, l'Otan, et tous les autres efforts de reconstruction conduisant directement aux conditions qui ont engendré la prospérité et le leadership américain dans le monde entier. Il n'est plus raisonnable d'espérer une telle hauteur de vues de la part de l'administration actuelle, mais il n'est pas trop tard pour que les gouvernements à venir remettent l'Amérique dans le courant qui a longtemps été le sien en relation avec le reste du monde. Les dégâts seront longs à réparer, mais le coût d'une perpétuation de ces dégâts est littéralement incalculable.

Chapitre 7

La crise du carbone

Notre politique sur la crise climatique et notre dépendance excessive vis-à-vis des énergies fossiles – en particulier du pétrole étranger – illustrent ce qui peut arriver à un grand pays quand on remplace la raison par l'influence de l'argent et du pouvoir. En fait, tous les dysfonctionnements qui ont été analysés depuis le début de ce livre – la fraude, la dissimulation, la politique de la peur, l'appel à la «croisade» et la substitution du pouvoir brutal à la connaissance et à la raison – sont illustrés de façon frappante dans nos politiques énergétique et environnementale.

La crise de l'énergie et celle du climat sont indissociables, à la fois dans leurs causes et dans leurs solutions. Afin d'affronter l'urgence planétaire provoquée par l'accumulation rapide dans l'atmosphère terrestre de dioxyde de carbone (CO_2) produit par l'homme, nous devons nous attaquer très vite à sa principale cause qui est, évidemment, notre dépendance catastrophique vis-à-vis de la combustion massive d'hydrocarbures.

Il y a en fait de multiples raisons pour que les États-Unis entreprennent un énorme effort stratégique pour résoudre simultanément la crise climatique et la surconsommation de combustibles fossiles. Il s'agit du même problème. Nous continuons à garder la tête dans le sable, ce qui est peut-être le meilleur exemple de la manière dont le déclin de la raison dans notre discours national nous rend aveugles à notre propre intérêt.

Le charbon et le pétrole sont particulièrement dangereux pour le climat terrestre à cause de leur teneur élevée en carbone par rapport à l'énergie qui en dérive. Le CO_2 produit en brûlant les combustibles fossiles – à raison de 70 millions de tonnes par jour[1] – capture une partie de l'énergie infrarouge renvoyée par la Terre dans l'espace.

Et le charbon est bien pire que le pétrole. Les autres combustibles polluants à base de carbone que l'on trouve en grande quantité en Amérique du Nord, comme les sables et les schistes bitumineux, sont encore plus nocifs. Tout usage significatif de ces dépôts sédimentaires riches en CO_2 rendrait la crise climatique infiniment plus difficile à résoudre, mais de toute façon la transformation du charbon, du schiste ou du bitume en produits liquides ou gazeux ne pourrait se faire qu'avec une dépense supplémentaire d'énergie, ce qui interdit de les utiliser comme alternatives au pétrole et au gaz naturel.

Dans le cas du pétrole, les plus grandes réserves accessibles au moindre coût étant indiscutablement concentrées dans l'une des régions les moins stables du monde, c'est-à-dire le golfe Persique, un nombre croissant d'Américains en sont arrivés à la conclusion que des sources d'énergie renouvelables devaient être rapidement développées afin d'éviter les perturbations en cas d'une soudaine rupture d'approvisionnement.

En fait, le plus gros fournisseur de pétrole des États-Unis est actuellement le Canada, le deuxième étant le Mexique. L'Arabie saoudite n'est que le troisième et le Venezuela le quatrième[2]. Mais le golfe Persique est toujours en tête des producteurs et, comme le marché est essentiellement mondial, toute perturbation de l'approvisionnement ou du prix du pétrole dans le golfe Persique produit des effets en cascade sur le marché international, et par conséquent sur l'économie américaine.

En maintenant le prix mondial du pétrole à un niveau élevé, notre consommation régulièrement croissante assure l'apport continu de pétrodollars dans les coffres d'États tels que l'Iran, qui sont hostiles à nos intérêts, et l'Arabie saoudite, où des sommes apparemment conséquentes ont été détournées pour entraîner et soutenir des terroristes.

Notre dépendance actuelle vis-à-vis du pétrole ne met pas seulement en danger notre sécurité nationale et l'environnement de la planète, mais également notre sécurité économique. Tous ceux qui croient que le marché international du pétrole est un marché « libre » se trompent lourdement. Il n'a guère les caractéristiques d'un marché libre et est en outre sujet aux manipulations périodiques du groupe des nations qui contrôlent les plus grandes réserves accessibles – l'Organisation des pays exportateurs de pétrole (OPEP) –, parfois de concert avec le petit nombre de compagnies pétrolières qui dominent la production mondiale, le raffinage et le réseau de distribution.

Il est extrêmement important de nous rendre clairement compte que ces manipulations périodiques n'ont pas un, mais deux objectifs. Tout d'abord, les pays producteurs cherchent naturellement à réaliser un profit maximal. Mais, plus important encore, ils cherchent à manipuler nos choix politiques. Et, au cours des trente dernières années, ils ont pris garde à baisser les prix chaque fois que l'Occident a envisagé la nécessité de développer un approvisionnement adéquat en ressources propres de combustibles renouvelables.

Il nous faut admettre que notre consommation de pétrole en provenance d'une partie extrêmement instable du monde est dangereuse et insoutenable, outre ses conséquences similaires à d'autres formes de dépendance suicidaire. Plus elle dure, plus elle est nuisible et plus le risque s'accroît.

Il est aujourd'hui évident pour la plupart des Américains que nous avons mené une guerre de trop dans le golfe Persique, où nos soldats ont été envoyés pour la deuxième fois en douze ans, afin d'assurer – du moins en partie – notre accès aux réserves de pétrole. Et il est tout aussi évident que nous devons nous appliquer d'urgence à développer des substituts acceptables des combustibles fossiles, et faire un effort véritablement international pour stabiliser le golfe Persique et reconstruire l'Irak.

Depuis que le pétrole est devenu la source majeure d'énergie des économies industrielles et militaires, il y a un siècle, l'un des facteurs clés du plan stratégique des États-Unis et d'autres grandes puissances a été d'assurer l'accès aux plus grandes réserves, en temps de paix, mais plus encore en temps de guerre. Comme je l'ai expliqué au chapitre 4, nombreux sont ceux qui pensent aujourd'hui que l'une des raisons de la guerre contre l'Irak, au début de 2003, était liée à l'opinion souvent exprimée, et connue de longue date, du vice-président Dick Cheney et de quelques autres, selon qui il était d'une telle importance pour les

États-Unis de s'assurer l'accès aux réserves de pétrole du golfe Persique que cela justifiait l'invasion d'un pays sous un faux prétexte, à un prix exorbitant et au risque de ruiner la réputation de l'Amérique.

La même malhonnêteté qui a présidé, comme chacun s'en aperçoit désormais, au lancement de cette guerre contre l'Irak, fut aussi évidente dans la façon dont la Maison Blanche de Bush, immédiatement après l'inauguration présidentielle, a éliminé la crise climatique de son programme de problèmes à affronter. En réalité, nous savons aujourd'hui que, dès les premières semaines du gouvernement, le vice-président Cheney a commencé à réunir son infâme commission à l'énergie, avisant secrètement les lobbyistes des pollueurs que la Maison Blanche ne prendrait aucune mesure contre le réchauffement de la planète. Il leur demanda ensuite leur aide en instituant un programme «volontaire» totalement absurde.

En tentant d'expliquer pourquoi ils devraient perdre leur temps sur un programme volontaire apparemment inutile, l'un des plus importants lobbyistes des entreprises de service public responsables de la pollution de l'air, Quin Shea, de l'institut électrique Edison, fit cet imprudent commentaire à un groupe industriel de charbonnages. «Je vais essayer de vous dire ça en termes politiques, dit Shea en avril 2001, sans savoir que ses propos étaient retranscrits. Le président a froid aux fesses. Il démantèle le protocole de Kyoto, mais il n'a rien pour protéger ses arrières[3].»

Froid aux fesses.

La promesse solennelle qu'avait faite Bush aux Américains pendant la campagne électorale de 2000, selon laquelle le CO_2 serait réglementé en tant que gaz polluant à effet de serre, fut instantanément abandonnée quelques jours après son inauguration. Il se hâta de la remplacer par la promesse aux plus gros pollueurs que le CO_2 ne serait pas contrôlé du tout.

De même, alors qu'il déclarait du fond du cœur aux citoyens américains pendant la campagne qu'il croyait sincèrement que le réchauffement climatique était un vrai problème, il exprima après son entrée en fonctions le mépris le plus désinvolte de tout le travail approfondi et soumis à expertise des chercheurs de l'Agence de protection environnementale qui avaient porté à sa connaissance le simple constat des dangers de la crise climatique. «J'ai lu le rapport pondu par les bureaucrates», répondit Bush quand les journalistes l'interrogèrent à ce propos[4]. Bien que le président ait finalement utilisé l'expression «changement climatique» dans son discours de 2007 sur l'état de l'Union, cette légère évolution rhétorique ne s'est accompagnée d'aucun réel changement de politique. En tout cas, pas encore.

De la même façon, la promesse de 2000 du candidat Bush de conduire une politique étrangère «modeste» et d'éviter tout effort de «reconstruction nationale» se transforma dès les premiers jours de sa présidence – selon des preuves récentes de témoins oculaires – en une recherche secrète et méthodique d'un prétexte pour envahir l'Irak à la première occasion[5].

Plus tard, au cours de l'invasion proprement dite, au moment même où les pillards s'emparaient de quantité d'objets anciens d'une valeur incalculable dans les musées destinés à célébrer le «berceau de la civilisation», un seul bâtiment gouvernemental fut protégé par les soldats américains: le ministère du Pétrole. En 2007, alors que l'Irak se désintégrait sous l'effet de violences sectaires, l'administration Bush fabriquait soigneusement des documents légaux – alors que les États-Unis étaient encore la puissance d'occupation – pour garantir l'accès prioritaire d'ExxonMobil, Chevron, BP et Shell aux énormes profits attendus des vastes réserves de pétrole irakien[6].

Des opposants, comme Greg Muttitt, en charge des droits de l'homme et de l'environnement du groupe Platform, qui contrôle l'industrie pétrolière, a dit de cette loi que c'était un marché de dupes pour les Irakiens et les citoyens de la région qui ont été totalement mis à l'écart de la procédure. «Le projet a été transmis au gouvernement américain et aux grands groupes pétroliers en juillet [2006], dit Muttitt en janvier 2007, et au Fonds monétaire international en septembre. Le mois dernier j'ai rencontré un groupe de vingt députés irakiens en Jordanie et je leur ai demandé combien d'entre eux avaient vu la législation. Un seul en avait eu connaissance[7].»

De nombreux Américains s'aperçoivent qu'il est absurde d'emprunter des sommes énormes à la Chine pour acheter des quantités énormes de pétrole dans le golfe Persique et produire une pollution non moins énorme qui détruit le climat de la planète. De plus en plus de nos concitoyens estiment qu'il faut changer tous les termes de cette équation.

Le pétrole importé représente à lui seul la plus grosse partie de notre déficit commercial – en 2006, plus de 40 % du déficit total provenait de l'achat de pétrole étranger[8]. Quand je visite des ports comme Seattle, La Nouvelle-Orléans ou Baltimore, c'est toujours la même histoire navrante. D'immenses bateaux, affleurant à peine à la surface sous le poids de leur chargement de pétrole étranger, arrivent par milliers. Lorsque ces mêmes cargos et pétroliers repartent, ils doivent être lestés d'eau pour ne pas verser. Au lieu de matériaux, nous renvoyons en échange de l'argent électronique.

Le commerce à sens unique est la mort assurée de notre avenir économique. Nous pouvons inverser cette tendance en inventant et en fabriquant de nouvelles solutions pour arrêter le réchauffement climatique, ici même, en Amérique. Je crois encore en la bonne vieille ingéniosité américaine. Il faut absolument que nous remplissions ces bateaux vides de nouveaux produits et de nouvelles technologies que nous créerons pour abaisser le thermostat de la planète. Mais nous devons commencer par gagner la première bataille contre l'inertie et la peur du changement. Ce qui signifie que nous devons comprendre exactement ce qui nous attend.

Il y a plus d'un quart de siècle, alors que j'étais encore élu à la Chambre des représentants, j'ai mené une étude intensive du contrôle des armes nucléaires. Ce faisant j'ai passé beaucoup de temps en compagnie de théoriciens militaires et d'experts en stratégie nucléaire. L'un des nombreux aperçus dont ils m'ont fait part concernait la typologie des conflits militaires. Tous les conflits se classent, de façon générale, en trois catégories élémentaires : les batailles locales, qui peuvent avoir ou ne pas avoir de signification stratégique étendue mais sont généralement confinées à un secteur réduit ; les conflits ou guerres régionaux, qui couvrent un secteur plus vaste et impliquent systématiquement le croisement de multiples frontières géopolitiques ; et les conflits stratégiques ou mondiaux, qui, bien qu'ils soient beaucoup moins fréquents, peuvent altérer le cours de l'histoire.

Par la suite, je me suis rendu compte que les défis environnementaux aussi se classent naturellement en trois catégories similaires, chacune nécessitant une manière différente de penser et de réagir. La plupart des questions écologiques que l'on doit affronter sont essentiellement locales par nature : pollution de l'eau et de l'air, décharges de produits toxiques.

Au cours des quelques décennies passées, la prise de conscience environnementale s'est développée et nous avons commencé à repérer une nouvelle catégorie de menaces écologiques régionales : les « pluies acides » provenant essentiellement des hauts-fourneaux du Middle West qui affectent tout le nord-est des États-Unis ; une immense « zone morte » frappant une grande partie du golfe du Mexique, causée par l'écoulement des produits chimiques agricoles venant du grenier à blé du pays et transportés vers le sud par le Mississippi au-delà de La Nouvelle-Orléans ; et le tarissement rapide et irrésistible des nappes phréatiques de l'aquifère d'Ogallala, qui court dans le sous-sol de huit États des Hautes Plaines situés entre le bassin du Mississippi et les montagnes Rocheuses.

Il y a enfin la catégorie relativement rare mais potentiellement dévastatrice des menaces écologiques qui sont de nature stratégique et mondiale.

L'administration Bush a trahi ses responsabilités de protection de l'environnement aux trois niveaux et a essentiellement donné carte blanche en matière de politique environnementale aux plus gros pollueurs et autres groupes privés qui, pour la plupart, tentent depuis des décennies d'affaiblir ou de détruire les critères environnementaux.

Prenons par exemple la façon dont ils ont géré le problème du mercure, polluant extrêmement toxique qui a de graves effets sur le développement neurologique des fœtus. Les services gouvernementaux de la *Food and Drug Administration* (FDA) eux-mêmes ont publié des avertissements sur la consommation du mercure dans le thon, l'espadon, le flétan et autres poissons d'eau profonde qui ont une longue durée de vie, connus pour « bioconcentrer » le mercure.

Nous savons que la principale source non contrôlée de pollution par le mercure se trouve dans les centrales thermiques chauffées au charbon. Mais l'administration Bush a éliminé la protection de la loi sur l'air qui limitait le mercure, en modifiant cette loi et permettant ainsi aux pollueurs d'éviter de se soumettre à cette obligation[9]. Ces émanations sont naturellement extrêmement dangereuses, mais les industries du charbon et de production d'énergie ont convaincu la Maison Blanche de faire croire que ce n'était pas vrai, puis de décider contre l'avis des scientifiques.

Pour prendre un autre exemple, la dépollution des décharges de produits toxiques est pratiquement arrêtée. Le Superfund que j'avais aidé à mettre en place en 1980, quand j'étais au Congrès, avait pour but d'aider à financer la protection de sites affectés par des décharges dangereuses. Mais l'administration actuelle a laissé le fonds diminuer de 3,8 milliards à 175 millions de dollars[10]. Le résultat, comme prévu, est qu'il y a moins de dépollution, qu'elle est plus lente et que nous laissons nos enfants dans de sales draps. Tout cela parce que l'administration Bush a rendu service à ses petits copains de l'industrie. Les taxes que les pollueurs versaient auparavant pour soutenir le Superfund ayant été supprimées, ce sont les contribuables qui paient la facture.

Nous avons également vu un changement radical dans la gestion des parcs nationaux. Bien que le président ait demandé une augmentation pour les parcs dans le budget 2008, beaucoup pensent que c'est à la fois trop peu et trop tard, surtout que sa politique a autorisé une exploitation nocive des parcs. Une coalition de plus de cent retraités du personnel des services des parcs nationaux ont écrit récemment une lettre disant que la mission de protection des ressources naturelles des parcs avait été modifiée en vue d'une meilleure utilisation commerciale des parcs au bénéfice d'intérêts privés[11]. Par exemple, nous avons vu Bush et Cheney s'efforcer inlassablement de permettre à leurs amis d'effectuer des forages dans la réserve nationale de la faune arctique.

Il ne s'agit pas de légers changements d'orientation politique, mais d'un radical retour en arrière sur un siècle d'engagement américain dans la protection de nos ressources naturelles. Le parc de Yellowstone a été créé en 1872, en partie pour la conservation de ses ressources sylvestres, minérales et géothermiques. Theodore Roosevelt se fit en 1906 le champion de cette philosophie, préservant des millions d'hectares de forêts, de monuments nationaux et de réserves de faune. L'administration Clinton-Gore a protégé une superficie égale. Cette approche équilibrée qui conjuguait l'utilisation des ressources selon les besoins à court terme avec leur conservation pour les générations futures a été respectée par tous les présidents depuis Roosevelt, les uns après les autres. Jusqu'à celui-ci.

Quand il s'agit d'appliquer les lois sur l'environnement, l'administration Bush choisit systématiquement de privilégier les intérêts privés au détriment de son devoir de protection des Américains contre la pollution. Elle ignore régulièrement les preuves scientifiques auxquelles elle préfère les affirmations non vérifiées des pollueurs qui font partie de ses partisans. Une récente vérification des contributions apportées à la campagne de Bush par les cadres dirigeants des industries énergétiques, les avocats et les lobbyistes montre que dix des plus gros contributeurs, qui ont financé la campagne de Bush à hauteur d'au moins 100 000 dollars, venaient de ces industries et de leurs associés commerciaux [12].

L'administration Bush a fréquemment cherché à freiner les promotions du personnel de l'Agence de protection environnementale chargé de faire appliquer la loi. Les bureaux ont reçu la consigne de ne pas poursuivre certains dossiers. Elle a annoncé en 2006 qu'elle abandonnait les enquêtes sur cinquante centrales thermiques qui avaient violé la loi sur la pureté de l'air, mesure qui, selon le sénateur Chuck Schumer, « annonçait tout simplement à l'industrie énergétique qu'elle pouvait désormais polluer en toute impunité [13] ». Rich Biondi, fonctionnaire chevronné de l'Agence de protection environnementale, a démissionné après avoir compris qu'on l'empêchait de faire efficacement son travail. « On nous a tiré le tapis sous les pieds [14] », a-t-il déclaré.

La menace environnementale la plus connue, et de loin la plus grave, est la crise climatique. Pour moi, cette question appartient à une catégorie particulière en raison des enjeux qu'elle comporte. Je suis très inquiet car la grande majorité des spécialistes scientifiques de l'environnement les plus respectés de tous les pays du monde ont sonné l'alarme de façon claire et urgente. La communauté internationale, y compris les États-Unis, a entamé un effort colossal il y a plusieurs années pour rassembler les éléments scientifiques les plus exacts et toujours plus nombreux prouvant que la Terre subit des dégâts sérieux et potentiellement irréversibles dus à l'accumulation sans précédent de pollution dans l'atmosphère.

Le message essentiel de ces scientifiques à tous les habitants de tous les pays du monde, c'est que le réchauffement planétaire causé par les activités humaines menace désormais gravement notre avenir commun et qu'il faut absolument y faire face. Ce qui m'inquiète également, c'est que l'administration Bush-Cheney ne semble pas entendre les avertissements de la communauté scientifique de la même oreille que la plupart d'entre nous.

En dépit des preuves évidentes disponibles partout, il y a encore beaucoup de gens qui croient que le réchauffement climatique n'est pas du tout un problème. Ce n'est guère surprenant, car ils sont la cible d'une campagne de désinformation massive organisée par l'administration et généreusement financée par les pollueurs, qui sont déterminés à empêcher toute action visant à réduire l'émission de gaz à effet de serre, de peur que leurs profits ne soient affectés s'ils sont obligés de limiter la pollution atmosphérique.

De riches idéologues de droite se sont alliés aux compagnies les plus cyniques et les plus irresponsables des industries minières et pétrolières pour financer abondamment des groupes pseudo-scientifiques dont la spécialité est de semer la confusion dans l'esprit du public en ce qui concerne le réchauffement climatique. Ils publient les uns après les autres de prétendus « rapports » destinés à faire croire qu'il existe de profonds désaccords au sein de la communauté scientifique dans un domaine où en réalité le consensus est quasi total.

Les mêmes techniques ont été expérimentées des années plus tôt par l'industrie du tabac dans une longue campagne dont le but était de créer le doute sur les risques provoqués par la fumée de cigarette. En fait, certains des mêmes soi-disant scientifiques payés à cette époque par les compagnies de tabac reçoivent actuellement de l'argent de l'industrie du charbon et du pétrole pour affirmer que le réchauffement climatique n'existe pas.

Au début de 2007, juste au moment où était publié le nouveau rapport scientifique international du Panel intergouvernemental sur le changement climatique, l'une de ces sociétés écrans financées par ExxonMobil offrit 10 000 dollars pour chaque article ou pseudo-étude contredisant les résultats de la communauté scientifique [15]. C'est une stratégie adoptée depuis des décennies par les plus gros pollueurs.

Dans un communiqué clair concernant la stratégie politique des leaders républicains, le sondeur Frank Luntz exprimait l'inquiétude que les électeurs puissent pénaliser des candidats qui soutenaient une augmentation de la pollution, mais il proposait aussi un conseil pour résoudre la question : « Si le public croit que les questions scientifiques sont établies, leur opinion sur le réchauffement climatique va changer. Par conséquent, vous devez continuer dans le débat à mettre systématiquement en avant l'absence de certitude scientifique [16]. »

L'administration Bush est allée bien au-delà des recommandations de Luntz.

Dans le cas de la crise mondiale du climat, Bush a publiquement désavoué des chercheurs de sa propre administration qui ont rédigé des rapports officiels soulignant le risque extrême auquel sont confrontés les États-Unis et le monde. Il leur a préféré une analyse fallacieuse qui sert ses propres intérêts, financée par la plus grande compagnie pétrolière de la planète, ExxonMobil, allant jusqu'à censurer des éléments d'un rapport de l'Agence de protection environnementale concernant le réchauffement climatique, auxquels il a substitué dans le rapport gouvernemental des expressions du document d'ExxonMobil. Les conséquences entraînées par l'avis d'ExxonMobil, c'est-à-dire ne rien faire pour parer au réchauffement climatique, sont tout simplement inimaginables.

ExxonMobil a eu une influence toute particulière auprès de l'administration actuelle et a déployé plus d'efforts cyniques que d'autres pollueurs pour manipuler la perception publique de la réalité et de la gravité de la crise climatique. De nombreuses organisations ayant à cœur de défendre l'intégrité scientifique ont dénoncé les pratiques éhontées d'ExxonMobil, mais sans beaucoup d'effet jusqu'à présent.

La Royal Society – équivalent britannique de l'Académie nationale des sciences américaine – a formellement renouvelé la demande qu'ExxonMobil cesse de répandre dans le public des informations «fallacieuses» et «inexactes» en désaccord avec ce qui est reconnu par la communauté scientifique en matière de crise climatique. La Royal Society a également sommé Exxon-Mobil de cesser de payer des millions de dollars par an à des organismes qui «dénaturent les connaissances scientifiques concernant le changement de climat, en niant l'évidence selon laquelle les gaz à effet de serre sont responsables des modifications de climat, ou en exagérant l'importance et le sens des incertitudes sur ces connaissances, où en induisant en erreur quant aux impacts potentiels du changement climatique anthropogénique [17]».

Une autre association de scientifiques, l'Union of Concerned Scientists («association des scientifiques inquiets»), a présenté en 2006 un long rapport montrant qu'«ExxonMobil a englouti presque 16 millions de dollars entre 1998 et 2005 dans un réseau d'associations de défense qui cherchent à abuser le public en ce qui concerne les connaissances scientifiques relatives au réchauffement planétaire [18]».

«ExxonMobil a fabriqué de toutes pièces l'incertitude sur les causes du réchauffement planétaire, exactement comme les compagnies de tabac ont nié que leurs produits provoquaient le cancer du poumon, dit Alden Meyer, directeur scientifique de l'Union. Un investissement modeste mais efficace a permis au géant du pétrole d'alimenter le doute sur le réchauffement climatique, afin de retarder l'action du gouvernement, exactement comme l'avaient fait les grands groupes du tabac il y a plus de quarante ans [19].»

Deux sénateurs des États-Unis, la républicaine Olympia Snowe, du Maine, et le démocrate Jay Rockefeller de Virginie-Occidentale, se sont également joints aux efforts croissants pour convaincre ExxonMobil de respecter l'éthique. Les deux parlementaires ont affirmé que les tentatives scandaleusement éhontées d'ExxonMobil pour répandre l'ignorance et le doute sur la crise climatique « ont entaché la réputation des États-Unis ». Qualifiant cette présentation fallacieuse des connaissances scientifiques de malhonnête, ils dénoncent « le vaste financement d'une "chambre d'écho" de pseudo-science non vérifiée par la communauté scientifique [20] ».

La raison pour laquelle ExxonMobil s'est engagé dans cet effort de désinformation extraordinaire et constant n'est certes pas mystérieuse. Au début de 2007, la compagnie a annoncé pour l'année 2006 les plus gros bénéfices annuels de toute l'histoire économique des États-Unis.

Les directeurs de la compagnie ont conclu depuis longtemps que les efforts de résolution de la crise climatique et de la crise de l'énergie ne servent pas leurs intérêts. Ils ont très généreusement récompensé leurs cadres dirigeants d'avoir étouffé les scrupules qu'ils ont pu éprouver du fait de leur malhonnêteté. L'ancien PDG Lee Raymond a reçu une prime de retraite de 400 millions de dollars [21]. Bush l'a nommé ensuite promptement président d'une commission destinée à étudier l'avenir de l'Amérique en matière d'énergies alternatives. En fait, on dirait parfois que l'administration Bush-Cheney est la propriété des compagnies minières, pétrolières, de charbonnage et d'électricité.

Le problème est que désormais notre monde est confronté à un danger qui nécessite un leadership moral et politique audacieux de la part des États-Unis d'Amérique.

Étant donné que la population humaine a quadruplé au cours du siècle dernier (passant de 1,6 milliard en 1900 à 6,6 milliards aujourd'hui) et que les nouvelles technologies ont multiplié par plus de mille l'impact moyen de chaque personne sur l'environnement, la relation fondamentale entre l'espèce humaine et la planète Terre se trouve radicalement modifiée. Notre « empreinte » peut se mesurer aujourd'hui non seulement par l'impact de tout le CO_2 que nous envoyons quotidiennement dans l'atmosphère, mais aussi par notre destruction inconsidérée de l'équivalent d'un terrain de football de forêt à chaque seconde. On peut la mesurer aussi dans la destruction des zones de pêche et l'extinction de pratiquement toutes les espèces marines qui nous attend dans moins de cinquante ans, au rythme auquel elles sont exploitées.

L'une des premières crises dans la catégorie stratégique des menaces environnementales planétaires fut la diminution de la couche d'ozone stratosphérique, crise mondiale de l'atmosphère causée par l'accroissement soudain de composés chlorés produits par l'homme, qui entraîna une augmentation de 600 % de la concentration des atomes de chlore dans la totalité de l'atmosphère de la planète [22]. La manifestation la plus grave de cette crise fut l'apparition d'un « trou d'ozone » de la taille des États-Unis dans la stratosphère, juste au-dessus de l'Antarctique à chaque automne austral (de septembre à novembre), mais l'amincissement de la couche concernait (et concerne encore) l'ensemble du monde.

Le point commun entre l'amincissement de la couche d'ozone et le réchauffement climatique, c'est que, dans les deux cas, la substance chimique à l'origine du problème est invisible et produit des conséquences dramatiques à l'échelle mondiale.

Le point commun entre les menaces environnementales stratégiques et les conflits militaires mondiaux, c'est qu'il y a nécessité d'une mobilisation totale afin d'obtenir un résultat positif pour l'avenir de l'humanité.

Nous devons insister, pour vaincre nos peurs et affronter courageusement ce qui nous attend, sur une plus grande honnêteté dans le dialogue politique américain. Lorsque l'Amérique fait de grosses erreurs, c'est généralement parce qu'on n'a pas honnêtement présenté aux citoyens les choix qui leur incombent. C'est aussi, très souvent, parce que les leaders de chaque parti qui savaient très bien ce qu'il ne fallait pas faire n'ont pas eu le courage de prendre la bonne décision.

Nos enfants sont en droit d'attendre de nous ce qu'il y a de meilleur quand leur avenir, en l'occurrence l'avenir de l'humanité tout entière, est dans la balance. Ils méritent mieux que la censure des preuves scientifiques en ce qui concerne la vérité de notre situation, mieux que le harcèlement de chercheurs honnêtes qui tentent de nous mettre en garde contre la catastrophe qui nous attend. Ils méritent mieux que des politiciens qui se cachent derrière leur petit doigt et ne font rien pour affronter le plus grand défi de l'humanité, alors même que le danger fond sur nous.

En 2006 et 2007, les scientifiques se sont mis d'accord sur le fait que le réchauffement climatique augmentait de moitié le pouvoir de destruction des ouragans sur l'échelle d'évaluation utilisée par les météorologues. Ce qui veut dire qu'un ouragan frappant la Floride qui aurait été de force 3 par le passé sera dorénavant de force 4. Les chercheurs du monde entier sont également inquiets de ce qui semble être un accroissement du taux de CO_2 accumulé dans l'atmosphère, évolution qui, si elle était confirmée dans les prochaines années, pourrait signaler le début d'un effet de serre galopant extrêmement dangereux.

Une autre équipe de chercheurs de renom a signalé qu'avec le scénario «on ne change rien», la calotte glaciaire de l'Arctique pourrait fondre et disparaître entièrement en été, d'ici moins de trente-quatre ans [23]. (J'étudie cette crise depuis plus de quarante ans, mais je suis toujours bouleversé par certaines découvertes. Celle-ci par exemple.) Cependant, en matière de conseil scientifique sur le réchauffement de la planète, le président Bush continue à se fier à la seule compagnie qui s'appuie essentiellement sur le profit pour refuser d'admettre la réalité.

En 2006, de nouvelles informations ont montré une augmentation spectaculaire des incendies de forêt dans l'ensemble de l'Ouest américain, tendance qui s'est accrue au fil des décennies tandis que des températures de plus en chaudes ont desséché le sol et la végétation. Au cours de l'été qui a précédé ces découvertes, des records de chaleur ont été battus et l'année a été la plus chaude jamais enregistrée aux États-Unis, avec une sécheresse persistante dans de vastes régions du pays.

De nombreux scientifiques nous préviennent que nous nous rapprochons de «points critiques» qui ne pourraient plus, d'ici moins de dix ans, nous permettre d'éviter les atteintes irrémédiables à l'habitabilité de la planète. À ce propos, un autre groupe de chercheurs a indiqué une augmentation étonnamment rapide des émissions de carbone et de méthane provenant des zones de toundra sibérienne qui commencent à fondre en raison du réchauffement planétaire provoqué par l'homme.

De même, en 2006, une autre équipe scientifique a signalé qu'au cours des douze mois précédents le Groenland a connu trente-deux séismes glaciaires, mesurés entre 4,6 et 5,1 sur l'échelle de Richter[24], ce qui est le signe inquiétant d'une déstabilisation probable de la deuxième accumulation de glace de la planète, susceptible, si elle basculait dans l'océan, de faire monter le niveau de toutes les mers du globe de plus de six mètres.

Chaque jour qui passe apporte de nouvelles preuves que nous sommes confrontés à une urgence planétaire, une crise climatique qui exige une action immédiate pour réduire les émissions de dioxyde de carbone dans le monde entier, dans le but d'inverser le thermostat de la Terre et d'éviter la catastrophe. Dans l'éditorial de son numéro spécial sur le réchauffement planétaire en septembre 2006, le *Scientific American* proposait une conclusion simple : « Le débat sur le réchauffement de la planète est clos[25]. »

Malgré la vaste taille de la Terre, la partie la plus vulnérable de l'environnement est l'atmosphère, car elle est étonnamment mince, comme une couche de vernis sur un globe, ainsi que le disait le regretté Carl Sagan.

Il n'y a plus de raison crédible de douter que la température de l'atmosphère augmente à cause du réchauffement de la Terre. Le réchauffement planétaire existe. Il a déjà commencé et les conséquences prévisibles sont inacceptables.

S'il y a un événement récent qui a plus que les autres aidé à convaincre les Américains de regarder différemment la crise climatique, ce sont les dégâts catastrophiques infligés par le cyclone Katrina.

En voyant se dérouler cette tragédie, nous avons tous éprouvé des sentiments différents. Mais tous ces sentiments étaient mêlés de perplexité en se demandant pourquoi il n'y avait ni réaction immédiate ni plan adéquat mis en place. On nous a dit que ce n'était pas le moment de chercher des responsables, même si ceux qui le disaient montraient eux-mêmes du doigt les victimes de la tragédie qui n'évacuaient pas la ville de La Nouvelle-

Orléans – même si beaucoup ne le pouvaient pas car ils n'avaient ni automobile ni transport public à leur disposition.

On nous a dit que ce n'était pas le moment de demander des comptes à notre gouvernement national parce qu'il y avait plus important à traiter. Mais pourquoi devrait-on choisir entre l'un et l'autre ? Les deux sont liés. Tandis que notre pays trouvait tardivement des moyens efficaces pour aider ceux qui étaient durement touchés par le cyclone, il était important de tirer les bonnes leçons de ce qui s'était passé, de peur qu'on ne nous en souffle de mauvaises. Après tout, si nous ne retenons pas les leçons de l'histoire, nous sommes condamnés, selon l'expression de l'historien, à répéter nos erreurs.

Tout le monde sait que notre nation a fait faux bond aux habitants de La Nouvelle-Orléans et du golfe du Mexique alors que le cyclone Katrina approchait et au moment où il a frappé. Quand les corps des citoyens américains flottent encore dans des inondations toxiques cinq jours après un cyclone, il est temps non seulement de réagir directement vis-à-vis des victimes de la catastrophe, mais pour le gouvernement et ses chefs de répondre de leurs actions et des erreurs commises.

Quatre ans avant Katrina, en août 2001, le président Bush recevait un avertissement sinistre : « Al-Qaïda est déterminé à frapper sur le territoire des États-Unis. » Il n'y eut aucune réunion, personne ne tira la sonnette d'alarme et personne ne put ensemble demander : « Que savez-vous d'autre sur cette menace imminente ? Que pouvons-nous faire pour préparer notre pays à affronter ce qui nous a été annoncé ? »

Si les membres de l'administration avaient été préparés, ils auraient trouvé une masse d'informations collectées par le FBI, la CIA et l'Agence de sécurité nationale, notamment les noms de la plupart des terroristes qui ont lancé les avions contre le World Trade Center, le Pentagone et le champ de Pennsylvanie. Ils auraient découvert que plusieurs agents de terrain du FBI avaient émis des avertissements concernant des personnages suspects qui prenaient des cours de pilotage sans exprimer aucune curiosité sur la partie de la formation relative à l'atterrissage. Ils auraient vu les directeurs d'agence du FBI en grand état d'agitation parce qu'il n'existait aucun plan antiterroriste et aucune préparation à une éventuelle réaction. C'était le temps des vacances, pas celui de la préparation. Ni de la protection des Américains.

Quatre ans plus tard, il y eut des avertissements terribles, trois jours avant que le cyclone Katrina n'atteignît La Nouvelle-Orléans, disant que s'il poursuivait sa course, les digues allaient se rompre et La Nouvelle-Orléans serait inondée, et des milliers de personnes en danger.

Une fois encore, c'était en période de vacances. Et il n'y eut ni préparatifs, ni plan d'aménagement, ni réaction mise en œuvre.

Je crois que le fait même de ne pas avoir rendu de comptes pour les épouvantables erreurs de jugement et les mensonges qui ont mené à la tragédie de la guerre en Irak est une des principales raisons pour lesquelles personne ne craignait d'être tenu pour responsable de la réaction cavalière, peu glorieuse et mal adaptée qui a répondu à la tragédie de La Nouvelle-Orléans. Au demeurant, elle était claire pour tous ceux qui regardaient la télévision et qui lisaient les journaux. Ce qui s'est produit n'était pas seulement prévisible, c'était *connu*, d'avance, avec des précisions méticuleuses. Les responsables chargés des situations d'urgence avaient même planifié des exercices d'évacuation et identifié exactement ce qui se passerait, selon les données scientifiques. Mais les membres de l'administration ont ignoré tout cela.

Lorsqu'il n'y a aucune vision politique, les citoyens sont en danger.

Non seulement aucune clairvoyance ne s'est manifestée, mais de surcroît on a fait preuve d'un total manque de jugement. L'administration Bush a semblé déterminée à affaiblir et à saper la capacité du gouvernement fédéral à tenir son rôle. Or, il y avait eu des avertissements trois ans avant Katrina, de la part de James Lee Witt, directeur de l'Agence fédérale d'organisation d'urgence de l'administration Clinton-Gore, disant que l'Agence était affaiblie et battue en brèche et qu'elle serait incapable de faire face à une catastrophe à moins qu'un financement adéquat ne lui soit à nouveau fourni. Mais les responsables de l'administration n'ont rien voulu entendre. Le budget a été sabré et les ressources affectées ailleurs, surtout sous forme de baisses d'impôts disproportionnées pour les contribuables les plus riches.

Carl Pope, PDG du Sierra Club, a déclaré qu'il était «embarrassé» par la situation effroyable de La Nouvelle-Orléans. L'emploi du mot *embarrassé* est astucieux mais délicat pour décrire les sentiments des Américains quant à la politique et aux actions du gouvernement. Je ne suis pas sûr qu'il existe de mot adéquat pour qualifier les sentiments que beaucoup d'entre nous ont éprouvés après l'invasion de l'Irak, en voyant des soldats américains mettre en laisse comme des chiens des prisonniers sans défense dont la plupart n'avaient aucun lien avec le terrorisme ou n'avaient commis aucune violence envers nos militaires. Ces prisonniers innocents étaient torturés en notre nom. Qu'avez-vous ressenti ?

Je ne connais pas de mots pour décrire mes propres sentiments. Mais j'aimerais que tous les Américains tracent une ligne reliant les sentiments qu'ils ont éprouvés en voyant les images de nos soldats, agissant en notre nom, sous notre autorité, torturer des gens sans défense – et c'était bien un problème politique, même si la Maison Blanche a montré du doigt les deuxièmes classes et les caporaux en disant qu'ils étaient les seuls responsables –, avec les émotions qu'ils ont ressenties pendant le cyclone Katrina, quand ils ont vu ces cadavres dans l'eau et tous ces gens, nos concitoyens, qu'on laissait sans secours, sans nourriture, sans eau, sans médicaments.

Bien sûr, dans les deux cas, la question est complexe et comporte plusieurs facteurs, mais j'aimerais que les gens tracent une ligne entre les sentiments qu'ils ont éprouvés dans les deux situations. Puis je veux qu'ils relient par un autre trait les responsables de ces deux incroyables tragédies qui ont provoqué l'«embarras» de notre pays aux yeux du monde entier. Reliez ceux qui ont ignoré les avis concernant Katrina puis qui ont cafouillé sur les suites de la crise, avec ceux qui ont ignoré les avis de ne pas envahir l'Irak et ont ensuite cafouillé sur les suites de la guerre, et vous formez un cercle.

Au milieu de ce cercle, se trouve le président George W. Bush.

Nous avons aujourd'hui des avertissements scientifiques concernant une autre catastrophe imminente. Nous étions prévenus de l'attaque prochaine d'al-Qaïda. Nous n'avons pas réagi. Nous étions prévenus que les digues allaient se rompre à La Nouvelle-Orléans. Nous n'avons pas réagi. Aujourd'hui, la communauté scientifique nous met en garde contre la pire catastrophe de l'histoire de la civilisation humaine.

Deux mille chercheurs dans une centaine de pays, engagés dans la coopération scientifique la plus élaborée et la mieux organisée de l'histoire, sont arrivés depuis longtemps au consensus selon lequel nous serons confrontés à une série de terribles catastrophes si nous n'agissons pas pour traiter les causes profondes du réchauffement planétaire. En février 2007, ce groupe, l'Observatoire international du changement climatique, a encore renforcé son accord en exprimant une probabilité de 90 % que l'homme soit responsable de ce réchauffement [26].

Il importe de retenir les leçons de ce qui se passe lorsqu'on ne tient pas compte des preuves scientifiques ni des avis autorisés, afin d'inciter nos leaders à ne pas refaire cette erreur et nous laisser sans protection face aux menaces qui nous attendent dans l'immédiat.

Le président dit ne pas être sûr que les hommes soient responsables de la menace du réchauffement planétaire. Il n'est pas prêt à prendre des mesures de protection significatives contre une menace dont il met en doute la réalité. Il nous dit croire que les connaissances scientifiques concernant le réchauffement climatique sont contestées. C'est le même président qui nous a dit, après les ravages causés à La Nouvelle-Orléans : « Personne n'aurait pu prédire que les digues allaient rompre. »

Il importe d'établir les responsabilités en toute transparence pour que fonctionne notre démocratie. Toutes les incertitudes et le manque de résolution, la fausse interprétation systématique de ce qu'exprime la communauté scientifique, la préférence donnée aux politiques que ses partisans des industries pétrolières et des charbonnages (pas toutes, loin s'en faut) veulent lui faire suivre, c'est-à-dire ignorer les connaissances scientifiques, ont créé un grave problème.

Tandis que La Nouvelle-Orléans attendait une réaction de la

Maison Blanche, le président se rendit en Californie à une réunion destinée à financer le soutien à sa politique en Irak, et dans un discours fit une analogie entre sa décision d'invasion et la façon dont Franklin Roosevelt avait pris en charge la Seconde Guerre mondiale. Laissez-moi vous proposer une autre comparaison avec cette guerre. Lorsque les nuages s'amassaient au-dessus de l'Europe continentale, Winston Churchill émit des avertissements quant aux enjeux. Il dit ceci, à propos du gouvernement en place à l'époque, qui n'était pas certain de la réalité de la menace : « Ils poursuivent un paradoxe étrange, décidant uniquement de ne rien décider, fermes dans l'irrésolution, implacables dans le flottement, stables dans la dérobade, et tout-puissants dans l'impuissance. L'ère de la procrastination, des demi-mesures, des expédients apaisants et confus, des ajournements systématiques est arrivée à son terme. À sa place, nous entrons dans la période des conséquences[27]. »

Les avertissements concernant le réchauffement climatique étaient extrêmement clairs depuis longtemps. Nous sommes face à une crise climatique mondiale. Elle s'aggrave. Nous entrons dans la période des conséquences.

Aux gens de son pays qui cherchaient tous les moyens possibles de ne pas affronter la menace dont il les avertissait et pour laquelle il leur demandait de se préparer, Churchill dit qu'il comprenait leur désir naturel de nier la réalité et de se raccrocher au vain espoir que ce n'était pas si grave qu'on le disait. Mais il leur dit aussi qu'ils devaient connaître la vérité. Et après la conciliation de Neuville Chamberlain, il ajouta : « Ceci n'est que le début du prix à payer. Ce n'est que la première gorgée, le premier avant-goût de l'amertume qui nous sera servie année après année, à moins que, dans un effort suprême pour recouvrer notre santé morale et notre vigueur combative, nous ne nous relevions pour défendre la liberté[28]... »

Il est temps pour l'Amérique de recouvrer sa santé morale et de défendre la liberté, d'exiger des comptes pour toutes ces mauvaises décisions, ces jugements erronés, cette absence d'organisation, cette impréparation et ce refus entêté de reconnaître l'évidence des menaces imminentes et graves qui attendent les Américains. Nous devons rejeter les fausses explications qui nous sont proposées pour justifier l'horrible tragédie du cyclone Katrina.

Certains (notamment des membres de l'actuelle administration) disent désormais que les réactions pitoyables du gouvernement prouvent que nous ne pouvons plus compter sur lui. Et pourtant l'Agence fédérale d'organisation d'urgence travaillait très efficacement pendant la présidence précédente. Le fait que celle-ci ne puisse se sortir des difficultés dans lesquelles elle s'est mise ne veut pas dire que tous les programmes gouvernementaux doivent être abolis.

Ils ont par le passé proposé de se donner davantage de pouvoir unilatéral, comme solution aux catastrophes qu'ils avaient eux-mêmes engendrées. Mais il ne faut pas leur donner plus de pouvoir pour en abuser ou mal l'utiliser, comme ils l'ont fait récemment. Nous devons leur demander de rendre des comptes. Nous devons exiger qu'ils admettent les preuves scientifiques et respectent les lois de la raison.

Il y a cent ans, Upton Sinclair écrivait : « Il est difficile de faire comprendre quelque chose à quelqu'un quand il est payé pour ne pas le comprendre [29]. » Voici ce que je pense que nous comprenons du lien entre le cyclone Katrina et le réchauffement climatique : oui, il est exact qu'on ne peut pas tenir le réchauffement planétaire pour responsable d'un seul cyclone. Il y a des cyclones depuis longtemps et il y en aura encore à l'avenir. Oui, il est exact que la science ne nous dit pas avec certitude que le réchauffement climatique accroît la fréquence des cyclones, car il est exact qu'il existe un cycle multidécennal de vingt ou quarante ans qui affecte le nombre des cyclones se produisant à chaque saison. Mais il est également exact que la science est désormais formelle : les océans plus chauds engendrent en moyenne des cyclones plus violents, en n'augmentant pas seulement la force des vents mais en accroissant l'évaporation recyclée, ce qui accentue leur pouvoir destructeur et leur intensité.

Les météorologistes nous ont dit qu'après le passage du cyclone Katrina sur l'extrémité sud de la Floride, il y avait un risque particulier pour la côte du golfe que le cyclone augmente en intensité parce qu'il passait sur des eaux inhabituellement chaudes. En effet, les eaux du golfe sont d'une température anormalement élevée. De façon générale, les océans se sont réchauffés. Et tout se passe exactement comme les scientifiques le prédisent depuis vingt ans. Ils disent aujourd'hui que la violence moyenne des cyclones augmentera en raison de ce réchauffement. Longtemps avant cette tragédie, un chercheur du MIT a publié une étude montrant que, depuis les années 1970, les cyclones du Pacifique et de l'Atlantique ont augmenté d'environ 50 % en durée et en intensité [30].

Ce que nous disent les scientifiques, c'est que la science leur montre que si nous n'agissons pas rapidement et de façon spectaculaire, ceci n'est, selon l'expression de Churchill, « que la première gorgée de l'amertume qui nous sera servie année après année », jusqu'à ce que nous recouvrions notre santé morale.

Il nous faut aussi tirer des conclusions. Quand les sites du Superfund ne sont pas dépollués, le gombo de la Louisiane devient toxique. Quand il n'y a pas de transports publics adéquats, il est difficile d'évacuer une ville. Quand les soins médicaux ne sont pas accessibles aux pauvres, il est difficile de demander aux hôpitaux d'accueillir des réfugiés dans une situation de crise. Quand les terres inondables sont vendues aux promoteurs, les raz-de-marée menacent davantage les villes côtières. Quand aucun effort n'est fait pour restreindre les gaz à effet de serre, le réchauffement climatique s'aggrave, avec toutes les conséquences annoncées par la communauté scientifique.

Abraham Lincoln a dit : « Les circonstances sont semées d'embûches et il nous faut être à la hauteur pour les surmonter. Comme notre cas est inédit, nous devons penser et agir de façon inédite. C'est en nous délivrant de nos chaînes que nous sauverons notre pays [31]. »

Nous devons donc nous libérer du spectacle son et lumières qui a distrait l'attention de notre grande démocratie des questions et défis importants de notre époque. Il nous faut nous libérer du procès de Michael Jackson, de la recherche d'Aruba et de la dernière obsession qui accompagne les procès de célébrités, ou de toute autre banalité relative qui prend le pas sur la démocratie dans le débat démocratique au lieu de nous laisser la place, en tant que citoyens libres, pour discuter ensemble de notre véritable situation. C'est ainsi que nous sauverons notre pays.

Les réfugiés que nous avons vus dans notre propre pays pourraient bien représenter la première gorgée de cette amertume, car la hausse du niveau de la mer dans tous les pays du monde va inévitablement créer des millions de réfugiés de l'environnement.

C'est une question de morale. Il ne s'agit pas en fin de compte d'un débat politique ou d'un débat scientifique. Il s'agit de ce que nous sommes en tant qu'êtres humains et si nous avons la capacité de transcender nos propres limites et de nous surpasser dans cette nouvelle situation. Il s'agit de savoir si oui ou non nous voyons avec les yeux du cœur, autant qu'avec notre intelligence, la réponse sans précédent qui est appropriée aujourd'hui. Si oui ou non nous sommes capables, comme dans l'expression de Lincoln, de nous délivrer de nos chaînes, de nous débarrasser des illusions qui ont été nos complices pour ignorer les avertissements clairs qui nous avaient été donnés, et pour entendre clairement ceux que l'on nous donne aujourd'hui.

À une autre époque de suprême défi, Lincoln nous a dit que la question à laquelle les États-Unis étaient finalement confrontés était de savoir si le gouvernement du peuple, par le peuple et pour le peuple, conçu dans la liberté et à elle vouée – ou tout autre gouvernement ainsi engendré – disparaîtrait de la surface de la Terre.

Lorsqu'il n'y a aucune vision politique, les citoyens sont en danger.

Il y a cependant un autre aspect à ce défi moral. Lorsqu'il y a véritablement une vision politique, le peuple prospère et la nature se remet de ses atteintes, nos communautés se ressaisissent. La bonne nouvelle, c'est que nous savons ce qu'il faut faire. C'est que nous avons désormais tout ce qu'il nous faut pour répondre au défi du réchauffement climatique. Nous disposons de toutes les technologies nécessaires, et d'autres se développent, encore plus performantes, qui, lorsqu'elles seront disponibles et plus abordables parce que fabriquées en série, rendront cette réponse plus facile. Nous avons tout, sauf la volonté politique. Et dans notre démocratie la volonté politique est une énergie renouvelable.

Nous sommes aujourd'hui à la croisée des chemins. Et pour prendre la bonne voie, il nous faut choisir des valeurs justes et une bonne perspective. Pour ceux qui voient, qui comprennent, qui se sentent concernés et qui veulent s'atteler à la tâche, le temps est venu de dire : «Cette fois, les avertissements ne seront pas ignorés. Cette fois, nous allons nous préparer. Nous surpasser. Et nous gagnerons.»

Ce n'est pas une question politique. C'est une question morale. Qui affecte la survie de la civilisation humaine. Ce n'est pas un affrontement entre droite et gauche, mais entre pertinence et erreur. Pour dire les choses simplement, l'erreur serait de mettre en péril l'habitabilité de notre planète et les perspectives de toutes les générations à venir.

Ce qui incite des millions d'Américains à avoir une idée différente de la crise climatique, c'est la prise de conscience croissante que ce défi nous apporte une opportunité sans précédent. J'ai parlé en public de la façon dont la Chine exprime le concept de crise. Ils utilisent deux symboles dont le premier, tout seul, signifie «danger». Le second utilisé seul, veut dire «opportunité». Réunissez-les, et vous obtenez «crise». Le mot que nous utilisons seul transmet l'idée de danger mais pas celle d'une éventuelle opportunité dans chaque crise.

Dans ce cas précis la crise climatique ne présente pas seulement l'opportunité de nouveaux emplois, de nouvelles technologies, de nouvelles possibilités de profit et d'une meilleure qualité de vie. Elle nous offre l'opportunité de vivre une expérience que peu de générations ont eu le privilège de connaître : un but moral commun assez irréfutable pour nous élever au-dessus de nos limites et nous aider à laisser de côté les querelles mesquines auxquelles, en tant qu'êtres humains, nous sommes naturellement portés.

Ce qu'on appelle la grande génération américaine est celle qui a trouvé un but de ce genre en se dressant contre le fascisme mondial et qui a gagné simultanément une guerre en Europe et une autre dans le Pacifique. En réalisant leur victoire historique, ils ont atteint une autorité morale nouvelle et une capacité de vision insoupçonnée. Ils créèrent le plan Marshall et remirent sur pied leurs adversaires vaincus en les aidant à accéder à un avenir de dignité et d'autodétermination. Ils fondèrent les Nations unies et les autres organismes mondiaux qui rendirent possibles plusieurs décennies de prospérité, de progrès et de paix relative. En quelques années, nous avons dilapidé cette autorité morale et il est grand temps de la restaurer en nous saisissant du plus grand défi de notre génération.

Si nous nous élevons à la hauteur de ce défi, nous trouverons nous aussi la force de nous renouveler et de nous transcender, et cette capacité de perspective qui nous permettra de voir les autres crises contemporaines qu'il est urgent de résoudre : 20 millions d'orphelins du sida rien qu'en Afrique, des guerres civiles où s'affrontent des enfants soldats, des génocides et des famines, le pillage et la destruction de nos forêts et de nos océans, une crise de l'extinction des espèces qui menace le réseau de la vie, et des dizaines de millions de nos semblables qui meurent chaque jour de maladies parfaitement évitables. En nous montrant à la hauteur pour résoudre la crise climatique, nous trouverons la clairvoyance et l'autorité morale qui nous permettront d'affronter toutes ces questions non comme des problèmes politiques mais comme des impératifs moraux. C'est donc l'opportunité de transcender le système bipartite, de trouver en nous ce qu'il y a de meilleur et de créer un avenir plus prometteur.

Chapitre 8

La démocratie en danger

D'une part l'équilibre des contre-pouvoirs, et de l'autre la confiance dans les lois de la raison, voici le *Da Vinci Code* de la démocratie américaine.

Nos pères fondateurs avaient une étonnante capacité de compréhension de la nature humaine et percevaient avec une extrême clairvoyance la tentation à laquelle nous sommes tous vulnérables d'assujettir la raison à notre ego. Ce concept freudien n'existait évidemment pas il y a deux siècles, mais nos fondateurs le comprenaient fort bien. Dans le numéro 10 du *Fédéraliste*, James Madison écrivait : « Tant que la raison de l'homme sera faillible et qu'il sera libre de l'exercer, différentes opinions se formeront. Tant que le lien subsistera entre sa raison et son amour-propre, ses opinions et ses passions auront les unes sur les autres une influence réciproque. Et les premières deviendront l'objet auxquelles s'attacheront les dernières [1]. »

En d'autres termes, la raison doit rester séparée de l'« amour-propre » des individus qui en font usage, et s'attacher au contraire à l'intérêt public, en s'assurant qu'aucun individu ni petit groupe ne puisse exercer de pouvoir sans entrer en négociation avec d'autres, qui doivent être convaincus que l'exercice de ce pouvoir satisfait aux exigences de la raison.

Nos fondateurs comptaient beaucoup sur une « citoyenneté bien informée » pour exercer la loi de la raison et la libre expression afin de sauvegarder la démocratie américaine, mais ils croyaient cependant que la raison seule ne suffisait pas à garantir la survie de la République. Madison affirmait dans le numéro 51 du *Fédéraliste* : « Dépendre du peuple est, sans aucun doute, le premier contrôle du gouvernement. Mais l'expérience a appris à l'homme la nécessité de prendre des précautions supplémentaires [2]. »

Les « précautions supplémentaires » auxquelles il pensait étaient les contre-pouvoirs que nos fondateurs ont utilisés dans leur conception de la Constitution afin d'empêcher la concentration malsaine du pouvoir entre les mains d'un petit groupe, et par là même de forcer ceux qui ont l'autorité de justifier mutuellement leurs points de vue en appliquant la loi de la raison. C'est quand et seulement quand ceux qui sont au pouvoir sont obligés à un processus de délibération que la raison peut jouer son rôle indispensable. Dans la démocratie américaine, la séparation des pouvoirs et le système de contrepoids sont donc essentiels à la création de l'espace virtuel à l'intérieur duquel opère la raison.

C'est pourquoi, depuis plus de deux siècles, la liberté américaine a été protégée contre l'accumulation dangereuse des pouvoirs entre les mains d'une seule personne, grâce à la sage décision de nos fondateurs de diviser la totalité du pouvoir fédéral en trois branches d'égale importance, chacune servant à contrebalancer le pouvoir des deux autres. Pourtant, nombre de nos fondateurs continuèrent à s'inquiéter d'un scénario particulier dont ils pressentaient le danger persistant : en temps de guerre, le président jouirait d'une position politique renforcée par son rôle de commandant en chef. Pendant leurs débats de Philadelphie, ils définirent l'accumulation potentielle du pouvoir dans les mains de l'exécutif comme une menace sérieuse contre la République. Ils craignaient que cet accroissement soudain au profit du président ne déborde de ses limites constitutionnelles et ne renverse le délicat équilibre de contrepoids si essentiel au maintien de la liberté.

C'est précisément pourquoi dans la Constitution ils ont pris la peine de répartir les pouvoirs de guerre, assignant le commandement des troupes au président, mais réservant au Congrès non seulement le pouvoir de décider d'entrer en guerre, mais également l'autorité capitale de définir la nature et l'étendue de la mission. Ces pouvoirs comprennent notamment celui de lever et d'entretenir les armées de terre et de mer, celui d'établir des lois pour le gouvernement, la réglementation du territoire et des forces navales. Cette limitation dans la conduite de la guerre imposée au pouvoir exécutif était considérée comme extrêmement importante. Dans une lettre à Thomas Jefferson, James Madison écrivait : « La Constitution suppose que l'histoire de tous les gouvernements démontre que l'exécutif est la branche du pouvoir la plus intéressée par la guerre et la plus encline à la faire. Elle a donc dévolu, avec les précautions appropriées, la question de la guerre à l'assemblée législative[3]. »

Pendant la guerre de Corée, l'un des juges les plus éloquents de la Cour suprême, Robert Jackson, exprima l'idée que le président devait disposer d'une « très grande latitude » en temps de guerre, mais il mettait en garde contre « l'invocation irresponsable et vague de la guerre comme prétexte à décharger l'exécutif de l'obéissance aux lois qui gouvernent notre république en temps de paix ». Il poursuivait :

« Aucune repentance ne permettra d'expier le péché d'atteinte à la liberté de gouvernement qui consiste à prétendre qu'un président peut échapper au contrôle du pouvoir exécutif par la loi sous prétexte qu'il assume son rôle militaire. Notre gouvernement a, de par la Constitution, une autorité suffisante pour prendre toute mesure vraiment nécessaire à notre sécurité. En même temps, notre système exige du gouvernement qu'il agisse uniquement sur la base de mesures qui ont fait l'objet de débats ouverts et consciencieux au Congrès et parmi les citoyens américains, et que l'atteinte à la liberté et à la dignité équitable des individus soit soumise à la supervision des tribunaux ouverts à ceux qui sont concernés et qui ne dépendent pas du gouvernement qui restreint leur liberté[4]. »

Dans les récentes décennies, l'émergence de nouvelles armes modernes, qui éliminent pratiquement le délai entre la décision d'entrer en guerre et les hostilités proprement dites, a naturellement conduit à reconsidérer la nature exacte de cette prérogative de l'exécutif. Pendant les années les plus dangereuses du bras de fer nucléaire avec l'Union soviétique, les Américains ont dû s'adapter à la possibilité qu'une guerre dévastatrice frappe leur pays sans autre avertissement qu'un préavis de quinze minutes. Tout naturellement, nous nous sommes faits à l'idée que le président utiliserait son pouvoir inhérent de commandant en chef pour réagir immédiatement par une guerre tous azimuts. Des officiers en uniforme ont commencé à suivre le président dans tous ses déplacements avec un système de commande mobile (qu'on appela bientôt « le ballon de foot nucléaire »). Inévitablement, cette image de commandant en chef prit de l'importance dans notre perception du rôle du président.

Les craintes plus récentes que les terroristes acquièrent des armes nucléaires ont encore accentué les impératifs pragmatiques qui, selon certains, devraient accroître la liberté du président d'agir unilatéralement pour protéger la nation sans attendre que le Congrès joue son rôle.

Mais les fonctionnalités d'une guerre nucléaire moderne et de l'antiterrorisme, qui tous deux conduisent nécessairement à accroître les pouvoirs du président aux dépens de ceux du Congrès, ne rendent pas pour autant négligeables les inquiétudes qu'avaient jadis nos fondateurs. La décision de guerre du président, ajoutée à ses autres pouvoirs, porte en elle le déséquilibre potentiel de la méticuleuse construction de notre Constitution et, ce faisant, menace nos libertés.

Lorsque le président Bush fut obligé d'accepter le compromis de l'« autorisation d'utiliser les forces armées », qui ne lui donnait pas, comme il le souhaitait, les pleins pouvoirs, il les prit quand même, en secret, comme si l'autorisation du Congrès était une simple formalité. Mais comme l'a écrit le juge Felix Frankfurter : « Cette confiscation explicite d'autorité n'est pas simplement une manifestation du mépris, en ce cas précis, de la volonté clairement exprimée du Congrès. C'est un manque de respect de l'ensemble de la procédure législative et du partage constitutionnel de l'autorité entre le président et l'Assemblée [5]. »

Je suis persuadé que nos pères fondateurs nous aviseraient aujourd'hui que l'un des plus grands défis que doit affronter notre République, en plus du terrorisme – et sans préjuger de la gravité de ce dernier – réside dans la manière dont nous y réagissons, contrôlons nos craintes et assurons notre sécurité sans perdre notre liberté. Je suis tout aussi convaincu qu'ils nous mettraient en garde contre le danger qu'encourt la démocratie si nous permettons au président, quel qu'il soit, de faire usage de son rôle de commandant en chef pour rompre l'équilibre délicat entre les branches exécutive, législative et judiciaire du gouvernement.

Nos fondateurs étaient bien plus influencés que nous ne l'imaginons par une lecture attentive de l'histoire et du rôle humain inhérent aux démocraties de la Grèce antique et de la République romaine. Ils savaient, par exemple, que la démocratie a disparu à Rome lorsque César a franchi le Rubicon, violant l'interdit du Sénat qui empêchait un général revenant de guerre de pénétrer dans la cité lorsqu'il était encore en charge des forces militaires. Bien que le Sénat eût continué d'exister, avec des pouvoirs affaiblis et tolérés, pendant encore quelques décennies, il finit par disparaître peu à peu, avec la République romaine et le rêve de démocratie, quand César allia son rôle de commandant militaire à celui de chef d'État. Et la démocratie a virtuellement disparu de la face de la terre pendant dix-sept siècles, avant de renaître dans notre pays.

Notre président actuel est parti en guerre, est revenu symboliquement dans la cité revêtu de son rôle de commandant en chef et a déclaré que notre pays est, jusqu'à nouvel ordre, en état de guerre permanent, qui durera jusqu'à la fin de nos jours. Il laisse entendre que cet état de guerre permanent justifie sa réinterprétation unilatérale de la Constitution de façon à accroître son pouvoir de président aux dépens de celui du Congrès, de la justice et de tous les citoyens. En fait, il a même partiellement militarisé la police nationale en donnant l'ordre à des soldats en uniforme d'exercer sur notre territoire la surveillance des citoyens américains, des entreprises et des associations civiles qui, selon les militaires, peuvent constituer une menace pour notre pays. Ce qui aurait été impensable par le passé est accueilli sans grande protestation.

En d'autres termes, le président Bush a délibérément confondu son rôle de commandant en chef avec ses rôles de chef de gouvernement et de chef d'État. Ce faisant, il a maximisé le pouvoir qui lui a été confié par les Américains qui craignent d'être attaqués et sont tout prêts à entendre ses promesses de protection. Nous devons abandonner les libertés traditionnelles de l'Amérique, nous dit-il, pour qu'il ait assez de pouvoir pour nous protéger contre ceux qui nous veulent du mal.

Et, effectivement, la peur des attentats reste à un niveau étonnamment élevé six ans après le 11 septembre 2001. Il faut dire qu'on nous a constamment rappelé ces attentats, dans pratiquement chaque discours du président, et qu'ils ont servi à justifier pratiquement toutes ses actions.

Bien que nous soyons désormais préparés à des alertes oranges «élevées» et à des attentats terroristes potentiels, nos pères fondateurs nous auraient certainement prévenus que le plus gros risque qui menace l'avenir de l'Amérique que nous aimons est encore la gageure endémique que les démocraties ont eu à affronter chaque fois qu'elles sont apparues dans l'histoire, gageure liée à la difficulté de l'autogouvernance et à la vulnérabilité à la peur inhérente à la nature humaine. En effet, nous avons déjà constaté une sérieuse érosion des contrepoids qui ont toujours maintenu la santé de la démocratie américaine.

Le président Bush n'est pas le premier à tenter de repousser les frontières du pouvoir exécutif. Lorsque la menace nucléaire soviétique est apparue, le président Truman a élargi les limites de son pouvoir pendant la guerre de Corée en prenant le contrôle de plusieurs aciéries, comme je l'ai mentionné au chapitre 5.

Dans le procès qui fit tomber la saisie de Truman, le juge Robert Jackson réaffirma avec éloquence les inquiétudes quant à la concentration abusive de pouvoir de l'exécutif que nos pères fondateurs avaient exprimées en référence au roi George III, et il réactualisa leurs idées en prenant le modèle d'autorité abusive du vingtième siècle représenté à la fois par Hitler, qui venait d'être vaincu, et par Staline, qui constituait alors une terrible menace: «L'exemple du pouvoir exécutif illimité qui a sans doute le plus impressionné nos fondateurs fut l'exercice des prérogatives de George III, et la description de ses défauts dans la Déclaration d'indépendance me conduit à douter qu'ils aient créé leur nouvel exécutif à son image. Et si nous cherchons à tirer des leçons comparables de l'époque contemporaine, poursuivait-il, nous ne trouvons d'équivalent que dans les gouvernements que nous qualifions péjorativement de totalitaires[6].»

Il est important de respecter notre président. Mais il est encore plus important de respecter notre Constitution. À ce propos, il est essentiel de souligner que notre défiance atavique à l'égard de la concentration du pouvoir n'a rien à voir avec le caractère ou la personnalité de celui qui détient ce pouvoir. C'est le pouvoir lui-même qui doit être restreint, contrôlé, réparti et soigneusement équilibré pour assurer la survie de la liberté. Les limites d'obtention du pouvoir qui sont précisées dans notre Constitution prennent presque toujours la forme de lois votées par le Congrès, que les présidents enclins à augmenter leurs prérogatives sont tentés d'ignorer ou de violer.

Un président qui contrevient à la loi est une menace pour la structure même du gouvernement. Nos pères fondateurs étaient inflexibles sur le principe d'une gouvernance par la loi et non par l'autorité des hommes. En effet, ils admettaient que la structure de gouvernement qu'ils avaient enchâssée dans notre Constitution – notre système de contre-pouvoirs – avait pour objectif central d'assurer qu'il n'y aurait de gouvernement que par l'application de la loi. Comme le disait John Adams : « L'exécutif n'exercera jamais ni pouvoir législatif ni pouvoir judiciaire, de façon à permettre un gouvernement par la loi et non par les hommes [7]. »

Nos fondateurs étaient extrêmement conscients de la fragilité des républiques, telle que la prouve l'histoire mondiale. À l'heure même de la naissance de l'Amérique, à Philadelphie, on demanda à Benjamin Franklin : « Eh bien, docteur, qu'avons-nous là ? Une république ou une monarchie ? » Il répondit prudemment : « Une république, si vous savez la préserver » [8].

La survie de la liberté dépend du respect de la loi. Qui dépend à son tour de la façon dont chaque génération d'Américains respecte l'intégrité avec laquelle nos lois sont rédigées, interprétées et appliquées.

Depuis six ans, le président Bush ne cesse de violer la loi. Bien que la seule décision judiciaire ayant trait à la question de légalité prononcée eût été en opposition absolue au programme de surveillance massive et injustifiée du président, ni le ministère de la Justice ni le Congrès n'ont pu réussir à agir pour faire appliquer la loi. Il n'y a eu aucune requête du ministère public, aucune investigation par le FBI. Rien qu'un silence assourdissant. Mais laisser sans rien dire le président des États-

Unis réitérer ces violations graves de la loi peut avoir des conséquences gravissimes pour notre démocratie.

Dès la première violation, le respect de la loi est en danger. Si elle n'est pas immédiatement stoppée, l'illégalité ne fera que grandir. Plus le pouvoir de l'exécutif s'accroît, plus il est difficile aux autres branches de jouer leur rôle constitutionnel. Dès que l'exécutif agit en dehors du rôle constitutionnel qui lui est prescrit et peut contrôler l'accès à l'information qui permettrait de dénoncer ses agissements, il devient de plus en plus malaisé pour les autres branches de rétablir l'ordre. Cette capacité perdue, la démocratie elle-même est en danger et nous sommes gouvernés par des hommes et non par des lois.

Un exécutif qui s'arroge le pouvoir d'ignorer les directives législatives et légitimes du Congrès ou d'agir sans tenir compte du contrôle du pouvoir judiciaire devient la menace centrale que les fondateurs visaient à éliminer de la Constitution. Comme le dit James Madison : « L'accumulation de tous les pouvoirs, législatif, exécutif et judiciaire, dans les mains d'un seul, de quelques-uns ou de plusieurs, fût-ce de façon héréditaire, arbitraire ou élective, peut avec justesse être déclarée comme la définition même de la tyrannie [9]. »

Que penserait Benjamin Franklin de l'affirmation du président Bush disant qu'il a le pouvoir inhérent, sans même une déclaration de guerre du Congrès, de lancer l'invasion de n'importe quel pays du monde, à n'importe quel moment, pour n'importe quelle raison, même si ce pays ne représente pas de menace imminente pour les États-Unis ? Combien de temps James Madison mettrait-il, au regard de l'opinion légale du ministère de la Justice, à rejeter les prétentions de notre actuel président, affirmant qu'il peut se placer au-dessus des lois, du moment qu'il agit au titre de commandant en chef ?

Je crois qu'on peut dire sans crainte de se tromper que nos pères fondateurs seraient sincèrement inquiets des développements récents de notre démocratie, et qu'ils sentiraient qu'aujourd'hui nous affrontons un danger évident capable de mettre en péril l'expérience américaine. Ne devrions-nous pas être inquiets, nous aussi, et nous demander comment nous avons pu en arriver là ?

Au nom de la sécurité, cette administration a tenté de mettre le Congrès et la justice sur la touche, et de remplacer notre système démocratique de contre-pouvoirs par un exécutif ne rendant de comptes à personne. Et pendant tout ce temps elle a constamment cherché de nouveaux moyens d'exploiter le sentiment de crise dans un but partisan de domination politique.

Déformer ainsi notre méticuleux équilibre constitutionnel pour en faire une structure bancale dominée par un exécutif tout-puissant, au détriment d'un parlement croupion et d'une justice soumise, constitue pour la survie de la liberté une menace extrêmement dangereuse. Cette confiscation de pouvoir unilatérale et sans précédent fait aujourd'hui courir un grand péril à la conception même de notre Constitution.

L'une des pratiques les plus méprisantes et les plus dangereuses du président Bush est son abus chronique de ce qu'on appelle les « déclarations de signature ». Ce sont des notes écrites qu'émet le président en signant un projet de loi. Tout au long de l'histoire, ces déclarations ont surtout joué un rôle cérémonial, louant les vertus de la législation et remerciant les personnalités responsables de cette disposition. Occasionnellement, elles pouvaient contenir un passage dans lequel le président émettait quelque inquiétude sur les stipulations d'une nouvelle loi. Ce que tous les présidents ont toujours évité, c'est de souligner les dispositions sur lesquelles ils étaient en désaccord, et d'annoncer qu'ils ne s'y soumettraient pas. À l'évidence, un tel procédé serait jugé inconstitutionnel.

La Constitution donne au président le choix de signer une loi, de lui opposer un veto – auquel cas la loi n'est pas mise en application à moins qu'une majorité des deux tiers au Sénat et à la Chambre des députés ne rejette le veto –, ou de s'abstenir de signer la loi, auquel cas elle est mise en application sans sa signature au bout de dix jours (à moins que ce ne soit la fin des sessions du Congrès, auquel cas la loi est annulée par ce qu'on appelle un *pocket veto*). Ce sont là les seules options prévues par la Constitution. Le président est tenu soit de signer, soit d'opposer son veto à chaque loi qui lui est présentée par le Congrès. N'étant pas membre de l'Assemblée législative, il n'est pas autorisé à séparer les dispositions des lois ni à choisir celles qu'il accepte ou rejette. Une fois la loi votée par le Congrès, il doit soit l'accepter, soit la rejeter entièrement, telle quelle [10].

De même que pour certains autres abus de l'administration actuelle, Bush n'est pas le premier président à tenter d'étendre l'autorité exécutive, mais ses abus dépassent de si loin ceux de ses prédécesseurs qu'ils représentent une différence de genre aussi bien que de degré.

Le président Clinton a émis des déclarations de signature concernant 140 lois pendant les huit ans de sa présidence, à comparer avec son prédécesseur George H. Bush, qui s'est opposé à 232 lois pendant ses quatre ans de mandat [11]. Quant à George W. Bush, il a émis plus de déclarations de signature que tous ses prédécesseurs réunis, défiant la constitutionnalité de plus de 1 000 lois pendant les six premières années de sa présidence.

La différence entre la pratique du président Clinton et celle du président George W. Bush ne concerne pas seulement le volume, bien que cela soit déjà frappant, étant donné surtout que le président Clinton affrontait un Congrès hostile dominé par le parti politique opposé, alors que le président Bush a eu affaire pendant six ans à un Congrès docile et qui le soutenait. Les déclarations de signature du président Clinton étaient basées sur des principes bien établis de droit constitutionnel et guidés par un désir de laisser le pouvoir judiciaire résoudre les questions d'interprétation constitutionnelle. En revanche, les déclarations de signature du président Bush s'appuient sur des théories légales concernant son pouvoir personnel, extrémistes et sans support juridique. En fait, sa théorie du pouvoir personnel est si vaste qu'en pratique elle revient à une affirmation de pouvoir clairement anticonstitutionnel, en déclarant simplement à quelles dispositions de la loi il acceptera ou refusera de se soumettre.

Beaucoup de spécialistes juridiques ont tiré la sonnette d'alarme à ce sujet. L'un d'eux, le professeur David Golove, de l'université de New York, dit que les affirmations de Bush remettent en question «l'idée même de respect de la loi [12]». Bruce Fein, qui exerça comme ministre délégué à la Justice sous l'administration Reagan lorsque Ed Meese et Samuel Alito initièrent cette pratique, dit aujourd'hui qu'elle «élimine les contre-pouvoirs qui garantissent la démocratie d'un pays». Il ajoute : «Une justice indépendante n'a plus aucun moyen de limiter ses affirmations de pouvoir, et le Parlement ne le fait pas non plus. Ce qui nous entraîne vers un pouvoir exécutif illimité [13]. »

Par exemple, après que l'administration a déshonoré et mis le pays dans l'embarras en torturant un grand nombre de prisonniers sans défense, une majorité écrasante de représentants des deux partis a voté une loi soutenue par trois sénateurs républicains, John McCain, John Warner et Lindsey Graham, pour décréter la torture illégale. Bush aurait pu opposer son veto à cette loi, mais le Congrès l'aurait très probablement outrepassé. Il signa donc la loi mais annonça qu'il n'était pas obligé – et refusait – de s'y soumettre. Voilà ce qui explique que Bush n'ait pas opposé un seul veto depuis le début de son mandat. Pourquoi prendre cette peine s'il peut décider à sa fantaisie quelles dispositions de loi le concernent et quelles autres il peut tout simplement ignorer ?

Dans de nombreux autres cas, le président a marchandé avec le Congrès pour influencer le vote en faveur d'une loi en acceptant l'ajout de certaines dispositions auxquelles divers membres du Parlement avaient conditionné leur soutien. Cette pratique courante en démocratie est ce qui s'appelle un «compromis». Dans ce cas, cependant, le président a tourné casaque et annoncé par ses déclarations de signature qu'il n'appliquerait ni ne considérerait comme valides aucune mesure de l'amendement posée par les membres du Congrès comme condition pour soutenir une majorité.

Pour prendre un autre exemple, une majorité des deux partis a voté récemment au Congrès une loi concernant le service postal (US Postal Service, déjà mentionné au chapitre 5), qui renforçait explicitement les termes du 4e amendement de la Déclaration des droits et précisait qu'il était illégal pour le président d'ouvrir sans mandat le courrier des citoyens. Mais le président a émis une déclaration de signature au moment de signer la loi, insistant sur son autorité à donner ordre, sans mandat, d'ouvrir le courrier pour inspection.

Devons-nous modifier tous les manuels scolaires des États-

Unis pour expliquer aux écoliers que ce qui est enseigné sur les contre-pouvoirs depuis plus de deux siècles n'est plus valable ? Devons-nous leur apprendre au contraire que le Congrès des États-Unis et les cours de justice ne sont plus que des groupes consultatifs qui formulent des suggestions au président sur ce que doit être la loi, mais que le président est tout-puissant et a désormais le dernier mot ? Devons-nous leur apprendre que nous sommes un gouvernement basé sur les hommes, et non sur les lois ? Que nous étions naguère une démocratie, mais que dorénavant nous ne faisons plus que semblant de l'être ?

L'usage abusif de déclarations de signature pour circonvenir la conception des contre-pouvoirs de nos fondateurs fait partie de l'effort plus vaste de l'administration pour concentrer pratiquement tous les pouvoirs entre les mains de l'exécutif. En effet, cette administration est venue au pouvoir sous l'emprise d'une théorie juridique qui vise à nous convaincre que cette concentration excessive d'autorité est exactement ce que prévoyait notre Constitution.

Cette théorie juridique, que ses partisans nomment « exécutif unitaire » mais qui pourrait être plus justement qualifié d'« exécutif unilatéral », menace d'étendre le pouvoir du président au point que le cadre constitutionnel que nous ont légué les fondateurs devienne méconnaissable. Selon cette théorie, l'autorité du président agissant en tant que commandant en chef ou en matière de politique extérieure ne peut être examinée par la justice ni contrôlée par le Congrès.

Le président Bush a élargi cette notion au maximum en insistant continuellement sur son rôle de commandant en chef, l'invoquant à chaque occasion et le confondant avec ses autres rôles de politique intérieure et extérieure. Lorsqu'on les ajoute à l'idée que nous sommes entrés dans un état de guerre perpétuel, les implications de cette théorie s'étendent dans l'avenir aussi loin qu'on l'imagine. Ces prétentions doivent être rejetées et nous devons redonner à notre république un équilibre salutaire des pouvoirs. Sinon, la nature fondamentale de notre démocratie peut subir une transformation radicale.

Autre abus justifié par la doctrine d'un exécutif unitaire : la Maison Blanche a déclaré début 2007 que toutes les règles et

politiques publiques mises en place par les agences gouvernementales seront désormais soumises à la vérification et à la mise
en œuvre de délégués politiques, ce qui donne un moyen supplémentaire d'exercer une pression politique sur les agences qui
devraient appliquer en toute légalité nos lois sur la santé, la
sécurité et l'environnement.

Il est important de se souvenir qu'en plus de l'autorité qu'a le
président d'«exécuter fidèlement les lois», dérivée de l'article 2
de la Constitution, il exerce un autre pouvoir qui lui est spécifi-
quement délégué par le Congrès par lois statutaires incluant de
nombreuses garanties conçues pour assurer l'application juste et
prudente de la législation et des politiques publiques. Souvent,
ces clauses sont explicitement prévues pour empêcher des fortunes et des pouvoirs privés de s'emparer des procédures de protection publique contre l'abus de ces mêmes intérêts privés.

Dans l'administration actuelle, la nouvelle initiative du président pour aligner toutes les politiques publiques de l'exécutif
sur le programme présidentiel fait partie de cette même stratégie
de confiscation de pouvoir. Un ancien haut fonctionnaire de la
Maison Blanche, John DiIulio, a dénoncé avec amertume cette
omniprésence lorsqu'il a quitté son poste de responsable des
«initiatives convaincues». DiIulio déclarait: «Ce qui se passe,
c'est que tout, je dis bien tout, est gouverné par le bras politique.
C'est le règne du Machiavel de Mayberry [14].»

Bush a trouvé un support intellectuel à sa détermination
lorsque, en 1999, Karl Rove fit lire au gouverneur du Texas un
livre de Terry Eastland intitulé *Un exécutif énergique. Plaidoyer
pour une présidence forte*. Basé sur l'affirmation contenue dans
le *Fédéraliste*, selon laquelle «un exécutif énergique est le
facteur principal de la définition d'un bon gouvernement», le
livre d'Eastland, publié en 1992, défendait clairement, à l'intention des conservateurs, une présidence autoritaire et unilatérale qu'ils estimaient avoir perdue à cause des réformes suivant
le Watergate.

L'un des principaux défenseurs de cette étrange théorie d'un
exécutif unitaire est le même Samuel Alito qui préconisa le
premier la généralisation abusive des déclarations signées
pendant l'administration Reagan. Alito est depuis longtemps

partisan d'un prétendu exécutif unitaire et ne va probablement rien faire pour freiner l'expansion du pouvoir exécutif. De même, Roberts, président de la Cour suprême, a exprimé sans ambiguïté sa déférence envers cette expansion en soutenant la soumission du pouvoir judiciaire aux agences juridiques gouvernementales. En effet, les responsables judiciaires nommés par le président ont été, dans l'ensemble, clairement choisis pour garantir que le pouvoir judiciaire ne pourrait pas contrôler le pouvoir exécutif.

La plus faible et la plus vénérable des trois branches était, de l'avis général de nos pères fondateurs, la branche judiciaire. Le pouvoir de la robe était considéré – du moins avant que John Marshall, juge en chef et président de la Cour suprême, n'augmente les pouvoirs de celle-ci au début du dix-neuvième siècle – comme sans comparaison avec celui de l'argent ou de l'épée.

Cette inégalité inhérente de pouvoir, comme l'écrivait Alexander Hamilton dans le numéro 78 du *Fédéraliste*, « prouve incontestablement que le judiciaire est sans comparaison le plus faible des trois départements de pouvoir ; qu'il ne peut jamais attaquer avec succès l'un des deux autres ; et que toutes les précautions possibles sont nécessaires pour lui permettre de se défendre contre leurs attaques… Il court continuellement le risque d'être écrasé, intimidé ou influencé par les branches avec lesquelles il fonctionne ». Cependant, Hamilton continuait en prévenant que, si le pouvoir judiciaire se combinait soit au pouvoir exécutif, soit au pouvoir législatif, alors la liberté elle-même « aurait tout à redouter »[15].

Pour cette raison, il était particulièrement important de protéger l'indépendance de la justice, à la fois de l'influence des passions d'une majorité temporaire de la branche législative et de l'inévitable avidité de pouvoir de l'exécutif. Montesquieu, l'un des plus influents penseurs du siècle des Lumières souvent cité par nos fondateurs, écrivait : « Il n'y a point encore de liberté si la puissance de juger n'est pas séparée de la puissance législative et de l'exécutrice[16]. »

Dans un système qui fonctionne correctement, la branche judiciaire sert d'arbitre constitutionnel pour assurer que chaque branche du gouvernement observe sa propre sphère d'autorité, respecte les libertés civiques et adhère à la loi. Lorsque James Madison proposa à la réflexion la Déclaration des droits, il expliqua que les cours de justice seraient les gardiens de nos droits, « un bastingage impénétrable contre toute prise de pouvoir de l'exécutif ou du législatif [17] ».

Malheureusement, l'administration actuelle s'est efforcée de contrecarrer la capacité d'arbitrage de la justice en lui ôtant des mains toutes les controverses, la mettant dans l'impossibilité de récuser le droit que s'est arrogé l'administration d'emprisonner des individus sans procédure légale. Elle l'a fait en nommant des juges comme Alito et Roberts, qui lui laisseront vraisemblablement exercer le pouvoir à sa guise, et en soutenant les atteintes à l'indépendance de la troisième branche.

Le président Bush n'est évidemment pas le premier à tenter de contrôler la justice fédérale. En fait, la lutte entre John Adams et Thomas Jefferson consistait en partie à savoir si ce seraient les fédéralistes ou les anti-fédéralistes qui contrôleraient la majorité des juges. Et Franklin Delano Roosevelt a tenté sans succès d'augmenter la taille de la Cour suprême en la remplissant de juges qui soutiendraient son programme du New Deal.

Cependant, dans l'histoire américaine, il y a rarement eu autant d'atteintes à l'indépendance de la justice que durant les années Bush-Cheney. En outre, l'administration a soutenu l'attaque des républicains au Congrès lorsqu'ils ont entrepris des efforts législatifs pour restreindre la juridiction des tribunaux dans des domaines allant de l'habeas corpus à la promesse d'allégeance. En bref, l'administration a démontré son mépris du rôle de la justice et cherché à évincer systématiquement le contrôle judiciaire de ses actions.

Un porte-parole de James Sensenbrenner, ancien président républicain de la commission judiciaire de la Chambre, a dit : « Il semble qu'ici il n'y ait pas de malentendu laissant croire que notre système aurait été conçu avec une justice totalement indépendante [18]. »

Un malentendu, vraiment ?

Certains membres de l'extrême droite ont même prononcé de véritables menaces et mené des actions d'intimidation contre des juges fédéraux dont ils désapprouvaient la philosophie, y compris après qu'un juge eut été assassiné à Atlanta, alors qu'il présidait un tribunal. Et même après que le mari et la mère d'une juge fédérale eurent été assassinés à Chicago, en représailles d'un procès perdu. Après de tels actes, celui qui était alors le leader républicain de la Chambre des représentants, Tom DeLay, pouvait encore réagir à un arrêt de la cour dans le procès Terri Schiavo en disant d'un ton menaçant : « Le temps viendra où les responsables devront payer [19]. »

Quand le scandale suscité par ce commentaire s'aggrava, DeLay prétendit que ses propos avaient été mal choisis, mais dans la phrase suivante il émit de nouvelles menaces contre le même tribunal en disant : « Nous nommons les tribunaux, nous pouvons les révoquer. Nous avons le pouvoir du portefeuille [20]. »

De plus, nombre de républicains de premier plan profèrent régulièrement des menaces similaires. Steve King, par exemple, parlementaire républicain de l'Iowa, a dit : « Si nous passons une loi, une loi spécifique, et qu'ils la rejettent, ils commenceront alors à comprendre ce qu'est l'autorité quand ils verront leur budget diminuer, et ils feront attention. Ce n'est pas la méthode que je préfère. Ma méthode préférée, c'est de leur faire respecter la Constitution et la loi. Mais ils sont contre-productifs pour ce pays et si nous voulons préserver notre Constitution, il faut qu'on les mette au pas [21]. »

Le sénateur John Cornyn, républicain du Texas, justifie ce qu'il appelle l'état de violence des tribunaux par l'opinion qu'elle peut être causée par des décisions impopulaires. « Je me demande s'il n'y a pas un lien entre la façon dont les gens perçoivent les choses, dans certains secteurs, dans certains cas, quand les juges prennent des décisions politiques et qu'ils doivent quand même rendre des comptes au public, et que ça s'envenime au point que certains s'engagent, s'engagent dans la violence, certainement sans raison, mais c'est une question que je me pose [22]. »

Quel commentaire indigne, provocateur et dangereux !

Michael Schwartz, directeur de cabinet de Tom Coburn, sénateur républicain de l'Oklahoma, a réclamé une destitution massive en s'appuyant sur l'étrange théorie de droite disant que le président peut simplement déclarer qu'il estime que tel juge ne se comporte pas correctement. « Dans ce cas, le mandat du juge est terminé [23] », a déclaré ce fonctionnaire.

Les représentants républicains du gouvernement, élus ou nommés, qui ont fait ces dangereuses déclarations reflètent la conviction largement répandue de certaines organisations extrémistes de base qui ont mis la destruction de l'indépendance judiciaire au centre de leur programme. Tony Perkins, directeur du Conseil de recherche familiale, a dit : « Il y a plus d'une manière de dépouiller un chat, et plus d'une façon de sortir une robe noire du parquet. » Perkins affirme avoir eu des réunions avec des leaders républicains au cours desquelles ils ont ouvertement discuté de cesser de financer certains tribunaux dont ils n'aimaient pas les arrêts. « Ce qu'ils envisagent, ce n'est pas seulement de démanteler les cours pour en renommer d'autres le lendemain, mais aussi de ne plus les financer », poursuivait Perkins en parlant des leaders républicains. « Le Congrès pourrait faire usage de son autorité de gestion, dit-il, pour renvoyer la cour, tout le personnel, et le juge se retrouverait sans rien à faire » [24]. Un autre porte-parole influent de droite, James Dobson, à la tête de l'association « Focus on the Family » (« la famille au cœur des préoccupations »), dirige essentiellement sa colère contre la 9e cour d'appel du travail. « Très peu le savent, a-t-il déclaré, mais le Congrès peut tout simplement priver une cour du droit de vote. Il n'a pas besoin de renvoyer ni de destituer quiconque, ni d'entrer en conflit, il lui suffit de déclarer que la 9e cour n'existe plus, et elle disparaît [25]. » Grâce à des menaces de ce genre, de nombreux républicains créent une atmosphère telle que des juges peuvent très bien hésiter à exercer leur fonction en toute indépendance, de peur de représailles parlementaires.

Ces opinions sont totalement en contradiction avec l'esprit de la Constitution des États-Unis. Il y a eu des périodes dans l'histoire américaine où l'indépendance des magistrats a été menacée par des manœuvres politiques, mais au fil du temps, le désir de protéger l'autonomie de la justice n'a fait que croître.

Alexander Hamilton nous mettait en garde :

« L'indépendance des juges est également requise pour préserver la Constitution et les droits des individus des effets des mauvaises idées que l'habileté des ambitieux ou l'influence de conjonctures particulières fait parfois naître parmi les hommes et qui, même si elles cèdent rapidement le pas à une meilleure information et à une réflexion plus approfondie, ont tendance, dans le même temps, à produire de dangereuses innovations dans le gouvernement, et une oppression grave de la minorité [26]. »

La pression des conservateurs sur la magistrature fédérale a commencé sérieusement en 1982, quand quelques étudiants en droit se réunirent dans les facultés de droit de Yale et de l'université de Chicago, soutenus par des professeurs de droit comme Robert Bork et Antonin Scalia. Sous le nom de Société fédéraliste, ils formèrent un groupe largement composé de jeunes fonctionnaires de l'administration Reagan dont le but n'était autre que de noyauter la magistrature de juristes qui, comme eux, avaient une vision des droits individuels et du pouvoir fédéral bien plus étroite que le *statu quo*. Aux yeux de cette nouvelle association, les cours avaient tort d'adapter la Constitution à notre époque au lieu de respecter au plus près les intentions de ses rédacteurs du dix-huitième siècle. Le groupe comptait parmi ses membres le futur juge de la Cour suprême, Samuel Alito.

Financé par les fondations John M. Olin, Lynde et Harry Bradley, Sarah Scafe et Charles G. Koch, le groupe trouva un sujet de colère et de stimulation au bout de cinq ans d'existence quand le Congrès rejeta la nomination du juge Robert Bork à la Cour suprême. Des sections de la Société fédéraliste se répandirent dans toutes les principales facultés de droit du pays. Leur première grande victoire fut de repousser l'attaque contre la nomination du juge Clarence Thomas, et leurs membres prirent bientôt le contrôle du comité sénatorial de la justice. Plus récemment, la Société fédéraliste s'est vu attribuer le crédit de l'ascension des juges Roberts et Alito.

À la suite de la polémique autour du lobbyiste Jack Abramoff et du discrédit des voyages payés à des membres du Congrès, la nouvelle Chambre des représentants dont les sessions se sont ouvertes en janvier 2007 a prononcé l'illégalité des voyages parlementaires aux frais de l'État et il est prévu que le Sénat fasse de même sans tarder. Mais les mêmes distractions aux frais du public offertes à des magistrats ont attiré remarquablement peu l'attention. Des groupes privés se sont mis à accueillir des séminaires pour les juges fédéraux dans des stations touristiques de luxe afin de transmettre à ces magistrats leur idéologie conservatrice. Ces groupes dépensent souvent des milliers de dollars en spectacles, voyages et autres séjours offerts à tous les juges en poste [27]. Certaines de ces réunions sont plus équilibrées que d'autres et semblent être particulièrement orientées sur un authentique échange d'idées. Mais, en maintes occasions, le programme présenté est extrêmement chargé d'idéologie de droite, allégé par une représentation minimale d'opinions alternatives pour maintenir l'illusion qu'il ne s'agit pas d'une vision trop lourdement partiale.

Ces groupes prétendent que, dans un monde moderne où la technologie change constamment, les juges ont besoin de réactualiser leurs connaissances dans une série de domaines techniques, pour pouvoir prendre des décisions judicieuses. Bien sûr, le Congrès a créé à cet effet le Centre judiciaire fédéral afin de procurer aux magistrats la meilleure information disponible sur toutes les questions qu'ils veulent approfondir. Mais certains de ces groupes privés ne tiennent pas tant à transmettre aux juges une formation continue objective qu'à les convaincre d'adopter leur point de vue.

Le groupe sentinelle Conseil des droits publics (Community Rights Counsel, CRC) a mené des recherches approfondies sur les groupes qui ont financé les stages de formation, montrant quels juges les avaient suivis et comment leurs décisions étaient systématiquement en faveur des compagnies qui avaient financé leur «formation». Les résultats de cette recherche, sans surprise, n'en sont pas moins inquiétants, compte tenu du désir de nos pères fondateurs de créer une justice indépendante.

Le CRC a montré que le nombre de stages de formation des magistrats avait augmenté significativement – de plus de 60 % – entre le milieu des années 1990 et 2004. En quelques années, plus de 10 % des juges ont participé à ce genre de séjours. Alors que quantité de ces séminaires sont effectivement destinés à procurer formation et information, le pourcentage de ceux qui sont sponsorisés par « les trois grands », c'est-à-dire la Fondation pour la recherche sur l'économie et l'environnement, le Centre de droit et d'économie de l'université George Mason (Law & Economics Center, LEC) et le Liberty Fund, a augmenté de façon spectaculaire [28].

Ces trois organismes ne cachent pas leur approche conservatrice du droit, et particulièrement en ce qui concerne le droit et les règlements spécifiques à l'environnement. Ils insistent sur le fait que les lois environnementales doivent être abrogées en faveur de la protection de propriété des entreprises polluantes. Il est facile de deviner quels juges ils invitent à leurs séminaires de formation : au total, 68 % des participants aux congrès des « trois grands » entre 2002 et 2004 étaient des républicains membres de l'administration, alors que 97 % de ceux qui prenaient part aux séminaires organisés par le Liberty Fund à la même période étaient des magistrats républicains nommés par l'administration [29].

Le CRC a montré notamment que les juges qui assistaient plusieurs fois à ces congrès étaient généralement auteurs des décisions les plus militantes, les plus anti-environnementalistes et les plus favorables aux entreprises. Il serait naturellement impossible de prouver que la participation à ces séminaires puisse influencer les opinions des magistrats. Mais le CRC note qu'« une lettre d'information du LEC proclame avec fierté que de nombreux juges ont déclaré que le programme avait "totalement modifié leur cadre de référence pour des dossiers concernant des questions économiques" [30] ».

Ces organismes ne délivrent pas une formation judiciaire objective. Ils offrent des vacances de plusieurs milliers de dollars à des juges fédéraux pour promouvoir leur programme de droite aux dépens de l'intérêt public. Au fil du temps, cet effort a eu un effet visible. C'est un exemple de plus de la façon dont l'argent a supplanté la raison au centre de notre démocratie représentative – cette fois au cœur de la branche judiciaire du gouvernement. Nos fondateurs avaient compris que ni l'intelligence ni l'éducation ne peuvent protéger contre les tentations et les fragilités inhérentes à la nature humaine.

Certains disent que le remède à ce problème consiste seule-

ment à encourager d'autres organismes privés et environnementaux à organiser leurs propres «séminaires» à l'intention
des magistrats fédéraux, mais le problème classique auxquels
font face les défenseurs d'un intérêt public élargi s'appuyant
essentiellement sur la force de l'argumentation et la loi de la
raison, c'est qu'ils n'ont pas accès aux mêmes sources de
richesse généralement à la disposition de ceux qui défendent les
intérêts particuliers dont les revenus sont affectés de manière
vitale par les décisions des tribunaux, du Congrès et de la
branche exécutive. Mais même s'ils avaient de telles ressources,
ce serait aussi immoral pour ceux qui voudraient défendre des
dossiers particuliers devant un tribunal de sponsoriser des programmes de «formation» destinés à circonvenir des juges en
leur offrant des vacances gratuites.

Si nos pères fondateurs croyaient que la branche judiciaire,
décrite dans l'article 3 de la Constitution, était de loin la plus
faible des trois, il est également vrai qu'ils prévoyaient que la
branche législative, décrite dans l'article 1, serait la plus puissante. Même si certains n'étaient pas d'accord, la grande
majorité se disait que la branche législative constituait la meilleure garantie contre le risque d'une concentration abusive du
pouvoir de l'exécutif.

Au cours de ces dernières années, l'échec le plus grave et le
plus surprenant du système de contre-pouvoirs est l'abdication
du Congrès dans son rôle paritaire de gouvernement. À la suite
des élections de 2006, la nouvelle majorité démocrate du
Congrès a entrepris un effort tardif pour rétablir la position du
pouvoir législatif.

Mais de gros dégâts ont été causés par la majorité complai-
sante qui a contrôlé la Chambre pendant les douze années précé-
dentes et le Sénat presque aussi longtemps, en particulier de
janvier 2001 à janvier 2007. Pendant cette période, la majorité
républicaine était tellement à la botte du président qu'elle a
abandonné la pratique des commissions d'enquête et a permis à
l'exécutif de contrôler presque complètement les opérations du
Congrès.

La nécessité constante de trouver des financements pour
acheter des publicités télévisées rend le Congrès extrêmement

vulnérable à l'influence des groupes privés qui apportent leur contribution aux campagnes électorales. Et, dans le parti républicain, la procédure de financement a été nationalisée d'une manière qui donne au président en exercice du même parti une influence énorme pour choisir ceux qui bénéficient d'une contribution électorale.

C'est l'état pitoyable de notre branche législative qui explique principalement l'incapacité du système de contre-pouvoirs – qui faisait notre fierté – à freiner les excès de notre exécutif, au risque d'une transformation radicale du système américain.

J'ai été élu au Congrès en 1976, j'ai siégé huit ans à la Chambre et huit ans au Sénat, et j'ai été vice-président du Sénat pendant huit ans. Tout jeune, j'ai pu voir directement ce qu'était le Congrès, en tant que fils de sénateur. Mon père avait été élu au Congrès en 1938, dix ans avant ma naissance, et a quitté le Sénat en 1971.

Le Congrès actuel est incomparablement différent de ce qu'il était quand mon père y siégeait. Il y a aujourd'hui de nombreux sénateurs et parlementaires distingués. Mais la branche législative du gouvernement sous la précédente majorité se comportait exactement comme si elle était totalement soumise à l'exécutif. En outre, de trop nombreux membres de la Chambre ou du Sénat se sentent désormais obligés de passer la majeure partie de leur temps, non pas à débattre consciencieusement des questions posées, mais à collecter des fonds pour acheter des spots publicitaires de trente secondes.

L'exécutif, à maintes reprises, a réquisitionné le rôle du Congrès et ce dernier lui a souvent complaisamment abandonné son propre pouvoir. Citons par exemple l'attitude qu'a eue le Parlement en tolérant cette campagne massive de mise sur écoutes et de surveillance qui a violé ouvertement la Déclaration des droits pendant quatre ans. Le président dit qu'il a informé le Congrès, mais ce qu'il veut dire en réalité, c'est qu'il a simplement parlé au président et aux membres les plus importants des commissions du renseignement du Sénat et de la Chambre, ainsi qu'aux principaux leaders des deux chambres. Quant aux membres de ces petits groupes, ils ont prétendu qu'on ne leur avait pas livré la totalité des faits, alors qu'au moins un des leaders de la commission du renseignement avait écrit de sa main une lettre exprimant son inquiétude au vice-président Cheney et en avait conservé une copie dans son coffre-fort personnel.

De toute façon, ces leaders ont été informés secrètement et n'ont pu divulguer ces informations aux autres membres ni même à leurs propres secrétaires. (Ce qui explique pourquoi la lettre au vice-président Cheney avait été écrite à la main.) Les rapports ne pouvaient donc donner lieu à aucun débat parlementaire pour savoir s'il était judicieux d'avoir un programme de surveillance et de troquer notre liberté contre la sécurité.

Bien que je compatisse à la situation inconfortable de ces hommes et de ces femmes, je ne peux qu'être en désaccord avec la Coalition pour la liberté, qui prétend que les démocrates aussi bien que les républicains sont responsables de ne pas avoir agi pour protester ni cherché à empêcher ce qu'elle considère comme un programme totalement anticonstitutionnel.

Beaucoup de membres du Congrès en exercice ont eu l'expérience de mener une commission d'enquête. Dans les années 1970 et 1980, celles auxquelles j'ai participé avec mes collègues ont mis l'exécutif sur des charbons ardents, quel que soit le parti au pouvoir. Pendant mes deux premiers mandats à la Chambre des représentants, par exemple, je me suis joint à mes collègues démocrates pour créer des commissions d'enquête contradictoires et sans complaisance sur la façon dont le président Jimmy Carter conduisait l'exécutif, non par manque de respect à son égard, mais simplement parce que nous estimions que c'était notre rôle de membres du gouvernement législatif. Pourtant, les commissions d'enquête ont pratiquement disparu pendant les six premières années de l'administration Bush-Cheney, parce que la loyauté des parlementaires républicains surpassait leur respect du rôle indépendant que la branche législative est censée jouer dans notre système constitutionnel.

Le rôle des commissions d'autorisation décline depuis des décennies, parfois jusqu'à devenir insignifiant. De nombreux projets de lois d'affectation de crédits ne sont jamais mis en application. Tout est passé en une seule proposition gigantesque que les membres du Congrès ne sont même pas autorisés à lire avant de voter. Plus récemment, des membres du parti démocrate étaient régulièrement exclus des commissions parlementaires et les amendements n'étaient pas autorisés pendant l'examen en séance de la législation. Au Sénat des États-Unis, qui s'enorgueillit d'être « le corps délibératif le plus grand du monde », les débats significatifs sont devenus une rareté.

Les leaders républicains de la Chambre et du Sénat se sont même mis à empêcher les démocrates d'assister aux réunions de commissions parlementaires où la législation prend sa forme définitive. En revanche, ils laissent le cabinet du président venir aux réunions et rédiger à leur place certains éléments clés des lois.

En outre, les électeurs peuvent de moins en moins tenir les membres du Congrès pour responsables de cette abdication, car les campagnes de réélection sont souvent de pure forme. Les découpages électoraux destinés à favoriser les parlementaires sortants des deux partis, les énormes budgets financés par les contribuables pour les envois en nombre de mailings et de circulaires, les éditions de vidéos et les voyages en avion tous les week-ends dans leur circonscription, la possibilité de collecter de grosses sommes d'argent pour acheter des spots publicitaires, tous ces facteurs se conjuguent pour assurer que la grande majorité des candidats sortants soient réélus dans tous les cas.

À la Chambre des représentants, le nombre de candidats qui s'affrontent dans une véritable compétition tous les deux ans représente généralement moins de 15 %, et le nombre de sièges qui changent est infime. De temps en temps, il y a un mouvement d'opinion plus important, comme en 1994 et 2006, et le contrôle du Congrès passe d'un parti à l'autre. Mais trop d'élus en sont arrivés à croire que, pour se procurer l'argent nécessaire à la réélection, il faut rester du côté de ceux qui peuvent payer. Et, dans le cas du parti républicain, tout le processus est aux mains du président en exercice et de son organisation politique.

De plus en plus, les élections générales sont devenues une formalité, surtout pour la Chambre des représentants. Les auteurs de la Constitution avaient imaginé un rôle spécifique pour chacune des deux chambres. La Chambre des représentants était constituée de jeunes rebelles, sensibles aux passions du temps, en partie grâce à l'obligation du mandat de deux ans. Les sénateurs, en revanche, étaient élus pour six ans et devaient servir à contrôler la Chambre avec la capacité de réflexion approfondie que permettait la longueur de leur mandat. Jusqu'à une période récente, il s'ensuivait que les sièges à la Chambre se renouvelaient plus fréquemment que ceux du Sénat.

Au cours des dernières années, cette comparaison s'est inversée. Dans les quatre élections du nouveau millénaire, les députés ont été réélus en moyenne dans 96 % des cas, alors que les sénateurs ne l'ont été que dans une proportion de 85 %, selon Rhodes Cook, expert en statistiques électorales. Il est maintenant statistiquement plus facile pour un membre de la Chambre d'être réélu trois fois que pour un sénateur de l'être une fois. En conséquence, l'intention des fondateurs, c'est-à-dire que les députés fassent des mandats moins longs pour être plus réactifs à l'opinion publique que le Sénat, a été totalement détournée. Bien entendu, le changement le plus fondamental subi par le Sénat a suivi le 17e amendement à la Constitution, ratifié en 1913, qui promulguait l'élection des Sénateurs au suffrage direct. Effectivement, en accord avec cette nouvelle réalité électorale, des preuves anecdotiques suggèrent que le Sénat est moins stable que la Chambre des représentants.

De plus, contrairement au courageux 93e Congrès, qui aida à sauver notre pays des sinistres abus de Richard Nixon, le dernier Congrès, contrôlé par le parti du président, a pratiquement abdiqué son rôle constitutionnel, qui est de servir en tant que branche du gouvernement indépendante et d'égale importance. Ce Congrès dirigé par les républicains s'est contenté, la plupart du temps, d'être aux ordres du président pour décider de son vote.

Heureusement pour notre pays, le président Nixon a été forcé de démissionner avant de pouvoir mettre en œuvre son interprétation fantaisiste de la Constitution, mais pas avant que sa défiance vis-à-vis du Congrès et de la magistrature ne provoque une grave crise constitutionnelle. Les deux plus hauts responsables du ministère de la Justice sous le président Nixon, Elliot Richardson et William Ruckelshaus, s'avérèrent d'une intégrité remarquable. Et, tout en étant des partisans républicains loyaux,

ils furent encore plus attachés à la Constitution et démission-
nèrent par principe plutôt que par obligation en constatant les
abus de pouvoir de Nixon. Ce qui permit au Congrès, au niveau
des deux partis, de résister courageusement aux abus d'autorité
du président en lançant une procédure de destitution. Les heures
de la lutte menée au cours de ce procès sont parmi celles dont le
Congrès a lieu de s'enorgueillir dans les décennies récentes.

Le déclin et la perte d'indépendance manifestés par le dernier
Congrès choqueraient plus que tout nos pères fondateurs, car ils
étaient convaincus que le Congrès était le plus important des
contrepoids à un dangereux excès de pouvoir de la branche exécutive.

Comme l'a imaginé James Madison, notre démocratie est
délibérative. En réalité, cette fonction est essentielle à l'intégrité
de notre entente sociale, puisque l'alchimie fondamentale de la
démocratie, par laquelle un pouvoir juste découle du consentement des citoyens, ne peut intervenir que par une procédure
authentiquement délibérative.

En outre, le Sénat américain, plus encore que la Chambre des
représentants, a pour rôle spécifique d'offrir un forum de délibération où toute l'attention appropriée sera portée aux opinions
de la minorité. Ce n'est pas un hasard si nos fondateurs ont
donné au Sénat le pouvoir de juger l'aptitude des magistrats
nommés par le gouvernement, parce qu'ils savaient que le
respect de la loi passe par la manière dont sont perçues l'indépendance et l'intégrité de nos juges. Ils voulaient que ces qualités soient contrôlées par le plus sage des deux corps législatifs.

Comme on l'a évoqué au chapitre 2, l'attaque menée par les
républicains contre le pouvoir judiciaire comportait une menace
de la majorité républicaine du Sénat de changer les règles parlementaires afin de priver la minorité du droit d'engager le débat
sur les nominations de magistrats par le président.

J'ai été sincèrement stupéfait et très inquiet de voir certains
leaders républicains demander, au mépris de la loi, que le Sénat
soit démis de son droit illimité à débattre de la nomination des
juges.

Nos fondateurs n'ont donné aucun rôle à la Chambre des
représentants pour confirmer la nomination des juges fédéraux.

S'ils avaient pensé qu'une simple majorité était requise pour garantir la nation contre les choix peu judicieux d'un président partisan, ils auraient pu accorder à la Chambre aussi bien qu'au Sénat le pouvoir de s'exprimer sur le choix des juges. S'ils ont choisi au contraire de ne le donner qu'au Sénat, une chambre de pairs élus pour un mandat trois fois plus long qu'un député, c'est précisément pour encourager la pondération, la distance par rapport aux passions des électeurs, et une capacité de réflexion délibérative.

Ils savaient que les juges présentés au Sénat, une fois confirmés, serviraient pour la vie et que par conséquent leur nomination devait être précédée d'une période de conseil et d'entente au cours de laquelle le Sénat jouait le rôle de partenaire égal de l'exécutif.

La tradition de débat illimité du Sénat est une arme à double tranchant de l'arsenal de la démocratie américaine. Pendant des décennies, elle a été utilisée pour dissuader la majorité de voter les lois sur les droits civiques et a été souvent mise à profit à titre individuel par des sénateurs sur des prétextes insignifiants. En revanche, elle a fréquemment servi à pousser ensemble le Sénat et la nation vers un compromis entre des points de vue conflictuels, donnant ainsi vie à l'ancien conseil donné par le prophète Isaïe : « Venez donc et raisonnons ensemble [31]. »

En fait, pendant l'administration Clinton-Gore, moins des quarante et un sénateurs requis pour soutenir une obstruction réussissaient régulièrement à empêcher le Sénat de voter pour les juges nommés par le président, car les républicains faisaient systématiquement appel à la procédure d'obstruction, même pour la nomination des juges les moins controversés. L'obstructionnisme, évidemment, est la méthode utilisée par le Sénat des États-Unis pour empêcher la conclusion d'un débat et le passage au vote. Soixante sénateurs sur cent doivent voter en faveur de la clôture du débat pour permettre un vote. Par conséquent, un minimum de quarante et un sénateurs peut empêcher la majorité de procéder au vote. Pendant la période où les républicains contrôlaient le Sénat, la majorité refusait régulièrement de passer les nominations en séance si un nombre bien inférieur de sénateurs s'y opposait.

255

Pour voir les choses telles qu'elles sont, lorsque le président Clinton et moi avons terminé notre mandat, il y avait plus de cent sièges de juges vacants, en raison surtout de l'obstruction frénétique du processus de nomination conduite par les républicains. Non sans ironie, vers la fin de notre administration, Orrin Hatch, le président républicain de la commission judiciaire du Sénat, déclara : « Il n'y a pas de crise. Un peu d'objectivité permet de réfuter l'affirmation que cent trois vacances constituent une crise du système [32]. »

Il est amusant de savoir que, peu après le début du mandat du président Bush, alors que le nombre de postes vacants était déjà significativement réduit, Hatch a sonné l'alarme : « Les obstructions utilisées pour bloquer ces votes ont embourbé la procédure de nomination judiciaire dans une crise politique et constitutionnelle qui porte atteinte à la démocratie, à la justice, au Sénat et à la Constitution [33]. »

J'ai écouté avec une réelle curiosité certaines des déclarations émises au cours du récent débat sur les efforts des républicains pour se débarrasser du problème de l'obstructionnisme. Par exemple, j'ai entendu l'ancien leader de la majorité républicaine, Bill Frist, originaire du même État que moi et qui n'a pas hésité à dire : « Tous les magistrats proposés à la nomination qui ont passé la procédure de la commission du Sénat ont bénéficié de la politesse d'un vote [pour ou contre]. Parfois, les candidats ont été rejetés en séance, mais ils ont toujours bénéficié d'un vote [34]. »

Or, je m'en souviens parfaitement. J'ai vu des douzaines de candidats proposés par le président Clinton pour qui on a refusé le vote, par diverses formes d'obstruction, et je me souviens aussi qu'en 1968 mon père était le principal parrain d'Abe Fortas, également du Tennessee, quand celui-ci fut proposé par le président Lyndon B. Johnson comme premier magistrat des États-Unis. Fortas fut victime d'une procédure d'obstruction et aucun vote ne put avoir lieu. Le vote de clôture eut lieu le 1er octobre 1968. Il échoua par quarante-cinq votes contre quarante-trois. Le président Johnson fut forcé de retirer la nomination. Du jamais vu dans l'histoire, vraiment ?

Il ne suffit pas de le dire pour que ce soit vrai. Le sénateur du

Tennessee, collègue et ami de mon père, Howard Baker, déclara pendant cette obstruction : « Sur une question donnée, la majorité à un moment donné n'a pas toujours raison [35]. »

Voilà précisément pourquoi nos pères fondateurs ont établi un système de contre-pouvoirs, afin d'empêcher l'accumulation de l'autorité dans les mains d'un seul homme, ou d'un groupe, parce qu'ils se méfiaient, selon la célèbre expression de Madison, de la « nuisance des factions [36] ». Pourtant, un groupe de républicains radicaux a menacé d'une rupture fondamentale un système qui nous a bien servis pendant deux cent trente ans et qui fut un modèle pour le reste du monde. Selon le journaliste George Will, « l'obstruction est importante pour l'expression des droits des minorités, en ce qu'elle permet à un gouvernement démocratique de mesurer et de respecter non seulement le nombre mais l'intensité de la controverse dans l'opinion publique. La procédure d'obstruction permet à des minorités déterminées de ralentir le rouleau compresseur du gouvernement. Les conservateurs qui estiment que le gouvernement n'est pas suffisamment bridé dans son action devraient aimer ce mécanisme de blocage [37] ».

Le sénateur John McCain fait écho au sentiment de George Will et rappelle à ses collègues conservateurs qu'ils ne seront pas toujours dans la majorité. Et il ajoute : « Voulons-nous avoir un paquet de magistrats libéraux approuvés par le Sénat à cinquante et une voix si les démocrates ont la majorité ? » Les règles et traditions du Sénat découlent toutes de la volonté de s'assurer que la minorité peut se faire entendre. L'obstructionnisme est à la base de cette position depuis plus de deux siècles et pourtant personne jusqu'ici n'a jamais cherché à s'en débarrasser [38].

Maintenant que le contrôle du Sénat a changé de mains, il pourrait bien y avoir le changement traditionnel de position sur le sujet par les membres des deux partis. Mais je suis convaincu que notre nation a encore plus besoin de rétablir l'efficacité des contre-pouvoirs et de réhabiliter la nature délibérative de la procédure parlementaire, surtout au Sénat, qui doit être le plus pondéré des deux corps législatifs. En fin de compte, l'efficacité des contrepoids de pouvoir et la viabilité de la Constitution des États-Unis dépendra de la rigueur avec laquelle le peuple américain s'attachera à redonner vie au projet de nos fondateurs. Dans ce but, les citoyens des États-Unis doivent avoir un accès totalement libre à l'information concernant le fonctionnement du gouvernement exécutif.

Il est profondément troublant que nos garanties habituelles aient été impuissantes à contenir une expansion sans précédent du pouvoir exécutif. Cet échec est dû en partie au fait que la branche exécutive a suivi une stratégie spécialement destinée à embrouiller, retarder et retenir l'information, faisant semblant de céder pour refuser ensuite et simulant pour contrecarrer les efforts du pouvoir judiciaire qui tente de restaurer l'équilibre constitutionnel. Au demeurant, les autres branches ne peuvent contrôler un abus de pouvoir s'ils en ignorent l'existence.

Cette administration ne s'est pas contentée de réduire le Congrès à la soumission. En taisant soigneusement toute information sur leurs agissements, ils démantèlent un élément fondamental de notre système de contrepoids politique. Un gouvernement pour et par le peuple devrait lui être transparent. Cependant, l'administration Bush semble préférer le secret pour élaborer une politique basée sur une information qui n'est pas transmise au public et par un processus séparé de toute participation du Congrès ou des citoyens américains. Quand, selon la Constitution actuelle, l'approbation du Congrès est nécessaire, on l'obtient sans débat de fond. Comme le disait Bush à un sénateur républicain au cours d'un meeting : «Écoutez, c'est votre voix qui m'intéresse. Je ne suis pas là pour débattre avec vous [39].»

Quand la raison et la logique sont battues en brèche dans le processus démocratique, quand il n'y a plus de volonté de débattre ou de discuter les choix que nous avons à faire, alors toutes les questions auxquelles nous sommes confrontés se réduisent à une équation très simple : qui peut exercer le pouvoir le plus brutal ? Le système de contrepoids qui protège l'intégrité de notre système américain depuis plus de deux siècles s'est dangereusement érodé au fil des dernières décennies, et particulièrement dans les six dernières années.

De façon à rétablir l'équilibre nécessaire et à limiter l'expansion risquée d'un exécutif tout-puissant, nous devons tout d'abord restaurer les contre-pouvoirs que nos fondateurs savaient essentiels au véritable rôle de la raison dans la démocratie américaine. Nous devons ensuite nous attacher à redonner au peuple américain la capacité et l'envie de participer totalement et vigoureusement au débat national de la démocratie. Je suis convaincu que cela peut se faire et que le peuple américain peut redevenir un peuple de «citoyens bien informés». Je préciserai de quelle manière dans le chapitre suivant.

Chapitre 9

Des citoyens bien connectés

Lorsque, jeune avocat, Abraham Lincoln fit son premier discours important, à l'âge de vingt-huit ans, il prévenait qu'une période durable de dysfonctionnement, de passivité et d'indifférence du gouvernement pouvait aliéner le peuple américain et que « le plus résistant des remparts d'un gouvernement, surtout ceux qui sont bâtis comme le nôtre, peut en être effectivement abattu et détruit, je veux parler de l'*attachement* du peuple[1] ».

De nombreux Américains pensent aujourd'hui que le gouvernement est passif et indifférent et que nul détenteur de pouvoir n'écoute ou ne se soucie de ce qu'ils pensent. Ils se sentent déconnectés de la démocratie. Ils ont l'impression qu'une voix de plus ou de moins ne fait aucune différence et qu'en tant qu'individus ils n'ont plus désormais de moyen concret de participer à la gouvernance des États-Unis.

Et malheureusement ils n'ont pas totalement tort. Les électeurs sont souvent vus comme des cibles à manipuler par ceux qui cherchent leur « assentiment » pour exercer le pouvoir. Ce qui passe pour un débat national aujourd'hui est généralement un monologue télévisé constitué de messages de propagande extrêmement sophistiqués. En fait, pendant les élections de novembre 2006, les candidats que j'ai interrogés sur leur budget de campagne m'ont dit qu'ils en dépensaient plus des deux tiers en spots télévisés de trente secondes.

En utilisant des méthodes d'enquête qualitative rapides et des techniques de sondage élaborées, ceux qui conçoivent ces messages – les héritiers d'Edward Bernays – ont la possibilité d'en déduire la seule et unique information qui les intéresse de la part des citoyens, qu'ils réutilisent ensuite pour affiner leurs efforts de manipulation. Au fil du temps, le manque de sincérité devient de plus en plus évident et entraîne cynisme et éloignement des électeurs. Plus les Américains se détachent du processus démocratique, et moins il devient légitime.

Ce n'est pas d'avoir un téléviseur, qui vous donne la possibilité de *recevoir* de l'information, qui vous permettra d'en *envoyer* en retour. Et l'étrange nature unilatérale de la connexion élémentaire qu'ont les Américains avec le débat national a un impact énorme sur leur attitude vis-à-vis de la démocratie elle-même. Si vous pouvez recevoir mais non renvoyer, comment percevez-vous le lien qui vous unit au gouvernement américain démocratique ?

La « théorie de l'attachement » est un domaine nouveau et passionnant de la psychologie du développement qui met en lumière l'importance d'une communication à double sens, cohérente, sensible et appropriée, et les raisons pour lesquelles elle est essentielle pour qu'une personne se sente en confiance et sûre d'elle.

Abordée en 1958 par le psychiatre britannique John Bowlby, la théorie de l'attachement fut ensuite développée par son élève, Mary Ainsworth, et d'autres chercheurs qui étudiaient le développement psychologique des jeunes enfants. Bien qu'elle s'applique aux individus, cette théorie constitue selon moi une bonne métaphore qui éclaire l'importance d'une communication libre et sincère dans toute relation impliquant la confiance.

Grâce à cette nouvelle approche, les psychologues ont découvert que le jeune enfant apprend durant la première année de sa vie une leçon existentielle fondamentale concernant sa relation primaire au reste du monde. Il développe un ensemble de réactions et de comportements basés sur des schémas différents d'attention parentale et, selon cette théorie, apprend à adopter l'une des trois postures élémentaires suivantes :

Dans le meilleur des cas, l'enfant apprend qu'il a la capacité d'exercer une influence sur le monde et suscite des réponses cohérentes et appropriées en transmettant des signaux d'inconfort, de faim, de plaisir ou de chagrin. Si le parent – le plus souvent la mère – réagit à ces signaux de façon cohérente et appropriée, le jeune enfant commence à supposer qu'il a le pouvoir d'influencer son univers.

Si le parent réagit de manière inappropriée et/ou incohérente, le jeune enfant apprend qu'il n'a pas le pouvoir d'influencer le monde et que ses signaux n'ont pas de valeur intrinsèque par rapport à l'univers. Un enfant qui reçoit des réponses erratiques et incohérentes de la personne qui s'occupe de lui, même si ces réactions sont parfois sensibles et affectueuses, développe ce qu'on appelle un «attachement ambivalent angoissé». Ce schéma produit des enfants anxieux, dépendants, facilement victimes. À l'âge adulte, ils sont aisément manipulés et exploités.

Dans le pire des cas, les jeunes enfants qui ne reçoivent aucune réponse émotionnelle de la ou des personnes qui sont responsables d'eux risquent fort de développer une rage existentielle qui les rendra enclins à la violence et à un comportement antisocial. Le manque de soins chronique conduit à ce qu'on appelle l'«attachement angoissé évitant», schéma caractérisé par la frustration, la colère permanente et un comportement agressif et violent.

Le sentiment d'impuissance relève d'une fonction d'adaptation. L'enfant adopte un comportement qui favorise une répétition de son expérience. Il devient antisocial et cesse de susciter l'affection des autres, ce qui renforce sa notion d'impuissance. Les enfants sont alors confinés dans le même schéma. Cette évolution n'est pas gravée dans le marbre, mais plus elle dure et plus il est difficile de la modifier.

En étudiant le comportement d'adultes qui ont vécu cette expérience dans leur petite enfance, les psychologues spécialisés dans la théorie de l'attachement ont découvert que la notion d'impuissance, une fois ancrée dans le cerveau d'un jeune enfant, s'avère extrêmement difficile – bien que possible – à déloger. Les adultes qui portent en eux cette notion existentielle négative estiment souvent que la seule réaction possible à l'insatisfaction est l'hostilité immédiate. En effet, des études longitudinales, menées par l'université du Minnesota sur plus de trente ans, ont montré que la population des prisons américaines connaît une lourde surreprésentation de gens qui appartenaient à cette catégorie de jeunes enfants[2].

La différence essentielle déterminant ce qu'apprend l'enfant et quelle posture il adopte repose donc sur le modèle de communication entre le jeune enfant et la figure parentale. Ce qui compte le plus est la franchise, la disponibilité, la confiance et l'échange à double sens de l'environnement de la communication [3].

Je crois que la viabilité de la démocratie dépend de l'ouverture, de la sûreté, de l'adéquation, de la disponibilité et de la capacité d'échange à double sens de l'environnement de communication. Après tout, la démocratie dépend de l'aller et retour régulier de signaux, non seulement entre les citoyens et ceux qui aspirent à être leurs représentants, mais entre les citoyens eux-mêmes. La clé réside dans la façon dont chaque individu est connecté au débat national. Je suis convaincu que les citoyens de toute démocratie apprennent, au fil du temps, à adopter une posture de base vis-à-vis des possibilités de l'autogouvernance.

Si la démocratie semble fonctionner, et si les gens reçoivent une réponse sensée et cohérente de la part de ceux à qui ils communiquent leurs opinions et leurs sentiments des expériences vécues, ils commencent à penser que l'expression personnelle a de la portée en démocratie. Quand ils peuvent communiquer régulièrement avec les autres, de manière à produire des changements significatifs, ils apprennent l'importance de la démocratie.

S'ils reçoivent des réponses qui semblent décisives mais qui en réalité ne le sont pas, les citoyens commencent à se dire qu'ils sont manipulés. Si les messages relayés par les médias nourrissent ce cynisme croissant, le déclin de la démocratie peut s'accélérer.

En outre, si les citoyens d'un pays expriment leur opinion et leurs sentiments pendant une longue période sans obtenir de réponse, ils commencent tout naturellement à être mécontents. Si la communication ne leur donne que peu l'occasion de s'exprimer sincèrement, ils se sentent peu à peu frustrés et impuissants. C'est ce qui se passe trop souvent pour des minorités victimes de préjugés aux revendications desquelles la majorité n'accorde pas une écoute équitable.

Ma génération a appris, dans son jeune âge, à compter sur une démocratie qui fonctionne. Notre frustration devant l'ineptie et l'indifférence de nos leaders nationaux depuis quelques années est compensée par les certitudes que nous avons acquises plus tôt et nous sommes influencés par l'attitude fondamentale que nous avons adoptée au cours de nos premières expériences de citoyens. Même si un grand nombre d'entre nous ont perdu leurs illusions sur l'autogouvernance, la plupart croient encore que la démocratie fonctionne – ou peut fonctionner – et que la communication et la participation en sont les éléments clés.

Aux États-Unis d'Amérique, la torche de la démocratie – pour reprendre la métaphore utilisée par John F. Kennedy – est transmise régulièrement de génération en génération. Mais que se passe-t-il si elle est passée à une génération qui adopte une attitude différente vis-à-vis de la démocratie et ne croit absolument pas que ses opinions vont susciter une réaction appropriée, et encore moins cohérente, de la part de l'ensemble de la communauté ?

Apparemment, beaucoup de jeunes Américains ne se posent plus la question de savoir si la démocratie fonctionne ou non. Dans la société américaine contemporaine que nous avons créée, des dizaines de millions d'individus talentueux ne jouent pratiquement aucun rôle en tant que citoyens. Quel contraste avec l'époque où notre pays a été fondé, quand seulement une poignée de gens avaient l'équivalent de l'éducation universitaire actuelle – alors que tant étaient totalement engagés dans la tâche historique de mettre au monde une république incarnant une forme nouvelle de démocratie représentative.

Aux premiers temps de la démocratie américaine, l'éducation et l'instruction étaient les conditions élémentaires indispensables si l'on voulait être en prise avec le corps politique. Dans un monde où la communication était dominée par le texte écrit, ceux qui apprenaient à lire apprenaient également à écrire. La capacité de recevoir des idées s'accompagnait automatiquement de celle d'en envoyer, puisqu'on exprimait ses idées par le même moyen de communication que celui par lequel on recevait les idées des autres. La connexion, une fois établie, était à double sens.

Comme l'écrivait Thomas Jefferson : « L'art de l'imprimerie nous garantit contre le recul de la raison et de l'information[4]. »

En pratique, pendant les premières décennies de l'Amérique, l'usage de l'imprimerie était surtout réservé aux élites, et les injures au vitriol de cette période rivalisent avec les pires exemples de nos attaques politiques modernes. Néanmoins, la facilité d'accès au texte écrit a ouvert des perspectives extraordinaires dans le dialogue démocratique à des gens comme Thomas Paine, qui venait d'une famille modeste et n'avait d'autre influence politique que celle qu'il gagna grâce à l'éloquence de ses écrits.

L'ère des pamphlets imprimés et des essais politiques a depuis longtemps fait place à celle de la télévision, média aussi distrayant qu'absorbant qui semble plus propice à l'amusement et à la vente qu'il n'informe et n'éduque. Si l'information et les opinions disponibles sur le marché des idées ne proviennent que de ceux qui ont assez d'argent pour payer le prix fort de l'admission, tous les citoyens dont les opinions ne peuvent être sincèrement exprimées courent alors le risque d'en déduire qu'ils sont des citoyens sans pouvoir et sans influence sur le cours des événements de notre démocratie, et que seules leur restent l'indifférence, la frustration ou la colère.

Notre système politique n'engage pas aujourd'hui les meilleurs cerveaux de notre pays à nous aider à trouver les réponses et à déployer les ressources dont nous avons besoin pour avancer vers l'avenir. Le seul moyen de mettre en commun l'intelligence nécessaire à la résolution des problèmes qui nous attendent est, avant qu'il ne soit trop tard, d'intégrer ces chercheurs, avec leurs ressources et leurs réseaux d'influence et de connaissance. Nous devons découvrir une nouvelle manière de libérer notre intelligence collective, de la même façon que nos marchés ont libéré notre productivité. « Nous, le peuple », nous devons revendiquer et revivifier cette capacité déterminante que nous avions jadis à sauver notre Constitution.

Afin de résoudre de façon progressiste et traditionnelle les problèmes de manque de participation des citoyens à la vie politique et démocratique, il faut redoubler l'importance de leur éducation. L'éducation est, en fait, une stratégie extrêmement précieuse pour pallier nombre de maux de société. À une époque où l'information a une valeur économique plus importante que jamais, il est évident que l'éducation devrait être une priorité nationale. Il est également clair que les démocraties ont plus de chances de succès lorsqu'une éducation de qualité est accessible au plus grand nombre.

Cependant, l'éducation seule est nécessaire mais non suffisante. Des citoyens bien éduqués ont plus de chance d'être des citoyens bien informés, mais les deux concepts sont totalement différents. Il est possible d'être extrêmement instruit et, en même temps, d'être mal ou faussement informé. Dans les années 1930 et 1940, en Allemagne, de nombreux membres du parti nazi étaient extrêmement cultivés, mais leurs connaissances en littérature, musique, mathématiques et philosophie leur donnaient simplement le pouvoir d'être des nazis plus efficaces. Quels qu'aient été leur niveau d'éducation et leur culture intellectuelle, ils restaient prisonniers d'un réseau de propagande totalitaire qui les mobilisait dans un but néfaste.

Le siècle des Lumières, malgré toutes ses qualités libératrices, et en particulier la capacité conférée aux individus d'utiliser la raison comme source d'influence et de pouvoir, avait aussi un côté négatif qui inquiéta dès le début les gens sensés. La pensée abstraite, lorsqu'elle est organisée en formulations habiles, logiques et contrôlées, peut parfois avoir un effet quasi hypnotique et capturer totalement l'esprit, au point de le fermer aux influences enrichissantes de l'expérience quotidienne. À maintes reprises, les tenants passionnés de philosophies ou d'idéologies étroitement organisées peuvent se montrer incapables d'entendre les cris de la souffrance humaine qu'ils infligent à ceux qui n'ont pas encore juré allégeance ni abandonné leur jugement à la même idéologie.

Les libertés incarnées par notre 1er amendement représentaient le savoir âprement gagné du dix-huitième siècle, c'est-à-dire que les individus doivent être capables de participer totalement en interrogeant, en remettant en question, en insufflant ainsi constamment des valeurs humaines dans l'idéologie dominante de leur époque, et en partageant avec les autres la sagesse de leur propre expérience.

Comme l'écrivait Jefferson dans une lettre à Charles Yancey : « Les fonctionnaires de tout gouvernement ont une propension à ordonner selon leur bon vouloir la liberté et la propriété de leurs administrés. Elles n'y seront en sécurité que dans les mains du peuple lui-même, et n'y seront bien gardées sans information. Lorsque la presse est libre et que tous les hommes savent lire, il n'y a plus de danger [5]. »

À l'époque de nos fondateurs, c'est cette exigence spontanée du droit de créer un savoir collectif qui explique la férocité avec laquelle les États ont demandé la protection de la liberté de la presse, la liberté de réunion, la liberté de requête auprès du gouvernement, la liberté de religion et la liberté de parole. George Washington, dans un discours aux officiers de l'armée en 1783, déclara : « Si l'on doit empêcher les hommes de donner leur sentiment sur un sujet susceptible d'entraîner les conséquences les plus graves et les plus alarmantes qui puissent inviter à la réflexion de l'humanité, la raison ne nous est d'aucune utilité. Autant nous ôter la liberté de parole, et nous mener, muets et silencieux, comme des moutons à l'abattoir [6]. »

Mais le vingtième siècle devait nous apporter d'amères leçons. Les nouveaux médias électroniques incroyablement puissants qui commencèrent à remplacer l'imprimerie – d'abord la radio et le cinéma, puis la télévision – furent utilisés pour endoctriner des millions d'Allemands, d'Autrichiens, d'Italiens, de Russes, de Japonais et de Chinois par des idéologies abstraites et élaborées, qui en rendirent un grand nombre aveugles, sourds et insensibles au fait que des millions de leurs congénères étaient conduits systématiquement « à l'abattoir ».

Le nazisme, le fascisme et le communisme furent des doctrines adoptées passionnément par des millions d'hommes et de femmes très instruits. Dans l'ensemble, les idéologies totalitaires étaient contrôlées et transmises grâce à une propagande unilatérale qui empêchait les gens empêtrés dans leur croyance de participer activement à la remise en question du manque de valeurs humaines.

Malheureusement, les bains de sang suscités au vingtième siècle par ces idéologies nous ont laissé en héritage un nouveau cynisme vis-à-vis de la raison elle-même, si aisément utilisée par les propagandistes pour déguiser leurs appétits de pouvoir sous des formulations intellectuelles habiles et séduisantes.

À l'ère de la propagande, l'éducation elle-même peut devenir suspecte. Lorsque l'idéologie est si souvent entremêlée aux « faits » qui sont présentés en emballages tout préparés, les gens commencent tout naturellement à développer un certain cynisme par rapport à ce qu'on leur dit. Lorsque les consommateurs sont l'objet d'une publicité massive, omniprésente et incessante, la raison et la logique ne leur semblent pas avoir d'autre valeur que d'être au service du pouvoir commercial. Et comme désormais ces mêmes techniques dominent les messages politiques transmis aux électeurs par les candidats, l'intégrité de notre démocratie se retrouve obscurcie par les mêmes suspicions.

Maintes organisations de soutien, progressistes ou conservatrices, donnent souvent l'impression de détenir l'exclusivité de la vérité, comme si elles n'avaient plus qu'à « apprendre » aux autres ce qu'elles savent. La résurgence de la tradition américaine d'anti-intellectualisme provient, entre autres raisons, de la rancœur provoquée par cette attitude.

Lorsque les gens n'ont pas l'opportunité d'interagir en termes d'égalité pour vérifier ce qu'on leur « apprend » à la lumière de leur propre expérience, ni d'échanger avec d'autres par un dialogue dynamique qui enrichit de la sagesse collective ce que leur disent les soi-disant experts, ils se mettent tout naturellement à douter de l'expertise de ces derniers.

Si les citoyens instruits et cultivés n'ont aucun moyen efficace de communiquer leurs idées aux autres, aucune perspective réaliste de réunir assez d'opinions pour défendre leurs idées, alors leur éducation n'apporte aucune valeur à la vitalité de notre démocratie.

Le remède aux problèmes de notre démocratie n'est pas simplement une meilleure éducation, ni une éducation citoyenne (si importantes puissent-elles être), mais le rétablissement d'un authentique discours démocratique auquel les individus pourraient prendre part de manière intelligente, c'est-à-dire une conversation dans laquelle les bonnes idées et opinions des individus susciteraient effectivement une réponse de valeur.

Dans le monde d'aujourd'hui, cela équivaut à reconnaître qu'il est impossible d'avoir des citoyens bien informés sans avoir des citoyens bien *connectés*, c'est-à-dire qui *commu-*

niquent. Si l'éducation demeure importante, c'est la communication qui est aujourd'hui cruciale. Des citoyens bien connectés sont des hommes et des femmes qui discutent et débattent ensemble des idées et des questions et qui vérifient constamment les informations et les impressions qu'ils reçoivent les uns des autres, ainsi que celles qu'ils reçoivent de leur gouvernement. Aucune communauté de citoyens ne peut être bien informée sans la circulation constante d'une information honnête sur les événements contemporains et sans la possibilité de participer par la discussion aux choix que doit faire la société.

En outre, si les citoyens se sentent privés de toute occasion de participer au débat national, on peut difficilement leur reprocher de s'intéresser de moins en moins au processus démocratique. Et comme prévu, de nombreuses études ont montré l'érosion des connaissances élémentaires de notre démocratie.

Par exemple, d'après les données compilées par les Études des élections nationales à l'occasion d'une élection récente, seulement 15 % des personnes interrogées se souvenaient du nom d'un candidat de leur circonscription. Moins de 4 % étaient capables d'en nommer deux[7]. Compte tenu du peu de concurrence, il est difficile de le leur reprocher. Deux professeurs, James Snyder et David Stromberg, ont découvert que la connaissance des candidats augmentait avec la couverture médiatique des élus parlementaires donnée par le journal local. Un très petit nombre des gens interrogés disaient avoir eu des informations sur leurs élections parlementaires par les journaux télévisés[8].

De la même manière, selon une étude menée par FindLaw. com, seulement 43 % d'Américains pouvaient donner le nom d'un juge à la Cour suprême. Dans cette étude, des personnes interrogées identifièrent en tant que tels George W. Bush et Arnold Schwarzenegger. De plus, cette étude publiée en janvier 2006 a été menée juste après que deux vacances de postes sont apparues à la Cour[9]. Selon l'étude de 2000 de l'Observatoire national des élections, il n'y avait que 11 % des gens qui savaient que William Rehnquist occupait le poste de président de la Cour suprême.

L'éloignement du processus démocratique a également érodé les connaissances des Américains quant aux éléments fondamentaux de notre architecture constitutionnelle d'équilibre des pouvoirs. Lorsque le centre de sciences politiques Annenberg, à l'université de Pennsylvanie, a mené une vaste étude sur la Constitution, publiée en septembre 2006, on a découvert que plus d'un tiers des personnes interrogées croyaient que le pouvoir exécutif avait le dernier mot sur tous les sujets et pouvait outrepasser les décisions du Parlement et de la justice. À peine plus de la moitié – 53 % – croyaient que le président était obligé de suivre une décision de la Cour suprême qu'il désapprouvait[10]. De la même manière, 55 % des personnes interrogées pensaient que la Cour suprême avait le pouvoir de déclarer anticonstitutionnel un projet de loi voté par le Congrès. Une autre étude a montré que la majorité des personnes interrogées ne savaient pas que c'est le Congrès – et non le président – qui a le pouvoir de déclarer la guerre[11].

L'Institut d'études interuniversitaires a fait en 2005 des recherches sur ce que les étudiants de première année à l'université connaissaient de la Constitution, du gouvernement américain et de l'histoire américaine, qui a conduit l'Association américaine de sciences politiques et d'éducation civique à déclarer qu'il « est évident que le niveau actuel des connaissances, de l'engagement et de l'enthousiasme politiques est si bas qu'il menace la vitalité et la stabilité de la démocratie aux États-Unis[12] ».

L'étude a montré que moins de la moitié des étudiants reconnaissaient la phrase « Nous tenons pour évidentes par elles-mêmes les vérités suivantes : tous les hommes sont créés égaux » comme tirée de la Déclaration d'indépendance. Elle a également révélé qu'« une majorité écrasante, 72,8 %, ne savaient pas identifier correctement l'origine de la notion de "séparation entre l'Église et l'État"[13] ».

Lorsque la fondation John S. et James L. Knight a lancé une étude auprès des lycéens pour connaître leurs sentiments sur le 1er amendement, ils se sont aperçus qu'« après lecture du 1er amendement aux lycéens, plus d'un tiers d'entre eux (35 %) pensaient qu'il allait trop loin dans les droits qu'il garantissait. Presque un quart d'entre eux (21 %) ne le connaissaient pas assez pour donner une opinion. Si l'on s'en tient à ceux qui ont effectivement exprimé une opinion, un pourcentage encore plus important (44 %) estime qu'il va trop loin dans les droits qu'il garantit. L'étude révélait que des lycéens « presque les trois quarts » « soit ne savent pas ce qu'ils pensent du 1er amendement, soit il leur semble normal[14] ».

Thomas Jefferson écrivait que « lorsque les citoyens sont bien informés, on peut leur confier leur propre gouvernement ; [...] lorsque la situation s'aggrave au point d'attirer leur attention, on peut compter sur eux pour la rétablir[15] ». Il a dit aussi : « Si une nation espère être à la fois ignorante et libre, elle espère ce qui n'a jamais été et ne sera jamais[16]. »

Mais nous sommes en ce moment dans une période de très grande vulnérabilité. Comme je l'ai déjà fait remarquer, lorsque la télévision est devenue la source d'information la plus importante des États-Unis, le « marché des idées » a radicalement changé. L'essentiel de la communication est à sens unique, avec un net déclin de la démocratie participative.

Pendant cette période de vulnérabilité de la démocratie américaine, alors que la télévision est toujours la source dominante d'information et avant qu'Internet ne soit suffisamment développé et sécurisé pour devenir un média indépendant et neutre, d'autres mesures peuvent et doivent être prises pour insuffler plus de connectivité dans notre gouvernance démocratique.

Par exemple, le Congrès, aussi bien le Sénat que la Chambre des représentants, n'a pas réussi à utiliser la télévision, la radio et Internet pour améliorer leur communication avec les citoyens de chaque État ou de chaque circonscription. La branche exécutive s'est depuis longtemps habilement adaptée à la télévision afin de développer au maximum l'impact du président dans sa communication avec les Américains – et d'autres spectateurs – par l'intermédiaire des médias électroniques. Le Congrès a vu des membres du Parlement exploiter à l'extrême l'usage des médias électroniques à titre personnel, alors que l'institution dans son ensemble ne l'a pas fait. La réélection des sortants a explosé, mais le respect du corps législatif s'est effondré.

Je me suis efforcé de promouvoir l'ouverture des sessions parlementaires en direct à la radio et à la télévision à la fin des années 1970 et, plus tard, quand j'ai été élu au Sénat, je me suis impliqué dans le même projet de diffusion pour les sessions sénatoriales. Mais la Chambre, tout comme le Sénat, a exigé que la caméra ne soit dirigée que sur les parlementaires qui prennent la parole.

Ce fut une concession nécessaire pour convaincre les leaders parlementaires de permettre la retransmission des séances, mais, à cause de cette décision, il n'y a pas de pénalité pour absentéisme à titre individuel pour les parlementaires ni pénalité pour l'institution même lorsque tous les sièges du Congrès sont pratiquement vides. C'est une des raisons pour lesquelles les débats au Congrès comptent si peu de participants et ne passionnent désormais plus guère.

Jusqu'à une date récente, le calendrier des débats importants du Congrès était surtout dicté à la convenance des parlementaires, qui ne travaillaient habituellement que trois ou quatre jours par semaine à Washington et rentraient dans leurs circonscriptions et leurs États respectifs pour raison de campagne électorale quasi constante, ou se rendaient dans diverses villes du pays pour collecter des financements. La nouvelle majorité tente de trouver des solutions pour effectuer les changements nécessaires, mais la priorité devrait consister à remettre les citoyens en prise directe avec le processus essentiel de délibération.

Les débats les plus importants et les plus passionnants devraient être programmés aux heures de grande écoute. Je ne doute nullement que bien plus d'Américains accorderaient une grande attention aux arguments avancés pendant les débats parlementaires si le Sénat et la Chambre des représentants prenaient l'habitude de fixer les débats les plus intéressants aux heures les plus propices, pendant la semaine et en soirée.

En cette période de vulnérabilité, il est une autre tâche urgente : tenter une nouvelle approche pour limiter l'influence des grosses contributions financières aux candidats à l'élection. Je suis sceptique sur l'efficacité de toute mesure tant que le principal moyen de communication avec les électeurs se fera par l'intermédiaire de spots publicitaires de trente secondes extrêmement coûteux. Cependant, je soutiens depuis longtemps le financement public de toutes les élections fédérales, à condition d'encourager les candidats à accepter le financement et, en retour, de convenir d'une interdiction de financement privé. Je me rends compte qu'il y a peu de chances qu'une telle loi soit votée, mais cela vaut néanmoins la peine de la défendre, à cause des graves atteintes portées à notre démocratie par l'influence pernicieuse de l'argent.

La désinformation que l'on finance pour soutenir des candidats et des initiatives électorales telles que des référendums corrompt le discours démocratique de l'Amérique. Du moment qu'il est politiquement impossible d'interdire ce financement, nous devrions nous attacher à mettre en œuvre la solution alternative la moins mauvaise, c'est-à-dire accroître la transparence de toutes les contributions de campagne pour savoir d'où viennent les dons. Une autre révision nécessiterait la transparence totale du financement des associations à but non lucratif.

Pour prendre un exemple montrant la raison de telles mesures, on peut observer la récente expérience de la Californie, où des défenseurs de sources d'énergies renouvelables ont lancé un référendum d'intérêt public par la proposition 87. Les compagnies pétrolières les plus importantes ont apporté pratiquement tout le financement des publicités télévisées en faveur du non, dépassant l'avis opposé de plus de 30 millions de dollars, selon des estimations conservatrices. Cependant, quand les électeurs sont allés voter, nombreux étaient ceux qui ignoraient totalement que les compagnies pétrolières étaient à l'origine de l'énorme campagne de publicité télévisée qui a convaincu la majorité de voter non à la proposition de loi[17].

Des Californiens proposent aujourd'hui que le financement des publicités télévisées soit totalement révélé au public pendant ce genre de campagne, de façon à ce que l'on sache quelles industries, quels intérêts commerciaux ou quels groupes politiques sont pour ou contre une initiative électorale particulière. Si cette loi avait été en vigueur en 2006, les publicités des industries pétrolières opposées à la proposition 87 auraient été clairement étiquetées «principal financement en faveur du non à ce référendum en provenance de l'industrie pétrolière». Le même discours serait apparent sur les prospectus électoraux et sur le bulletin de vote. Le même type d'information serait requis pour la publicité radiophonique et dans la presse.

Je reste sceptique quant à l'intérêt des référendums d'initiative populaire parce qu'ils peuvent dépouiller le processus démocratique de ses éléments délibératifs indispensables. Néanmoins, une telle transparence désarmerait ce genre d'atteinte à la raison et redonnerait à l'initiative populaire un semblant de démocratie.

En fin de compte, aucune mesure de réforme ne sauvera la démocratie américaine à moins qu'on ne trouve une façon de restaurer le rôle central des citoyens bien informés. L'idée de départ révolutionnaire sur laquelle l'Amérique s'est construite était l'audacieuse conviction que, comme l'a dit Thomas Jefferson : «Une communauté citoyenne bien informée est le seul vrai dépositaire de la volonté du peuple.»

Nos fondateurs savaient que les citoyens détenteurs de savoir et de la capacité de le communiquer peuvent se gouverner eux-mêmes et exercer de façon responsable l'autorité suprême en toute autonomie. Ils savaient que la démocratie nécessite la libre circulation de l'information en direction des citoyens et, plus important encore, *en provenance* de ceux-ci.

Ce qui veut dire qu'il est plus que temps d'analyser le rôle que nous avons eu en tant que citoyens en permettant, au lieu de l'empêcher, le déséquilibre dangereux engendré par les efforts qu'a faits le pouvoir exécutif pour dominer notre système constitutionnel. Il est urgent de faire reculer l'alarmante dégradation et la scandaleuse déliquescence de notre démocratie.

Heureusement, nous disposons désormais du moyen par lequel le peuple américain va pouvoir se remettre en prise directe avec un échange d'idées ouvert et passionné sur tous les sujets les plus essentiels à la conduite de notre démocratie. Internet a le pouvoir de revitaliser le rôle joué par les citoyens dans notre cadre constitutionnel.

Tout comme l'imprimerie avait conduit à l'apparition de potentialités nouvelles pour la démocratie, il y a cinq cents ans, de même que l'émergence de la transmission électronique donna une nouvelle forme à ces possibilités dès le premier quart du vingtième siècle, Internet nous permet aujourd'hui de redonner à notre gouvernement une saine autonomie de fonctionnement, avant même de rivaliser avec la télévision en termes d'audience.

275

En fait, Internet offre peut-être le plus grand espoir de rétablir un environnement de communication propice à l'épanouissement de la conversation démocratique. Il comporte peu de barrières d'accès individuel. Les idées que chacun peut y apporter sont, en général, traitées selon les règles de la méritocratie. C'est le média le plus interactif de l'histoire et celui qui a le plus grand potentiel pour mettre les individus en contact les uns avec les autres et avec un univers de connaissances.

Internet, et c'est une distinction d'importance, n'est pas la xième tribune pour diffuser la vérité, mais un moyen de la *poursuivre*. C'est la création et la distribution décentralisées d'idées, de la même manière que les marchés sont des mécanismes décentralisés pour la création et la distribution de produits et de services. C'est, en d'autres termes, une tribune pour la raison.

Mais, tout comme il importe de ne pas idéaliser l'imprimerie et l'écosystème d'information qu'elle a engendré, il est nécessaire de garder une vision claire des problèmes et des abus d'Internet. Il est difficile d'imaginer un aspect négatif de l'âme humaine qui ne soit pas abondamment diffusé sur Internet. Les parents de jeunes enfants sont souvent horrifiés d'apprendre quelles horreurs obscènes et grotesques sont trop facilement accessibles aux enfants dont les habitudes de navigation sur le Web ne sont pas surveillées ou limitées électroniquement. Les suicides d'adolescents, la violence, les abus sexuels et les conduites déviantes et délictueuses de toutes sortes sont décrites, voire, comme certains le prétendent, promues sur Internet. De même que n'importe quel outil mis à la disposition de l'homme, il peut être effectivement utilisé dans un but louable ou odieux. Et comme toujours, il dépend de nous, en particulier de ceux d'entre nous qui vivent en démocratie, de faire des choix intelligents sur la manière dont nous voulons faire usage de cet outil incroyablement puissant et le but que nous lui assignons.

Pourtant, Internet doit être développé et protégé, de la même manière que nous développons les marchés, c'est-à-dire en établissant des règles justes d'engagement et en le soumettant à l'exercice de la loi. Nous devons nous appliquer à défendre aujourd'hui la liberté d'Internet avec la même férocité que celle que nos fondateurs consacrèrent à la protection de la liberté et de l'indépendance de la presse. L'enjeu est le même : la survie de notre république.

La croissance rapide de l'importance d'Internet sur les marchés de produits et de services, et l'empressement avec lequel les entreprises ont adopté des stratégies publicitaires indiquent clairement que ce n'est plus qu'une question de temps avant qu'Internet ne favorise de plus en plus la conversation démocratique.

Le défi consiste à accélérer le processus, à modeler son évolution de façon à encourager la réémergence d'une démocratie totalement fonctionnelle, car ce résultat est loin d'être inévitable.

Nous devons nous assurer qu'Internet demeure accessible à tous sans que les citoyens soient limités dans leur choix, quel que soit le fournisseur de service qu'ils utilisent pour se connecter au Web. Cette perspective ne va pas de soi. Il faut nous préparer à lutter pour l'obtenir, à cause du risque de consolidation des entreprises pour contrôler le marché des idées sur Internet. L'enjeu est beaucoup trop important pour que nous laissions se réaliser cette menace. Nous devons faire en sorte, par tous les moyens, que ce média de l'avenir de la démocratie se développe selon le modèle du débat d'idées ouvert et libre que nos fondateurs savaient essentiel à la santé et à la survie de la liberté.

Il existe plusieurs obstacles technologiques et politiques et nous devrons, collectivement, en tant que nation, décider de la manière dont nous les surmonterons.

L'un des fondateurs d'Internet, Vinton G. Cerf, a produit ce témoignage devant le Congrès au début de 2006 : «L'écosystème d'innovation dynamique qui est au centre d'Internet crée de la richesse et des opportunités pour des millions d'Américains. Cet écosystème, basé sur un réseau ouvert et neutre, doit être enrichi et promu [18]. »

En fait, tel est précisément le but que beaucoup espèrent qu'Internet peut viser : créer une démocratie connectée ou «sur écoute». Et on voit déjà quelques signes prometteurs du fait qu'Internet pourrait bien ressusciter et revivifier notre discours démocratique.

L'accès facile des citoyens à la publication de leurs idées fait émerger sur Internet une nouvelle méritocratie des idées, comparable au forum public qui existait au temps de la fondation des États-Unis. Internet possède plusieurs structures caractéristiques qui en font un outil particulièrement utile et performant pour revitaliser la démocratie représentative.

L'une des raisons qui rend la communication sur Internet si accessible aux individus est le fait qu'il repose fortement sur l'usage du texte. Tous ceux qui apprennent à lire apprennent également à écrire. Pour la plupart des gens, publier un message sur Internet est même plus facile aujourd'hui que publier un prospectus à la fin du dix-huitième siècle. En outre, contrairement à la diffusion radiophonique ou télévisée, il n'y a pas pour Internet de limitation inhérente au nombre d'entrées au forum public.

C'est aussi le média quasi idéal pour permettre à ceux qui partagent les mêmes projets et préoccupations de se retrouver et de former des groupes autour de ces intérêts communs. Les associations en ligne constituent déjà un élément nouveau de la démocratie américaine.

Les groupes politiques en ligne comme MoveOn.org et RightMarch.com attirent de plus en plus de gens dans le processus politique en utilisant Internet pour encourager la participation. Ils utilisent Internet non seulement comme un outil d'organisation en ligne, mais aussi pour des réunions réelles comme des réceptions au domicile des gens. Leurs listes d'adresses électroniques sont utilisées pour attirer l'attention de leurs membres sur de nouveaux développements politiques et sociétaux qui peuvent les intéresser et dont autrement ils pourraient ne rien savoir.

En ce qui concerne ma propre expérience, j'ai utilisé algore. com pour entrer en contact avec des milliers de personnes afin de transmettre des informations sur la crise climatique. Move On.org s'est joint à algore.com pour recevoir 12 000 personnes l'an dernier pour la sortie par Paramount de la version DVD d'*Une vérité qui dérange*. Pendant la même période, d'ailleurs, RightMarch.com faisait partie des nombreux sites web de droite qui m'attaquaient pour mes opinions sur le changement climatique.

La puissance de l'organisation en ligne commence également à créer chez nombre de gens l'espoir que le système américain actuel de financement des campagnes électorales – dominé par les intérêts privés – puisse être remplacé par les millions de dons modestes collectés en ligne, qui finiraient par dépasser le petit nombre de grosses contributions d'importants donateurs.

Le développement relativement récent du blogging est également un signe prometteur pour notre conversation nationale. De façon générale, les bloggers sont des citoyens vigilants qui veulent partager avec d'autres leurs idées et leurs opinions.

Certains ont des choses authentiquement intéressantes à dire, d'autres non, mais ce qui compte surtout, c'est le processus en soi. En publiant leurs idées en ligne, les bloggers se réclament de la tradition de nos pères fondateurs en mettant à la disposition du public leurs réflexions sur l'état des affaires de la nation.

Ils le font d'une manière nouvelle. Comme l'écrit Larry Lessig, professeur de droit à Stanford et fondateur du centre Internet et société : « Les gens publient quand ils le veulent, et lisent quand ils le veulent... Les blogs permettent le débat public sans que le public ait la nécessité de se réunir dans un même lieu[19]. » En conséquence, le blogging devient une force institutionnelle majeure capable d'influencer la politique nationale.

De surcroît, les citoyens s'expriment maintenant sur Internet avec animation flash et vidéo. La baisse rapide des prix des vidéocaméras digitales et des programmes de vidéomontage sur ordinateur portable, ainsi que l'amélioration simultanée de leur qualité, font que désormais des millions de personnes sont capables de créer de courtes vidéos et de les partager sur Internet avec le monde entier.

L'accès vidéo en continu (*video streaming*) est de plus en plus courant sur Internet et le téléchargement peu coûteux de ces documents permet à beaucoup de téléspectateurs d'utiliser ce que l'industrie télévisuelle appelle *time-shifting*, ou semi-différé, pour personnaliser leur consommation. En outre, comme des connexions de plus en plus vastes de bandes passantes élargissent l'accès des canaux d'information, la capacité d'Internet à

279

relayer la télévision va continuer à augmenter de façon spectaculaire.

Internet ne gère pas encore le média télévisuel comme source principale d'information, surtout parce que son architecture de base et sa dépendance de bandes passantes plus étroites ou plus larges ne lui permettent pas la distribution massive de vidéos en temps réel. Jusqu'à la fin de cette décennie, c'est certainement la télévision par câble et par satellite qui restera le moyen de communication dominant de la démocratie américaine.

C'est l'une des raisons pour lesquelles je me suis attaché depuis six ans, en partenariat avec Joel Hyatt, à créer un nouveau modèle économique qui confère la capacité individuelle de s'engager dans le discours démocratique par l'intermédiaire du langage et du média télévisuels.

Current TV s'appuie sur le *video streaming* par Internet pour permettre à chacun de nous de recevoir ce qu'on appelle un « document personnalisé » ou VC2. Nous utilisons Internet pour l'échange interactif que nous avons chaque jour avec nos téléspectateurs qui leur donne la possibilité de participer aux décisions de programmation de notre réseau. Nous proposons également sur www.current.tv, à titre gratuit, ce que je crois être le meilleur programme de formation pour l'édition de documents télévisés de haute qualité. J'espère que familiariser le plus grand nombre avec les mécanismes de la télévision aidera à la démystifier et, au moins dans une certaine mesure, à affaiblir son pouvoir quasi hypnotique.

Plus important encore, je crois que Current TV démontre aujourd'hui que la démocratisation de la télévision peut faciliter et étendre la participation à notre débat national. Nous nous efforçons, dans le cadre de la télévision, de recréer une conversation interactive qui inclut les citoyens et fonctionne selon la méritocratie des idées. Il existe un niveau élevé de créativité, d'intelligence et de talents non canalisés, surtout chez les jeunes adultes. Nous invitons nos spectateurs, et le public en général, à nous raconter leurs histoires en vidéo et à les diffuser sur le réseau. Notre objectif n'est ni politique ni idéologique.

L'intérêt est de favoriser une sorte de corne d'abondance d'opinions et de points de vue nouveaux, qui obligent à remettre en cause les anciens cadres rigides. Mettre les citoyens en contact avec le débat démocratique par l'intermédiaire du plus important des médias est une façon de leur en ouvrir l'accès afin qu'ils puissent prendre part à la conversation en y apportant sans restriction le point de vue qu'ils désirent.

Il existe un autre développement remarquable qui pourrait renforcer notre démocratie, c'est l'explosion incroyablement rapide des «wikis», dont le plus important est Wikipédia. Les wikis sont des sites web qui compilent l'information dans des domaines spécifiques de connaissance ou, dans le cas de Wikipédia, dans pratiquement tous les domaines. L'idée sous-jacente est que, en général, les individus regroupés en savent plus qu'à titre individuel. N'importe qui peut contribuer à un wiki, bien que certains sujets soient régulièrement contrôlés et vérifiés, de manière à s'assurer que la désinformation ou l'erreur ne faussent pas le processus. Les wikis sont parfois dévoyés. En fait, mon ami et mentor dans le journalisme il y a bien des années, John Seigenthaler, a été l'un des critiques les plus attentifs de Wikipédia. Mais les wikis gagnent constamment en qualité, fiabilité et pertinence.

Autre exemple des utilisations d'Internet dotées d'un énorme potentiel démocratique : le phénomène émergent des réseaux sociaux Web 2.0. Alors que beaucoup voient dans des sites web tels que Facebook.com et MySpace.com la possibilité de créer et d'entretenir un réseau de connaissances, d'autres ont utilisé très efficacement ces outils dans un but politique. Et comme ils sont totalement décentralisés, ils disposent d'une capacité quasi illimitée de susciter la participation.

Malgré toutes les promesses d'Internet, il n'en reste pas moins qu'une menace sérieuse pèse sur sa capacité à revitaliser la démocratie. Le danger vient de ce que, sur la plupart des marchés, il n'y a qu'un très petit nombre d'opérateurs, ce qui n'est pas près de changer dans un avenir proche. Ces opérateurs ont la capacité structurelle de décider de la façon et de la rapidité auxquelles l'information est transmise sur Internet. Les opérateurs de réseau actuels – essentiellement les grosses compagnies de téléphone et de câble – ont tout intérêt d'un point de vue économique à étendre leur contrôle sur l'infrastructure physique du réseau pour faire pression sur son contenu. Au besoin, les entreprises pourraient instituer des changements qui auraient pour effet de limiter la liberté d'accès à l'information sur Internet de plusieurs façons gênantes.

Si tel était le cas, cela constituerait une violation de la politique historique de la Commission fédérale sur la communication, qui a guidé le développement d'Internet depuis sa conception. Dans les années 1990, le Congrès et l'administration Clinton-Gore ont fait le choix délibéré d'imposer un minimum de réglementations à Internet afin d'encourager l'innovation, les affaires et l'activité politique. Aujourd'hui, cette politique de «non-discrimination», établie depuis longtemps, a été transformée en «neutralité de réseaux».

De bien des manières, c'est ce principe qui est responsable des milliards de dollars de croissance économique engendrés par Internet. Les meilleurs exemples de succès des dot.com sont issus d'idées réalisées par de petits entrepreneurs qui ne faisaient pas partie des grosses compagnies établies, notamment mes amis Larry Page et Sergey Brin, qui étaient étudiants en informatique quand ils ont lancé Google.

De plus, les ordinateurs personnels sont devenus en quelques années plus rapides, plus performants et moins chers, ainsi que pratiquement tous les composants de l'infrastructure d'Internet, y compris les serveurs et les accès haut débit. Ces améliorations technologiques ont abaissé les coûts des opérateurs de réseau dans le transport de chaque «bit» d'information ou élément digital fondamental de tout document Internet. Et comme le coût du transport a chuté, ceux qui émettent des documents peuvent créer à moindre prix beaucoup plus d'animation flash, de streams audio ou vidéo en direct, ainsi que de communications téléphoniques de bonne qualité. Cette baisse de coût a également valorisé le réseau aux yeux des consommateurs qui, naturellement, accroissent en conséquence leurs demandes d'accès à Internet.

Mais les opérateurs de réseaux comme AT&T et Verizon n'ont pas pu capturer autant de la plus-value d'Internet qu'ils l'auraient souhaité. Les innovateurs en limite de réseau apportent de nouveaux produits à Internet et les opérateurs ont des difficultés à augmenter leurs tarifs de connexion à cause de la compétition des autres fournisseurs d'accès et de la résistance des consommateurs vis-à-vis de cette augmentation.

En conséquence, les opérateurs sont fortement encouragés à rechercher de nouvelles occasions de capturer ce que les économistes appellent le « loyer » de la valorisation d'Internet. À cause de la difficulté qu'ils rencontrent à facturer des tarifs plus élevés pour se connecter à Internet, ces opérateurs proposent d'imposer de nouveaux tarifs aux compagnies web et aux autres qui mettent de gros volumes de documents sur le réseau et créent deux niveaux de fournisseurs d'accès.

Les compagnies web qui refusent de payer les opérateurs risquent de voir leurs sites et leurs applications bloqués pour les utilisateurs d'Internet. En conséquence, ces compagnies perdraient leur marché et les utilisateurs pourraient ne plus avoir d'accès à leur service en ligne préféré. En outre, certaines des compagnies qui devraient payer les nouveaux tarifs offrent désormais des services en ligne en concurrence avec les services similaires proposés par les opérateurs de réseau.

Pour défendre leur projet d'un Internet à deux niveaux – avec des citoyens de première classe et de seconde classe sur le Web –, les opérateurs de réseau prétextent qu'ils doivent faire payer les compagnies web et autres fournisseurs de données afin de supporter le coût de l'extension des réseaux à haut débit.

Mais tous ceux qui utilisent Internet participent *déjà* à son financement. Tous ceux qui ont un site web, de Google jusqu'au plus modeste blog, paient pour transmettre leur contenu. Et tous ceux qui sont connectés à Internet en paient l'accès. Les consommateurs et les producteurs de programmes paient les tarifs autorisés par le marché.

Ce que proposent les opérateurs de réseau, c'est qu'on leur donne le droit d'imposer des charges potentiellement discriminatoires leur permettant de passer des marchés exclusifs avec les fournisseurs de données et de services en ligne qui paieraient un tarif haut débit supplémentaire, tout en ralentissant ceux qui ne pourraient pas le faire. Les opérateurs de réseau donneraient ainsi la priorité à certaines données – les leurs, par exemple – sur d'autres services fournis par la concurrence.

Si cela était autorisé, les compagnies web perdraient des revenus qu'elles pourraient consacrer par ailleurs à l'amélioration d'anciens produits ou à la création de nouveaux. Pis encore, les petits producteurs qui bénéficient actuellement de l'interactivité d'Internet – que ce soit pour des ventes en ligne ou des forums démocratiques – risqueraient de ne plus pouvoir assurer un service de qualité.

Il est légitime de vouloir stimuler les investissements en ce qui concerne l'expansion de capacité de réseau. Mais, si dans les années 1990, les opérateurs de réseau avaient exercé le contrôle qu'ils souhaitent aujourd'hui, des compagnies comme Google, Yahoo, Amazon et d'autres n'auraient peut-être jamais fait leur apparition. Je joue le rôle de conseiller de Google et j'ai encore un intérêt financier à son succès, mais je m'intéresse également à la réussite de plusieurs opérateurs de réseau partenaires de Current TV.

J'ai donc vu les deux aspects de cette controverse, et je crois sincèrement que le facteur le plus important est la préservation du potentiel d'Internet à devenir le nouveau lieu neutre du débat d'idées, dont nous avons tant besoin pour la revitalisation de la démocratie américaine. Mon souci primordial est que la création d'un Internet à plusieurs niveaux limiterait sérieusement ce potentiel en donnant un rôle dominant aux organisations et compagnies les plus puissantes, les plus riches et les mieux établies, au détriment des individus et des petites organisations. Il serait facile de mettre au point des règles de neutralité du réseau pour protéger la liberté du marché et de l'expression en ligne tout en faisant des concessions pour encourager judicieusement l'investissement.

Lorsque eurent lieu les premières batailles pour la neutralité d'Internet, en 2006, nombreux furent ceux qui, d'accord avec mon point de vue, ont mobilisé et utilisé les outils existants pour défendre son indépendance. Dans les mois qui ont suivi le vote au Congrès du projet de loi Telecom 2006, plus d'un million et demi de citoyens ont pris contact avec le Congrès et plus de 800 organisations ont adhéré à Save the Internet Coalition (« coalition pour sauver Internet »), à l'initiative de l'association de réforme des nouveaux médias, Free Press, utilisant des tactiques innovantes de mobilisation en ligne. Les nombreux citoyens qui composaient le mouvement alternatif d'opposition furent rejoints par les chefs de nombreuses entreprises bien établies, ainsi que de plus petites, qui avaient les mêmes préoccupations. Vint s'ajouter au mouvement un grand nombre de citoyens qui défendaient la liberté d'expression [20].

Le résultat, selon les mots de Ben Scott, le directeur de stratégie de la Coalition, « fut un grand moment pour les champions d'un Internet démocratique ». Cependant, ce triomphe de la neutralité de réseau ne doit pas être considéré comme la victoire ultime pour les défenseurs d'Internet. C'est au Congrès que l'action doit se conclure. Avant tout, le Congrès entreprend un long examen de la loi de télécommunications de 1996, qui doit être révisée et mise à jour pour s'adapter au paysage du haut débit. C'est une conjoncture cruciale où l'avenir d'Internet sera déterminé par une reformulation de la réglementation publique qui régit l'essentiel des systèmes de communication. Nous passons d'un monde dans lequel le téléphone, la vidéo et la transmission de données correspondaient à des services différents, à une plateforme convergente où tout se rapporte à un flot d'informations numériques.

Au moment de mettre au point la nouvelle loi fondamentale pour l'avenir du haut débit, un débat sur la neutralité est tout à fait pertinent dans ce contexte. En fait, la neutralité devrait être le principe de base qui nous met sur la voie d'un Internet ouvert et démocratique où seront encouragées la liberté du marché et la liberté d'expression. C'est une décision digne de l'attention parlementaire, et trop importante pour qu'on l'abandonne à une agence gouvernementale.

Le public est finalement impliqué dans le débat concernant l'avenir d'Internet et beaucoup s'organisent pour lui donner une forme. C'est le moment décisif où nous allons voir la première mobilisation massive d'acteurs individuels dans un débat concernant la nature, la portée et l'application de la technologie la plus perturbatrice du vingt et unième siècle. Les citoyens ne se battent pas seulement pour la liberté d'expression en ligne, ils s'efforcent également de préserver un média de communication de masse et de commerce décentralisé et indépendant.

La démocratisation des connaissances par l'imprimerie a engendré les Lumières. Aujourd'hui, l'interconnexion à haut débit génère des processus décentralisés qui revitalisent la démocratie. Les choses se passent sous nos yeux : en tant que société, nous devenons plus intelligents. La démocratie en réseau s'installe. On peut s'en rendre compte.

Bien que l'écosystème américain d'information ait radicalement changé dans le dernier demi-siècle, les vues de nos pères fondateurs sont aussi appropriées aujourd'hui qu'elles l'étaient il y a plus de deux cents ans. Et la condition essentielle requise pour sauver l'intégrité de la démocratie représentative à l'ère des médias électroniques est de faire en sorte que les citoyens soient solidement connectés à un forum public ouvert et riche, aisément accessible à chacun et qui fonctionne selon le principe de méritocratie des idées.

Nous, le peuple – ou, comme le disait Lincoln, « nous-mêmes ici-bas » – sommes encore aujourd'hui la clé de la survie de la démocratie américaine.

Conclusion

La renaissance de la démocratie

Il y a presque trois mille ans, Salomon prévenait que, là où il n'y a pas de philosophie politique, le peuple dépérit. Mais sans aucun doute l'inverse est également vrai. Là où l'on trouve un projet accompagné de philosophie politique et de courage moral, le peuple va prospérer et réaliser la prophétie de Lincoln à Gettysburg, qui disait que le gouvernement du peuple, par le peuple et pour le peuple ne disparaîtrait pas de la Terre.

La loi de la raison est véritablement souveraine dans le système américain. Notre autonomie est basée sur la capacité individuelle des citoyens à faire usage de la raison en tenant les députés, sénateurs et présidents qu'ils élisent pour responsables de leurs actions. Quand la raison elle-même est battue en brèche, la démocratie américaine est en danger.

Tout au long de l'histoire, ceux qui nourrissaient des desseins de domination ont toujours vu la raison comme un ennemi. Moins d'un siècle après l'invention de l'imprimerie, Henry VIII fut défié en 1543 par ceux de ses sujets qui avaient pris l'initiative de remettre son autorité en question après avoir lu les traductions de la Bible que l'imprimerie rendait accessible. Sa réponse fut de déclarer illégale la lecture de la Bible et de punir sévèrement les transgresseurs[1].

Frederick Douglass, ancien esclave qui devint l'un des plus éloquents opposants à l'esclavage, écrivit comment son maître lui avait interdit d'apprendre à lire. Lorsqu'il y parvint secrètement, il acquit une puissante capacité de raisonnement et comprit l'influence malfaisante de l'esclavage[2].

L'historien François Furstenberg écrit à son propos : « Il est frappant de voir que Douglass, qui avait directement vécu la brutalité de l'esclavage, croyait que l'analphabétisme (par opposition à la force brutale, par exemple) expliquait "le pouvoir de l'homme blanc à asservir l'homme noir". Cette prise de conscience ne fut pas simplement intellectuelle. Ce fut une "révélation" dans toute sa signification religieuse. Entrer dans la communauté des lecteurs allait être une nouvelle naissance, qui faisait passer Douglass de la mort sociale à une nouvelle vie. Soudain, Douglass a compris la relation essentielle entre l'alphabétisation et la liberté, l'ignorance et l'"aptitude" à être esclave [3] ».

Aujourd'hui, la raison est battue en brèche par des forces usant de techniques plus sophistiquées : la propagande, la psychologie, les mass media électroniques. Cependant, les défenseurs de la démocratie commencent à faire usage de leurs propres technologies avancées : Internet, l'organisation en ligne, les blogs, les wikis. J'ai plus que jamais confiance dans la victoire de la démocratie et dans la capacité du peuple américain à répondre au défi d'une autonomie revigorée.

Nous sommes par nature un peuple courageux et doué d'adaptation. Nos ancêtres ont surmonté de grands défis, et nous ferons de même. Nous voyons déjà apparaître de nouvelles défenses innovantes contre l'atteinte à la raison. Mon plus vif espoir est que ceux qui liront ce livre choisissent de participer à un mouvement nouveau capable de ranimer le véritable esprit de l'Amérique.

Martin Luther King a dit un jour : « Peut-être un nouvel esprit est-il en train de naître parmi nous. Si c'est vrai, suivons sa direction et prions pour que notre nature profonde soit sensible à sa lumière, car nous avons grand besoin d'une nouvelle voie pour sortir de l'obscurité qui semble nous serrer de si près [4]. »

Comme l'écrivait John Adams en 1780, notre gouvernement obéit aux lois et non aux hommes. Ce principe de base de notre nation est en jeu aujourd'hui, et par conséquent la nature même de l'Amérique. D'après le texte de la Cour suprême, « Notre Constitution est un engagement qui nous vient de la première génération d'Américains pour le transmettre aux générations futures [5]. » La Constitution ne prévoit aucune exception en temps de guerre, et pourtant ses concepteurs connaissaient bien la réalité de la guerre. Et comme le juge Oliver Wendell Holmes nous le rappelait peu après la Première Guerre mondiale, les principes de la Constitution n'ont de valeur que si nous les mettons en application aussi bien pendant les moments difficiles que pendant les périodes où cela importe moins[6].

La question qui se pose à nous ne pourrait avoir plus d'importance. Continuerons-nous à exister en tant que peuple en respectant la loi telle qu'incarnée dans notre Constitution ? Ou ferons-nous faux bond aux générations futures en leur léguant une Constitution infiniment affaiblie par rapport à la charte de liberté héritée de nos ancêtres ? Notre choix est clair.

REMERCIEMENTS

Je suis très reconnaissant à ma femme, Tipper Gore, de m'avoir apporté son aide précieuse pour ce livre et de m'avoir encouragé à chaque pas tout au long du chemin.

Je veux également remercier mes enfants, Karenna Gore Schiff, Kristin Carlson Gore, Sarah LaFon Gore et Albert Gore III. Je remercie aussi tout spécialement Drew Schiff, Paul Cusack et Frank Hunger. Ils ont tous été patients et d'un grand secours.

Scott Moyers a été un éditeur extraordinaire et ce fut une grande expérience de travailler avec lui. Toute l'équipe des éditions Penguin a été fantastique. Merci.

Andrew Wylie, comme toujours, m'a guidé vers le bon éditeur et dans la bonne direction, a relu les épreuves et m'a fait d'inestimables suggestions. Qu'il en soit remercié !

Mes deux assistants de recherche, Elliott Tarloff et Trent Gegax, ont effectué un travail fabuleux en amassant toute l'information dont j'avais besoin. Je tiens à leur exprimer ma gratitude pour leur dévouement, leur énergie, leur souci d'excellence et de précision, et leur bonne humeur. J'ai adoré travailler avec eux et nous nous sommes bien amusés malgré les rudes et longues journées de travail (sans compter les nuits, ce fut une année bien occupée).

Josh Cherwin et Lisa Berg m'ont aidé à trouver le temps et l'espace pour écrire ce livre, parfois au cours de longs voyages. Et Kalee Kreider y a contribué de multiples manières. Merci.

J'adresse des remerciements tout particuliers à Dwayne Kemp pour tous les excellents repas et pour la mise à jour de tout le matériel.

Je suis également reconnaissant à Lisa Brown et ses collègues, surtout Chris Shroeder et Neil Kinkopf, pour leurs conseils infatigables et leur retour d'information sur les questions de droit constitutionnel traitées dans ce livre.

De même, je veux remercier le docteur V. S. Ramachandran, le docteur Lynn DeLisi, le docteur Joe LeDoux, le docteur Sue Smalley, Anne Peretz et le docteur Marti Erickson pour leur aide sur les sujets de psychologie et de neurosciences. Ils m'ont énormément appris. Qu'ils en soient remerciés.

Je remercie particulièrement les historiens qui ont généreusement consacré du temps pour m'aider à mieux comprendre les passionnantes questions historiques de ce livre : le regretté Arthur Schlesinger Jr., Graham Allison, Steve Ozment, Frank Turner, Doris Kearns Goodwin et Richard Goodwin, et Steve Teles, spécialiste en sciences politiques.

Merci à Joel Hyatt, Wes Boyd, Yochai Benkler et Ben Scott pour leur aide et leurs conseils, en particulier sur les questions relatives à Internet.

Je suis très reconnaissant de l'aide que j'ai reçue sur les questions d'environnement et d'énergie de la part de Katie McGinty, Jeannie Nelson et Will Martin, et pour le concours qu'ils m'ont apporté tous les trois.

Je veux dire ma gratitude particulière à mes autres amis de longue date qui ont pris le temps de discuter avec moi et, dans de nombreux cas, de lire des centaines de pages, m'évitant ainsi un certain nombre de fautes : Marty Peretz, John Seigenthaler, Frank Sutherland, Leon Fuerth, Elaine Kamarck, Peter Knight, Murray Gell-Man, Mike Feldman, Carter Eskew, David Blood, Tom Gegax, Steve Jobs, Tom Downey, Wendell Primus et Bob Greenstein.

Merci à T. J. Scaramellino pour ses recherches sur l'école de philosophie de Francfort.

Enfin, à l'occasion du deuxième livre consécutif, je tiens à remercier tout spécialement mon amie Natilee Duning, pour son aide et la qualité de ses conseils éditoriaux.

Notes

Les titres des ouvrages cités ont été conservés en anglais ; ceux des articles ont en revanche été traduits pour une meilleure compréhension des notes *(NdT)*.

Introduction

1. Robert C. Byrd, « We Stand Passively Mute [Nous restons passifs et muets] », 12 février 2003 (<http://byrd.senate.gov/speeches/byrd_spee ches_2003february/byrd_speeches_2003_march_list/byrd_speeches_20 03march_list_1.html>).

2. Abraham Lincoln, « The Perpetuation of Our Political Institutions [La perpétuation de nos institutions politiques] », discours au Young Men's Lyceum de Springfield, Illinois, 27 janvier 1838 (<http://show case.netins.net/web/creative/lincoln/speeches/lyceum.htm>).

3. « Sondage du *Washington Post* : Saddam Hussein et les attentats du 11 septembre », *Washington Post*, 6 septembre 2003 (<http://www. washingtonpost.com/wpsrv/politics/polls/vault/stories/data082303.htm>).

4. « La moitié des Américains associent Hussein et al-Qaïda », *Angus Reid Global Monitor*, 7 janvier 2007.

5. Evan Lehman, « D'après le général en retraite, l'invasion de l'Irak a été un désastre stratégique », *Lowell Sun*, 30 septembre 2005.

6. Thomas Paine, *Common Sense, The Rights of Man and Other Essential Writings of Thomas Paine*, éd. Jack Fruchtman et Sydney Hook, New York, Penguin Books, 2003, p. 38.

7. Lawrence K. Grossman, « JFK – Annoncer la nouvelle », *Columbia Journalist Review*, novembre-décembre 2003.

8. David Bauder, « En moyenne, chaque foyer comporte plus de téléviseurs que d'occupants », Associated Press, 21 septembre 2006.

9. Joseph J. Pilota *et al.*, « Usage simultané des médias : une orientation critique du consommateur vers une programmation médiatique », *Journal of Consumer Behaviour*, 3 (2004), p. 285-292.

10. Walter Lippmann, *Public Opinion*, New York, Harcourt Brace & Company, 1922, p. 248.

11. John Stuart Mill, *On Liberty*, éd. Gertrude Himmelfarb, New York, Penguin Books, 1982, p. 120.

12. Thomas Jefferson, lettre à Benjamin Rush, 23 septembre 1800.

13. «Index 2006 de la liberté de la presse dans le monde», Reporters sans frontières, 23 octobre 2006 (<http://www.rsf.org/rubrique.php3?id_rubrique=639>).

14. Paul R. La Monica, «NBC se fait réel dans un monde virtuel», *CNN Money*, 19 octobre 2006.

15. Joy Elmer Morgan, cité par Robert McChesney, *Telecommunications, Mass-Media & Democracy*, Oxford, Oxford University Press, 1995, p. 93.

16. Jürgen Habermas, *L'Espace public. Archéologie de la publicité comme dimension constitutive de la société bourgeoise*, Paris, Payot, 1978.

17. John Nichols, «Bush aide CBS, CBS aide Bush», *The Nation*, 23 janvier 2004.

18. Neil Postman «Les cinq choses que nous devons savoir sur le changement technologique», *Proceedings of the New Tech*, 27 mars 1998 (<http://itrs.scu.edu/tshanks/pages/Comm12/12Postman.htm>).

Chapitre 1 : La politique de la peur

1. Edmund Burke, *A Philosophical Inquiry into the Origin of Our Ideas of the Sublime and the Beautiful* [Enquête philosophique sur les origines de nos idées sur le beau et le sublime], éd. Adam Phillips, Oxford, Oxford University Press, 1998, p. 53.

2. Louis D. Brandeis, *Whitney v. California*, 274 US 357 (1927).

3. Thomas Paine, *Common Sense, The Rights of Man and Other Essential Writings of Thomas Paine*, éd. Jack Fruchtman et Sydney Hook, New York, Penguin Books, 2003, p. 38.

4. John R. Stone, *The Routledge Dictionary of Latin Quotations*, New York, Routledge, 2004, p. 120.

5. Dwight Eisenhower, lettre au docteur Robert B. Downs, 24 juin 1953.

6. Edward R. Murrow, *See it Now*, diffusion CBS, 9 mars 1954.

7. Mohammed ElBaradei, «Statut des inspections nucléaires en Irak : mise au point», Agence internationale à l'énergie atomique, 7 mars 2003 (<http://www.iaea.org/NewsCenter/Statements/2003/ebsp2003n006.shtml>).

8. Thomas Jefferson, «Premier discours inaugural», in *The Writings of Thomas Jefferson*, éd. Andrew Lipscomb, Washington, DC, Thomas Jefferson Memorial Association, 1901, p. 319.

9. Vilayanur S. Ramachandran, *Phantom in the Brain*, New York, Harper Perennial, 1991.

10. Charles Q. Choi, « Voter avec le cœur », *Scientific American*, décembre 2006, p. 34.

11. Joseph LeDoux, *The Emotional Brain*, New York, Simon and Schuster, 1996, p. 19.

12. V. S. Rachamandran, entretien avec l'auteur, février-mars 2007.

13. Melissa L. Finucane *et al.*, « L'effet heuristique dans le jugement des risques et des bénéfices », *Journal of Behavioral Decision Making*, 13 (2000), p. 1-17.

14. Michael S. Fanselow *et al.*, « Pourquoi nous croyons que la plasticité sous-jacente au conditionnement pavlovien se situe dans l'amygdale basolatérale », *Neuron*, 23 (1999), p. 229-232.

15. V. S. Rachamandran, entretien avec l'auteur, février-mars 2007.

16. L. McCann et L. Pearlman, « Traumatisme vicariant : un cadre pour comprendre les effets psychologiques du travail avec les victimes », *Journal of Traumatic Stress*, 3 (1990), p. 131-149.

17. Judith Mathewson, « Journal de la sécurité du territoire : endiguer la vague de terreur », éd. Michael W. Ritz *et al.*, USAF Counterproliferation Center, 2004.

18. Jerry Mander, *Four Arguments for the Elimination of Television*, New York, Harper Collins, 1978, p. 245.

19. Robert Kubey et Mihaly Csikszentmilhalyi, *Television and the Quality of Life*, Hillsdale, Hove / Londres, Lawrence Erlbaum Associates, 1990, p. 19.

20. Id., « L'addiction à la télévision n'est pas une simple métaphore », *Scientific American Mind*, janvier 2004 (<http://www.sciam.com/article.cfm?articleID=0005339B-A694-1CC5-B4A8809EC588EEDF&pageNumber=3&catID=2>).

21. W. R. Klemm, « Identité des systèmes moteurs et sensoriels critiques pour le réflexe d'immobilité (hypnose animale) », *Journal of Neuroscience Research*, 2 (1976), p. 57-69.

22. Barry Glassner, « Techniques narratives pour créer la peur », *Social Research*, 71 (2004), p. 779-1157.

23. George F. Loewenstein *et al.*, « Le risque en tant que sentiment », *Psychological Bulletin*, 127 (2001), p. 267-286.

24. *Ibid.*

25. David Kay, « Transcription : David Kay en audience au Sénat », CNN, 28 janvier 2004.

26. George W. Bush, « Remarques du président Bush et du président colombien Alvaro Uribe à l'occasion d'une photo dans le bureau ovale », 25 septembre 2002 (<http://www.whitehouse.gov/news/releases/2002/09/20020925-1.html>).

27. Thomas Jefferson, *The Writings of Thomas Jefferson*, *op. cit.*, p. 270.

28. Elizabeth Bumiller, «Les assistants de Bush lancent une stratégie pour vendre la politique irakienne», *New York Times*, 7 septembre 2002.

29. Kenneth M. Mead, inspecteur général, ministère des Transports, «Efforts de l'administration fédérale de l'aviation pour retrouver l'avion N711RD», 15 juillet 2003.

30. Sénateur Joseph Lieberman, «L'autorité fédérale abusivement utilisée par les républicains du Texas», communiqué de presse, 22 août 2003.

31. Charles Babington, «DeLay encourt une troisième réprimande», *Washington Post*, 7 octobre 2004.

32. Winston Churchill, *The Second World War*, Boston, Houghton Mifflin, 1986, p. 148.

33. Dan Froomkin, «Le temps du désespoir», *Washington Post*, 31 octobre 2006.

34. Glenn Frankel, «Les États-Unis envisageaient d'envahir les champs pétrolifères en 73», *Washington Post*, 1er janvier 2004.

Chapitre 2 : Aveugler les fidèles

1. Thomas Browne, *Religio Medici*, Londres, Henry Washbourne, 1845, p. 19

2. Thomas Jefferson, *The Writings of Thomas Jefferson*, éd. Andrew Lipscomb, Washington, DC, Thomas Jefferson Memorial Association, 1901, p. 258.

3. *Ibid.*, p. 119.

4. Id., *Political Writings*, Cambridge, Cambridge University Press, 1999, p. 149.

5. John Donne, *Selected Poetry*, éd. John Carey, Oxford, Oxford University Press, 1998, p. 262.

6. James Madison, Alexander Hamilton et John Jay, *The Federalist Papers*, éd. Isaac Kramnick, New York, Penguin Books, 1987, p. 128.

7. *Ibid.*

8. Robert Jackson, *West Virginia State Board of Education v. Barnette.* 329 US 624 (1943).

9. John Adams, *Massachusetts Bill of Rights* [Déclaration des droits du Massachusetts], 1780.

10. George W. Bush, «Le président accueille le président Chirac à la Maison Blanche», 6 novembre 2001 (<www whitehouse.gov/news/releases/20011106-4.html>).

11. Id., «Discours au peuple américain à la session conjointe du Congrès», 20 septembre 2001 (<www whitehouse.gov/news/releases/2001/09/20010920-8.html>).

12. Id., « Remarques du président au cours de la journée nationale de la prière et du souvenir à la National Cathedral », 14 septembre 2001 (<www.whitehouse.gov/news/releases/2001/09/20010914-2.html>).

13. Id., « Discours au peuple américain... », 20 septembre 2001, *loc. cit.*

14. John Boehner, interview par Michael Medved, 4 novembre 2006.

15. Kevin Drum, « Kerry et Shinseki, animal politique », *Washington Monthly*, 9 octobre 2004 (<http://www.wahingtonmonthly.com/archives /individual/2004810/004888.php>).

16. John R. S. Batiste, « Témoignage devant la commission sénatoriale de la politique démocratique », 25 septembre 2006.

17. J. Madison, A. Hamilton et J. Jay, *The Federalist Papers, op. cit.*, p. 417.

18. William C. Sullivan, citation du comité de sélection pour l'étude des opérations gouvernementales en relation avec les services de renseignements, « Supplément au rapport détaillé du personnel sur les activités de renseignement et les droits des Américains », rapport final, 23 avril 1976.

19. George W. Bush, « Remarques à l'arrivée à la Maison Blanche et échange avec les journalistes », 16 septembre 2001 (<http://www.presidency.ucbs.edu/ws/print.php?pid=63346>).

20. « Les États-Unis combattent Satan, déclare le général », *BBC News*, 17 octobre 2003.

21. Michael Moran : « Pour une fois, à contre-courant », Brave New World, MSNBC, 14 mai 2004 (<http:// www.msnbc.msn.com/id/ 4962140/>).

22. David Ingram, « Hayes : missionnaire incompris en Irak ? », *Charlotte Observer*, 23 décembre 2006.

23. Scott Higham et Joe Stephens, « Nouvelles révélations sur des abus en prison », *Washington Post*, 21 mai 2004.

24. Id., « Punition et amusement », *Washington Post*, 22 mai 2004.

25. George Orwell « Sous votre nez », *Tribune*, 22 mars 1946.

26. Richard Kogan, David Kamin, et Joel Friedman, « Le tableau du déficit est plus sombre que ne le suggèrent les nouvelles projections du ministère du Budget », Center on Budget and Policy Priorities, 1er février 2004 (<http://www.cbpp.org/1-28-04bud.htm>).

27. Ron Suskind, *The Price of Loyalty*, New York, Simon and Schuster, 2004.

28. John Locke, *Resistance, Religion and Responsibility*, éd. John Marshall, Cambridge, Cambridge University Press, 1994, p. 130.

29. Alberto Gonzales, « Décision RE : Application de la convention de Genève sur les prisonniers de guerre au conflit avec al-Qaïda et les Talibans », 25 janvier 2002 (<http://www.msnbc.msn.com/id/49991148 /site/newsweek>).

30. John Hendren, « Des fonctionnaires déclarent que Rumsfeld a autorisé des méthodes musclées d'interrogatoire », *Los Angeles Times*, 21 mai 2004.

31. Cité *ibid.*

32. *Ibid.*

33. Ann Coulter, « Déclaration au congrès 2002 d'action politique des conservateurs », 26 février 2002 (<http.//www.pfaw.org/pfaw/general /default.aspx?oid=1626>).

34. Dana Millbank, « Et le verdict est : le juge Kennedy est coupable », *Washington Post*, 9 avril 2005.

35. John Biskupic, « Les congressistes républicains attaquent l'activisme des juges », *Washington Post*, 14 septembre 1997.

36. « La mort de Schiavo augmente la pression vers une législation de l'euthanasie », Seattle Times News Services, 1er avril 2005.

37. Neal Boortz, *The Neal Boortz Show*, Cox's Radio Syndication, 24 octobre 2005.

38. Jerry Falwell, « Interview de Jerry Falwell par Pat Robertson », *The 700 Club*, 13 septembre 2001.

39. James Dobson, cité dans une interview de George Stephanopoulos, *This Week*, 7 novembre 2004.

40. Robert Bolt, *A Man for All Seasons*, New York, Vintage Books, 1960.

41. Johnny Isakson, « Déclaration sur les remarques complémentaires prononcées au Sénat », 15 février 2005 (<http://isakson.senate.gov /floor/2005/021505iraqsupplemental.htm>).

Chapitre 3 : La politique de l'argent

1. Alexander Hamilton, *American History Told by Contemporaries*, éd. Albert Bushnell Hart, New York, The MacMillan Company, 1901, p. 244

2. Adam Smith, *An Inquiry into the Nature and Causes of the Wealth of Nations*, éd. Kathryn Sutherland, Oxford, Oxford University Press, 1993, p. 264.

3. Samuel Johnson, *Le Paresseux, # 89*, 29 décembre 1759.

4. Hannah Arendt, *On Revolution*, New York, Penguin Books, 1963, p. 264.

5. Lowell Bergman et Jeff Gerth, « Échange de pouvoir dans l'entourage de Bush, Washington est tout ouïe », *New York Times*, 25 mai 2001.

6. Thomas Jefferson, lettre à William Johnson, 1823, in *The Writings of Thomas Jefferson*, éd. Andrew Lipscomb, Washington, DC, Thomas Jefferson Memorial Association, 1901, p. 450-451.

7. Nicolas Machiavel, *Le Prince*, trad. N. H. Thompson, New York, P. F. Collier & Son, 1992, p. 51.

8. George W. Bush, cité par Joe Conason, « Bush Inc. », *Salon*, 21 août 2003.

9. Samuel Johnson, *Rasselas*, Londres, Edward Lacey, 1838, p. 78.

10. Thomas Jefferson, *The Writings of Thomas Jefferson*, éd. H. A. Washington, New York, Derby and Jackson, 1859, p. 358.

11. John Adams, *The Works of John Adams, Second President of the United States, with a Life of the Author*, vol. II, éd. Charles Francis Adams, Boston, Little, Brown and Company, 1865 (<www.britannica.com/presidents/article-9116850>).

12. Benjamin Franklin, *The Casket, or Flowers of Literature, Wit and Sentiment*, 1828.

13. Thomas Jefferson, lettre à Nathaniel Macon, 1821 (<http://etext.virginia.edu/jefferson/quotations/jeff1060.htm>).

14. Andrew Jackson, *State of the Union Addresses*, Whitefish, Kessinger Publishing, 2004, p. 105.

15. Abraham Lincoln, lettre au colonel William F. Elkins, 21 novembre 1864, in *The Lincoln Encyclopaedia*, éd. Archer H. Shaw, New York, Macmillan, 1950, p. 40.

16. John Marshall Harlan, *Comté de Santa Clara contre la compagnie de chemins de fer South Pacific*, 118 US 394 (1886).

17. William McKinley, *Life of William McKinley*, éd. Samuel Fallows, Chicago, Regan Printing House, 1901, p. 389.

18. Theodore Roosevelt, *The Social and Political Thought of American Progressivism*, éd. Eldon Eisenach, Indianapolis, Hackett Publishing, 2006, p. 274.

19. Paul Starr, *The Creation of the Media*, New York, Basic Books, 2004, p. 384.

20. Joseph Goebbels, *La Radio, huitième pouvoir,* 18 août 1933 (<http://www.calvin.edu/academic/cas/gpa/goeb56.htm>).

21. Gianni Isola (dir.), *Historical Journal of Film, Radio and Television*, août 1995, « La radio italienne : histoire et historiographie. – Numéro spécial : Les médias italiens depuis la Seconde Guerre mondiale ».

22. Larry Tye, *The Father of Spin. Edward L. Bernays and the Birth of Public Relations*, New York, Owl Books, 2002.

23. Paul Mazur, cité dans « Le siècle du moi », *BBC Four,* avril-mai 2002.

24. Edward Bernays, *Propaganda*, New York, Ig Publishing, 2004, p. 71.

25. Walter Lippmann, *Public Opinion*, New York, Harcourt Brace & Company, 1922, p. 158.

Chapitre 4 : La commodité du mensonge

1. Thomas Jefferson, *The Writings of Thomas Jefferson*, éd. Andrew Lipscomb, Washington, DC, Thomas Jefferson Memorial Association, 1901, p. 450-451.

2. Ron Suskin, *The Price of Loyalty*, New York, Simon & Schuster, 2004, p. 86.

3. Sam Tannenhaus, « Le brain-trust de Bush », *Vanity Fair*, juillet 2003 (<www.defenselink.mil/transcripts/2003/tr20030509-depsecdef0223.html>).

4. « Des hauts fonctionnaires de l'administration Bush accusent Saddam Hussein », CNN, 8 septembre 2002.

5. George W. Bush, *Discours sur l'état de l'Union*, 28 janvier 2003 (<www.whitehouse.gov/news/releases/2003/01/20030128-19.html>).

6. Mohammed ElBaradei, « Le statut des inspections nucléaires en Irak : mise au point », Agence internationale de l'énergie atomique, 7 mars 2003 (<http://www.iaea.org/NewsCenter/Statements/2003/ebsp2003n006.shtml>).

7. Richard Clarke, interviewé par Lesley Stahl, *60 Minutes*, CBS, mars 2004.

8. George W. Bush, discours lors de la visite présidentielle en Grèce, NY, 24 mai 2005 (<www.whitehouse.gov/news/releases/2005/05/20050524-3.html>).

9. J. Wright, *The Phaedrus, Lysis and Protagoras of Plato*, Cambridge, Trinity Press, 1888, p. 78.

10. George W. Bush, « Remarques du président Bush et du président colombien Alvaro Uribe, à l'occasion d'une photo dans le bureau ovale », 25 septembre 2002 (<www.whitehouse.gov/news/releases/2002/09/20020925-1.html>).

11. George W. Bush, *Discours sur l'état de l'Union*, 28 janvier 2003.

12. Greg Miller, « Cheney dénonce le lien entre al-Qaïda et Hussein », *San Francisco Chronicle*, 23 janvier 2004.

13. Colin Powell, déclaration aux Nations unies, 6 février 2003 (<http://www.cnn.com/2003/US/02/05/sprj.irq.powell.transcript.09/index.html>).

14. « Bush répète que l'Irak et al-Qaïda avaient une "relation" », CNN, 17 juin 2004.

15. Sebastian Rotella, « Les alliés ne trouvent aucun lien entre l'Irak et al-Qaïda », *Los Angeles Times*, 4 novembre 2004.

16. Romesh Ratnesar, « Irak et al-Qaïda : existe-t-il un lien ? », CNN, 26 août 2002.

17. Peter H. Stone, « Le lien entre l'Irak et al-Qaïda était faible, disent

les membres du gouvernement Bush précédent», *National Journal*, 8 août 2003.

18. Dick Cheney, interview télévisée de Gloria Borger, CNBC, 17 juin 2004.

19. Thomas Pynchon, *L'Arc-en-ciel de la gravité*, Paris, Seuil, 1988.

20. Philip Shenon et Christopher Marquis, «La commission ne trouve aucun lien entre l'Irak et al-Qaïda; description d'un complot élargi pour le 11 septembre», *New York Times*, 17 juillet 2004.

21. Greg Miller, «Cheney dénonce le lien entre Hussein et al-Qaïda», *San Francisco Chronicle*, 23 janvier 2004.

22. Jon Stewart, *The Daily Show with Jon Stewart*, 21 juin 2004.

23. «Rumsfeld remet en question le lien entre Saddam Hussein et al-Qaïda», BBC News, 5 octobre 2004.

24. Walter Pinus et Karen DeYoung, «Débat des sénateurs sur la signification des rapports des services secrets du Pentagone», *Washington Post*, 10 février 2007.

25. Léonard de Vinci, *The Notebooks of Leonardo da Vinci*, éd. Irma Richter, Oxford, Oxford University Press, 1999, p. 283.

26. Isidore Feinstein Stone, *In a Time of Torment*, New York, Random House, 1967, p. 317.

27. Elmer Andersen, «Pourquoi un ancien gouverneur républicain votera pour John Kerry», *Minneapolis Star Tribune*, 13 octobre 2004.

28. «Retour de Chalabi sur la scène politique, cité comme possible secrétaire de cabinet», Associated Press, 1er mars 2007.

29. Warren P. Strobel et John Walcott, «Il n'existe pas de plan d'après-guerre», *Knight Ridder Newspapers*, 17 octobre 2004.

30. Paul Bremer et Malcolm McConnel, *My Year in Irak*, New York, Simon & Schuster, 2006.

31. Douglas Jehl et David E. Sanger, «Une estimation datant d'avant le conflit prévoyait des risques de profondes divisions», *New York Times*, 28 septembre 2004.

32. Thomas E. Ricks, «Le général signale un manque de matériel en Irak», *Washington Post*, 18 octobre 2004.

33. David Leonhardt, «Ce qu'on peut acheter avec 1,2 trillion de dollars», *New York Times*, 17 janvier 2007.

34. Reportage de Jane Mayer, «Contrat cadeau», *The New Yorker*, 16 février 2004.

35. Coupures de presse et cartes de Judicial Watch, «Les documents de la commission Cheney à l'énergie comportent des cartes de champs pétroliers irakiens», 17 juillet 2003 (<www.judicialwatch.org/IrakOil Map.pdf>).

36. Dick Cheney, déclaration au London Institute of Petroleum, août 1999 (<www.peakoil.net/Publications/Cheney_PeakOil_FC D.pdf>).

37. Groupe national de développement de la politique énergétique, «Rapport sur la politique énergétique nationale : une énergie sûre, abordable et écologique pour l'Amérique de l'avenir», ministère de l'Énergie, mai 2001, p. 8-5 (<www.white-house.gov/energy/National-Energy-Policy.pdf>).

38. Seymour M. Hersh, «Déjeuner avec le président», *The New Yorker*, 17 mars 2003 (<www.newyorker.com/fact/content/articles/030317fa_fact>).

39. Danny Fortson, Andrew Murray-Watson et Tim Webb, «L'avenir de l'Irak : le butin de la guerre», *The Independent*, 7 juillet 2007.

40. Julian Coleman, «L'administration Bush est pire que celle de Nixon, dit un assistant du Watergate», *The Telegraph*, 4 avril 2004.

41. John F. Kennedy, déclaration aux éditeurs de presse, 27 avril 1961 (<http://www.jfklibrary.org/Historical+Resources/Archives/Reference+Desk/Speeches/JFK/003POF03NewspaperPublishers04271961.html>).

42. Christopher H. Schmitt et Edward T. Pound, «Secrets bien gardés», *US News & World Report*, 22 décembre 2003.

43. John W. Dean, *Worse than Watergate*, New York, Warner Books, 2005, p. 56-57.

44. *Ibid.*, p. 42-43.

45. Dana Millbank, «Cherche et tu ne trouveras pas», *Washington Post*, 11 mars 2003.

46. David Lazarus, «Qu'on abatte le messager! Les rapports sur les licenciements sont suspendus», *San Francisco Chronicle*, 3 janvier 2003.

47. Andrew Card, «Mémorandum pour la direction des départements d'État et des agences gouvernementales : Sauvegarde de l'information sur les armes de destruction massive et autres documents relatifs à la sécurité nationale», 19 mars 2002 (<www.fas.org/sgp/bush/wh031902.html>).

48. Mathew M. Aid (éd.), «Déclassification à l'envers», Archive Nationale de Sécurité à l'université George Washington, 21 février 2006 (<http//www.gwu.edu/~ensarchiv/NSAEBB/NSAEBB179/#report>).

49. «La Maison Blanche bloque l'accès du registre des entrées», Associated Press, 5 janvier 2007.

50. Thomas Jefferson, lettre à William Johnson, 1823, in *The Writings of Thomas Jefferson, op. cit.*, p. 222.

51. Andrew C. Revkin, «Le chef de la NASA soutient la transparence de l'Agence», *New York Times*, 4 février 2006.

52. Thomas Moore, *Lalla Rookh : The Veiled Prophet of Khorassan*, Halifax, Milner et Sowerby, 1859, p. 50.

53. Amy Goldstein, «Foster : la Maison Blanche a joué un rôle dans la rétention des données sur Medicare», *Washington Post*, 19 mars 2004.

54. Jonathan D. Salant, «Les portes tournantes de Medicare alimentent

le débat du Congrès sur les règles d'éthique», Bloomberg News, 30 janvier 2006.

55. Propos cités par Ron Suskind, «Foi et certitude dans la présidence de George Bush», *New York Times Magazine*, 17 octobre 2004.

56. Ari Fleischer, conférence de presse de la Maison Blanche, 26 septembre 2001 (<http://www.whitehouse.gov/news/releases/2001/09/200 10926-5.html>).

57. Dan Rather, «Le vétéran des présentateurs de CBS News s'exprime ouvertement sur BBC Newsnight ce soir», BBC, 16 mai 2002.

58. Christiane Armanpour, interview par Tina Brown dans «Topic A with Tina Brown», CNBC, 10 septembre 2003.

59. Paul Krugman, «Pour dire la vérité», *New York Times*, 28 mai 2004.

60. Greg Toppo, «Le ministère de l'Éducation a payé un commentateur pour promouvoir la loi», *USA Today*, 7 janvier 2005.

61. Robert Pear, «Les démocrates attaquent les vidéos qui font la promotion de la loi Medicare», *San Francisco Chronicle*, 15 mars 2004.

62. Hugo Black, *New York Times Co. v. United States*, 403 US 713 (1971).

Chapitre 5 : L'atteinte à l'individu

1. Alan Greenspan, discours au Conference Board, New York, 16 octobre 1996.

2. Dahlia Lithwick, «Ashcroft aime écouter», *Slate*, 15 novembre 2001.

3. Franz Kafka, *Le Procès*, Paris, Gallimard, coll. «Folio», 1933.

4. Winston Churchill, télégramme à Herbert Morrison, ministre des Affaires étrangères britanniques, 21 novembre 1943.

5. John Paul Stevens, *Richards v. Wisconsin*, 520 US 385 (1997).

6. Anthony Kennedy, *West Covino v. Perkins*, 525 US 234 (1999).

7. Service de recherches du Congrès, «Rapport du Congrès. Le terrorisme : analyse section par section de l'USA Patriot Act», 10 décembre 2001 (<http://www.cdt.org/security/usapatriot/011210crs.pdf>).

8. *Ibid.*

9. Electronic Privacy Information Center, «Surveillance des services secrets étrangers : lois et ordres 1979-2005» (<http://www.epic.org/privacy/wiretap/stats/fisa_stats.html>).

10. George W. Bush, «Le président discute de la sécurité nationale au siège du FBI», communiqué de la Maison Blanche, 10 sept. 2003 (<http://www.whitehouse.gov/news/releases/2003/09/20030910-6.html>).

11. Service de recherches du Congrès, «Rapport du Congrès. Le terrorisme [...] », 10 décembre 2001, *loc. cit.*

12. Alberto Gonzales, «Mémorandum du ministère de la Justice des États-Unis. Soutien des autorités légales aux activités de l'Agence de

sécurité nationale décrite par le président», ministère de la Justice, 19 janv. 2006 (<www.usdoj.gov/opa/whitepaperonnsalegalauthorities.pdf>).

13. James Madison (sous le pseudonyme «Publius»), «Le Fédéraliste n° 45», New York *Independent Journal, New York Packet,* New York *Daily Adviser,* 26 janvier 1788.

14. Barton Gellman, «Les vérifications secrètes du FBI», *Washington Post,* 6 novembre 2005.

15. Marvin J. Johnson, «Mémo des personnes concernées: brève analyse des changements proposés dans les directives du ministre de la Justice», American Civil Liberties Union, 30 mai 2002 (<http://aclu.org /natsec/emerpowers/144141eg20020530.html>).

16. Linda E. Fischer, «Culpabilité par associations révélatrices: profilage politique, surveillance et droit de réunion privée», *Arizona Law Review,* 46 (2004), p. 620.

17. «Rapport supplémentaire détaillé du personnel sur les services de renseignements et les droits des Américains», commission spéciale du Sénat des États-Unis pour étudier les opérations gouvernementales en relation avec les services de renseignements, 23 avril 1976.

18. William C. Sullivan, cité *ibid.*

19. Eric Lichtblau, «Bush défend le programme d'espionnage et nie avoir trompé les citoyens», *New York Times,* 2 janvier 2006.

20. Eric Lichtblau et David Johnston, «Contrôle judiciaire des mises sur écoute en cas de terrorisme», *New York Times,* 18 janvier 2007.

21. Alberto Gonzales, témoignage devant la commission judiciaire du Sénat des États-Unis, publié par le *Washington Post,* 6 février 2006 (<http://www.washingtonpost.com/wp-dyn/content/article/2006/02/06 /AR2002020600931.html>).

22. Id., «Conférence de presse du garde des Sceaux Alberto Gonzales et du général Michael Hayden, directeur principal adjoint des services de renseignements nationaux», 19 décembre 2005 (<http://www.white-house.gov/news/releases/2005/12/20051219-1.html>).

23. James McGovern, *Actes du Congrès,* 14 septembre 2001. Ted Stevens, *ibid.*

24. Thomas Paine, *Common Sense, The Rights of Man and Other Essential Writings of Thomas Paine,* éd. Jack Fruchtman et Sydney Hook, New York, Penguin Books, 2003, p. 38.

25. Jim VandeHei et Dan Eggen, « Cheney avance des justifications pour l'espionnage des Américains», *Washington Post,* 5 janvier 2006.

26. Commission de la fondation Markle, «Protéger la liberté de l'Amérique à l'ère de l'information», publication de la commission de la fondation Markle, octobre 2002, p. 32.

27. Matthew B. Stannard, «Le fichage des appels téléphoniques déclenche une tempête de protestations», *San Francisco Chronicle,* 12 mai 2006.

28. Thomas Jefferson, *The Writings of Thomas Jefferson*, éd. Andrew Lipscomb, Washington, DC, Thomas Jefferson Memorial Association, 1903, p. 322.

29. William J. Brennan, Jr., magistrat à la Cour suprême, «À la recherche du développement d'une jurisprudence des libertés civiques en périodes critiques de sécurité», conférence à l'Université hébraïque de Jérusalem, 22 décembre 1987.

30. Felix Frankfurter, magistrat à la Cour suprême, *Youngstown Sheet & Tube Co.v. Sawyer*, 343 US 579 (1952).

31. Jon Swartz et Kevin Johnson, «Les États-Unis demandent aux compagnies travaillant sur Internet de sauvegarder leurs fichiers clients», *USA Today*, 1er juin 2006.

32. Anthony Lewis, «Activités anti-américaines», *The New York Review of Books*, 50 (2003), p. 16.

33. Matthieu 25,34-40

34. American Civil Liberty Union, «Lettre pétition pour pousser le Sénat à examiner de près le dossier de Michael Chertoff», 1er février 2005 (<http://www.alcu.org/safefree/general/188441eg20050201.html>).

35. Opinion d'Aharon Barak, président de la Cour suprême d'Israël, 6 septembre 1999.

36. Dan Eggen, «Le procureur général renvoyé accuse des magistrats d'avoir exercé des pressions», *Washington Post*, 1er mars 2007.

37. Patrick Quinn, «Vide juridique pour 14000 détenus dans les prisons de guerre américaines», Associated Press, 16 septembre 2006.

38. Jackie Spinner, «Un soldat parle: le rôle de l'unité était de briser les prisonniers», *Washington Post*, 8 mai 2004.

39. John Barry, Michael Hirsh et Michael Isikoff, «Les racines de la torture», *Newsweek*, 24 mai 2004 (<www.msnbc.msn.com/id/4989481>).

40. George W. Bush, *Discours sur l'état de l'Union*, 28 janvier 2003 (<http://www.whitehouse.gov/news/releases/2003/01/20030128-19.html>).

41. Douglas Jehl, Steven Lee Myers et Eric Schmitt, «Les mauvais traitements sont de plus en plus répandus, selon une enquête de l'armée», *New York Times*, 26 mai 2004.

42. Neil A. Lewis, «Le ministère de la Justice durcit les lois sur la torture», *New York Times*, 1er janvier 2005.

43. *Ibid.*

44. Jonathan Alter, «La photo qu'a vue le monde entier», *Newsweek*, 17 mai 2004.

45. George Orwell, *1984*, New York, Signet Classic, 1990, p. 267.

46. John Barry, Michael Hirsh et Michael Isikoff, «Les racines de la torture», *loc. cit.*

47. Brian Ross et Alexandra Salomon, «On cherche à dissimuler les faits, c'est sûr», ABC News, 13 septembre 2006.

48. Laura Ingrahamn, interview de Billy O'Reilly, *Le Facteur O'Reilly*, Fox News, 13 septembre 2006.

49. Jane Mayer, «Quel que soit le prix», *The New Yorker*, 19 février 2007 (<http://www.newyorker.com/fact/content/articles/070219fa_fact-mayer>).

50. Patrick Quinn, «Vide juridique pour 14 000 détenus [...]», *loc. cit.*

51. Adam Liptak, «Des juristes universitaires critiquent le rapport sur la torture», *New York Times*, 25 juin 2004.

52. Abraham Lincoln, discours de Gettysburg, 19 novembre 1863.

Chapitre 6: Insécurité nationale

1. Programme collectif des Nations unies contre le sida, document de présentation, 2006.

2. Thomas Jefferson, *The Writings of Thomas Jefferson*, éd. Andrew Lipscomb, Washington, DC, Thomas Jefferson Memorial Association, 1901, p. 222.

3. Andrew Buncombe, «La CIA réfute l'affirmation selon laquelle l'Irak représentait une "menace imminente"», *The Independent*, 6 février 2004.

4. Hans Blix, «Discours de réception pour marquer le cinquantième anniversaire du comité scientifique des Nations unies sur les effets des radiations atomiques», 30 mai 2006 (<http://www.unis.unvienna.org/uni/pressrels/2006/unisinf146.html>).

5. Amy F. Woolf, «Analyse de la posture nucléaire: vue d'ensemble et questions émergentes», rapport du service de recherches du Congrès, 31 janvier 2002.

6. Graham Allison, «Comment stopper le terrorisme nucléaire», *Foreign Affairs*, janvier-février 2004.

7. *Ibid.*

8. *Ibid.*

9. Convention de Genève relative au traitement des prisonniers de guerre, article 3, mis en application en 1950 (<http://www.unhchr.ch/html/menu3//91.htm>).

10. Matthieu 7,16.

11. James Zogby, déclaration devant la commission judiciaire du Sénat, 18 novembre 2003.

12. Craig Murray, «Lettre 3. Sujet: Réception des renseignements obtenus sous la torture», juillet 2004.

13. Selwyn Raab, «Donovan blanchi de l'accusation de fraude par un jury du Bronx», *New York Times*, 26 mai 1987.

14. Lisa Myers, «Ashcroft a-t-il écarté les avertissements de terrorisme?», NBC News, 23 juin 2004.

15. Commission du 11 septembre, *Rapport de la commission du 11 septembre : rapport final de la commission nationale sur les attaques terroristes dirigées contre les États-Unis*, New York, W. W. Norton & Company, 2004, p. 273.

16. *Ibid.*, p. 259.

17. Philip Shelnon et Mark Mazzetti, «Des dossiers montrent que Tenet a prévenu Rice des menaces d'al-Qaïda», *New York Times*, 2 octobre 2006.

18. Commission du 11 septembre, *Rapport* […], *op. cit.*, p. 260.

19. Ron Suskind, *The One Percent Doctrine*, New York, Simon & Schuster, 2006, p. 2.

20. Commission du 11 septembre, *Rapport* […], *op. cit.*, p. 262.

21. *Ibid.*, p. 265.

22. Centre national antiterroriste, «Rapport sur les incidents terroristes en 2005», 11 avril 2006 (<wits.ntc.gov/reports/crot2005ntcannex-final.pdf>).

23. Bureau du directeur des services de renseignements nationaux, «Jugements clés déclassés de l'estimation des services de renseignements, tendance du terrorisme mondial : implications pour les États-Unis», 2006 (<www.dni.gov/press_releases/Declassified_NIE_Key_Judgments.pdf>).

24. Institut international d'études stratégiques, *Rapport stratégique 2003-2004*, New York, Routledge, 2004.

25. Shai Feldman et Yiftah Shapir (éd.), «L'équilibre stratégique au Moyen-Orient, 2003-2004», Centre Jaffee d'études stratégiques, 2004.

26. Steve Vogel et William Branigin, «L'armée renvoie le commandant du centre médical Walter Reed», *Washington Post*, 2 mars 2007.

27. Joseph Hoar, témoignage devant la commission des relations étrangères du Sénat, 19 mai 2004.

28. Anthony Zinni, interview de Steve Kroft, *60 Minutes*, CBS, 23 mai 2004, et *Battle Ready*, New York, Putnam Publishing, 2004.

29. *Ibid.*

30. Thomas E. Ricks, «Les militaires américains sont divisés sur l'occupation de l'Irak», *Washington Post*, 10 mai 2004.

31. *Ibid.*

32. Thomas E. Ricks, «Au centre de commandement, la bataille fait rage», *Washington Post*, 9 mai 2004.

33. *Ibid.*

34. Doug Bandow, «Pourquoi les conservateurs ne doivent pas voter pour Bush», *Salon*, 10 septembre 2004.

35. David D. Kirkpatrick, «Le fondateur d'une revue nationale va quitter la scène», *New York Times*, 29 juin 2004.

36. David Leonhardt, «Ce qu'on ne peut pas acheter avec 120 milliards de dollars», *New York Times*, 17 janvier 2007.

37. Andrew Card, cité par Elizabeth Bumiller, *New York Times*, 7 septembre 2002.

38. John King, transcription rapide, « Le disque dur d'un ordinateur de la Maison Blanche tombe entre les mains des démocrates. Leur porte-parole, Gore, révèle les dessous de l'affaire. Interview du gouverneur Bill Owens », CNN.com, 14 juin 2002 (<http//transcripts.cnn.com/TRANS-CRIPTS/0206/14/ip.00.html>).

39. « Rush interviewe le vice-président Richard B. Cheney », *The Rush Limbaugh Show*, 13 septembre 2002 (<http.//www.rushlimbaugh.com /home/weekend8sites/christmas1/content/interview_with_vice_president _richard_b_cheney_transcript.guest.html>).

40. Fred Kaplan, « Contrecoup à Bagdad », *Slate*, 8 juillet 2003.

41. George W. Bush, « Le second débat présidentiel », 11 octobre 2000 (<http.//www.cbsnews.com/stories/2000/10/11/politics/main 240442. shtml>).

Chapitre 7 : La crise du carbone

1. Timothy Gardner, « Les émissions de gaz carbonique vont augmenter de 75 % d'ici à 2030 », agence Reuters, 21 juin 2006.

2. Service gouvernemental de l'information à l'énergie, « Pétrole brut et importation totale de pétrole : classement des quinze plus gros producteurs », 2 février 2007 (<http.//www.eia.doe.gov/pub/oil_gas/petroleum /data_publications/company_level_imports/current/import.html>).

3. Quin Shea, propos cités dans « Documents concernant le projet de loi sur la pureté du ciel de 2005 », transcrits par le Conseil national de défense des ressources, 2005, p. 51.

4. « Bush crache sur le rapport concernant le réchauffement climatique », CBS News, 4 juin 2002.

5. Ron Suskind, *The Price of Loyalty*, New York, Simon & Schuster, 2004.

6. Danny Fortson, Andrew Murray-Watson et Tim Webb, « L'avenir de l'Irak : le butin de guerre », *The Independent*, 7 janvier 2007.

7. *Ibid.*

8. Réserve fédérale de la banque de San Francisco, « Le prix du pétrole et le déficit du commerce américain », lettre économique, 22 septembre 2006.

9. Association des scientifiques inquiets, « Les informations sur les émissions de mercure de la centrale thermique ont été censurées », 18 février 2004 (<http////www.ucusa.org/scientific_integrity/interference /mercury-emissions.html>).

10. Felicity Barringer, « Les sites pollués pourraient se retrouver à court d'argent pour la dépollution », *New York Times*, 16 août 2004.

11. Joe Baird, «Les anciens employés des parcs ont Bush dans le collimateur, et les anciens directeurs le fusillent», *Salt Lake Tribune*, 16 août 2003.

12. «Les centrales thermiques les plus polluantes des États-Unis: le courant passe avec l'administration Bush», Projet d'intégrité environnementale, Observatoire de citoyenneté publique du Congrès, mai 2004 (<http://www.whitehouseforsale.org/>).

13. Richard A. Oppel, Jr., et Christopher Drew, «Sénateurs et magistrats demandent une enquête sur les changements de réglementation de l'Agence de protection environnementale», *New York Times*, 7 novembre 2003.

14. Christopher Drew et Richard A. Oppel, Jr., «Comment l'industrie a gagné la bataille du contrôle de la pollution à l'Agence de protection environnementale», *New York Times*, 6 mars 2004.

15. Ian Sample, «Des scientifiques se sont vu offrir de l'argent pour contredire l'étude climatique», *The Guardian*, 2 février 2007.

16. Frank Luntz, cité par Isaac Chotiner, «L'héritage douteux de Frank Luntz», *The New Republic*, 2 janvier 2007.

17. Bob Ward, «Lettre à Nick Thomas», 4 septembre 2006 (<http://-www.climatesciencewatch.org/index.php/csw/details/royal-society-exxon-letter/>).

18. Association des scientifiques inquiets, «Fumée, miroirs et air chaud», janvier 2007 (<http://www.ucsusa.org/news/press_release/Exxon Mobil-GlobalWarming-tobacco.html>).

19. Id., «Des chercheurs dénoncent la similitude entre les documents d'ExxonMobil sur le réchauffement climatique et la désinformation sur le tabac», janvier 2007 (<http://www.ucsusa.org/news/press_release/Exxon Mobil-GlobalWarming-tobacco.html>).

20. John D. Rockefeller et Olympia Snowe, «Lettre à Rex Tilson», 27 octobre 2006 (<http://snowe.senate.gov/public/index.cfm?FuseAction =PressRoom.PressReleases&ContentRecord_id=9acba744-802a-23ad-47be-2683985c724e&Region_id=&Issue_id=>).

21. «Parachute doré pour le PDG d'Exxon», ABC News, 14 avril 2006.

22. Centre national de recherche atmosphérique, «Ozone stratosphérique», information obtenue en 2007 (<http://www.ucar.edu/learn/1_6_ 1.html>).

23. Marika Holland *et al.*, «Diminution brutale de la glace arctique dans un futur proche», *Geophysical Research Letters*, 33 (2006).

24. Ken Kostel et Steve Bradt, «Les séismes glaciaires indiquent une hausse des températures au Groenland», *Earth Institute News*, 23 mars 2006.

25. Gary Stix, «Manuel de réparation de la planète», *Scientific American*, septembre 2006.

26. Elizabeth Rosenthal et Andrew Revkin, « L'Observatoire émet un rapport pessimiste sur le changement climatique », *New York Times*, 2 février 2007.

27. Winston Churchill, *Never Give In, The Best of Winston Churchill's Speeches*, éd. Winston Churchill, New York, Hyperion, 2003, p. 153.

28. Id., *The Second World War*, Boston, Houghton Mifflin Company, 1986, p. 294.

29. Upton Sinclair, *I, Candidate for Governor : And How I Got Licked*, Berkeley, University of California Press, 1994, p. 108.

30. Emmanuel A. Kerry, « Accroissement de l'effet destructeur des cyclones tropicaux au cours des trente dernières années », *Nature*, 436 (2005), p. 686-688.

31. Abraham Lincoln, « Second message annuel », 1er décembre 1862 (<http://www.presidency.ucsb.edu/ws/index.php?pid=29503>).

Chapitre 8 : La démocratie en danger

1. James Madison, Alexander Hamilton et John Fay, *The Federalist Papers*, éd. Isaac Kramnick, New York, Penguin Books, 2003, p. 73.

2. *Ibid.*, p. 319.

3. James Madison, lettre à Thomas Jefferson, 2 avril 1798, in *The Writings of James Madison*, éd. Gaillard Hunt, New York, G. P. Putman's Sons, 1906, vol. 6, p. 312-313.

4. Robert H. Jackson, juge à la Cour suprême, *Youngstown Sheet & Tube Co. v. Sawyer*, 103 F. Supp. 569 (1952).

5. Felix Frankfurter, juge à la Cour suprême, *ibid.*

6. Robert H. Jackson, *ibid.*.

7. John Adams, *Bill of Rights* du Massachusetts, 1780.

8. Benjamin Franklin, à la Convention constitutionnelle de Philadelphie en 1787, *The American Historical Review*, vol. 11, 1906, p. 618.

9. James Madison (sous le pseudonyme « Publius »), « Le Fédéraliste n° 47 », New York *Independent Journal*, *New-York Packet*, New York *Daily Advertiser*, 30 janvier 1788.

10. Constitution des États-Unis, article 1, section 7, 23 septembre 1788.

11. Bureau éditorial du *New York Times*, « Veto ? Qui a besoin d'un veto ? », *New York Times*, 5 mai 2006.

12. Charlie Savage, « Bush défie des centaines de lois », *Boston Globe*, 30 avril 2006.

13. *Ibid.*

14. Ron Suskind, « Pourquoi rient-ils ? », *Esquire*, janvier 2003.

15. Alexander Hamilton (sous le pseudonyme « Publius »), « Le Fédéraliste n° 78 », New York *Independent Journal*, *New-York Packet*, New York *Daily Advertiser*, 28 mai 1788.

16. Montesquieu, *De l'esprit des lois*, XI, chap. VI, Genève, 1748.

17. *The Annals of Congress* (compilées entre 1834 et 1856), Chambre des Représentants, 1er Congrès, 1re session, p. 448-460.

18. Carl Hulse et David D. Kirkpatrick, «DeLay dit que la justice fédérale est devenue folle et accuse le Congrès d'être en partie responsable», *New York Times*, 8 avril 2005.

19. Charles Babington, «Le sénateur établit un lien entre violences commises et décisions politiques», *Washington Post*, 5 avril 2005.

20. Rick Klein, «DeLay présente des excuses pour avoir accusé les juges fédéraux dans le procès Schiavo», *Boston Globe*, 14 avril 2005.

21. Debbie Elliott, «Des parlementaires républicains visent la justice "activiste"», *All Things Considered*, Radio nationale publique, 26 mars 2005.

22. Sénateur John Cornyn (républicain, Texas), discours au Sénat, 4 avril 2005 (<cornyn.senate.gov/record.cfm?id=236007>).

23. Ruth Marcus, «Comment vider les magistrats», *Washington Post*, 11 avril 2005.

24. Peter Wallsten, «Un groupe évangélique cherche à "couper les vivres" aux juges», *Los Angeles Times*, 23 avril 2005.

25. *Ibid.*

26. Alexander Hamilton («Publius»), «Le Fédéraliste n° 78», *loc. cit.*

27. Doug Kendall et Eric Sorkin, «On n'a rien pour rien : comment les séminaires privés pour magistrats sapent les mesures de protection environnementale et détruisent la confiance publique», Conseil des droits communautaires, juillet 2000 (<www.tripsforjudges.org/crc.pdf>).

28. *Ibid.*

29. *Ibid.*

30. *Ibid.*

31. Isaïe 1,18.

32. Orrin Hatch, «Une crise, quelle crise?», *USA Today*, 5 septembre 1997.

33. Id., «En mode critique», *National Review* en ligne, 12 janvier 2005 (<http:/www.nationalreview.com/comment/hatch200501120729.asp>).

34. Bill Frist, «Il est temps de voter pour ou contre», *USA Today*, 15 mai 2005.

35. Charles Babbington, «L'obstruction a-t-elle des précédents? Les démocrates rappellent le cas de Fortas en 68», *Washington Post*, 18 mars 2005.

36. James Madison («Publius»), «Le Fédéraliste n° 47», *loc. cit.*

37. George Will, «Choc et effroi au Sénat», *Newsweek*, 6 décembre 2004.

38. John McCain, interview de Chris Matthews, *Hardball*, MSNBC, 14 avril 2005.

39. Citation de Ron Suskind, « Conviction, certitude et présidence de George W. Bush », *New York Times Magazine*, 17 octobre 2004.

Chapitre 9 : Des citoyens bien connectés

1. Abraham Lincoln, « La perpétuation de nos institutions politiques », discours au Congrès des Jeunes Gens, Springfield, Illinois, 27 janvier 1838 (<http://shoxcas.netins.net/web/creative/lincoln/speeches/lyceum.htm>).

2. L. Alan Sroufe, Byron Egeland et Terry Kreutzer, « L'importance de l'expérience précoce sur l'évolution du développement : approche longitudinale de l'adaptation individuelle chez l'enfant », *Child Development*, 61 (1990), p. 1363-1373.

3. Marti Erikson, communication personnelle, janvier-février 2007.

4. Thomas Jefferson, *The Writings of Thomas Jefferson*, éd. Andrew Lipscomb, Washington, DC, Thomas Jefferson Memorial Association, 1901, p. 582.

5. *Ibid.*, p. 384.

6. George Washington, *The Writings of George Washington*, éd. Jared Sparks, Boston, Ferdinand Andrews, 1838, p. 562.

7. Étude sur les élections nationales américaines, 2000.

8. James Snyder et David Stromberg, « Impact des marchés médiatiques sur la politique », 2004 (<americandemocracy.nd.edu/speaker-series/files/SnyderPaper.pdf>).

9. FindLaw, « La plupart des Américains ne peuvent donner le nom d'aucun juge à la Cour suprême », 10 janvier 2006 (<http://company.findlaw.com/pr/2006/011006.supremes.html>).

10. Centre de sciences politiques Annenberg, « Anniversaire de la Constitution : pour beaucoup d'Américains, il est temps de réviser les fondamentaux », 14 septembre 2006 (<www.annenbergpublicpolicycenter.org>).

11. Ilya Somin, « Quand l'ignorance n'est pas une bénédiction », institut Cato d'analyses politiques, n° 525, 22 septembre 2004.

12. Cité à l'Intercollegiate Studies Institute, « La crise citoyenne à venir », 2006 (<http://www.americancivicliteracy.org/report/summary.html>).

13. *Ibid.*

14. Fondation John S. et James L. Knight, « L'avenir du 1er amendement » 2005, p. 3 (<http://www.knightdn.org/default.asp?story=news_at_knight/releases/2005/2005_01_318firtsamendment.html>).

15. Thomas Jefferson, *The Writings of Thomas Jefferson*, *op. cit.*, p. 553.

16. *Ibid.*, p. 517.

17. Katherine Hunt, « La proposition 87 divise les Californiens suivant des lignes partisanes », MarketWatch, 3 novembre 2006 (<http://www.marketwatch.com/news/story/Story.aspx ?guid=%7BBBBD63BEC-BOEA-45BF-B78E-62140B29168 %7D&siteid=&print=true&dist=printTop>).

18. Vinton G. Cerf, « Déclaration préparée adressée à la commission du commerce, de la science et des transports du Sénat des États-Unis », 7 février 2006, p. 2.

19. Larry Lessig, *Free Culture*, New York, Penguin Press, 2004, p. 42.

20. Ben Scott, « Au-delà de la neutralité des réseaux : la liberté d'Internet », *TomPaine.commonsense*, 26 janvier 2007 (<http://www.tompaine.com/articles/2007/01/26/beyond_net_neutrality_internet_freedom.php>).

Conclusion : La renaissance de la démocratie

1. François Furstenberg, *In the Name of the Father*, New York, Penguin Press, 2006.

2. *Ibid.*

3. *Ibid.*

4. Martin Luther King, Jr., « Au-delà du Vietnam : un temps pour rompre le silence », discours prononcé lors d'une réunion de représentants cléricaux et laïcs concernés à l'église Riverside de New York, 4 avril 1967 (<http://www.hartford-hwp.com/archives/45a/058.html>).

5. Sandra Day O'Connor, Anthony Kennedy et David Souter, *Planning Familial de Pennsylvanie v. Casey*, 505 US 833 (1992).

6. Oliver Wendell Holmes, divergence d'opinion dans *Abrams v. US*, 250 US 616 (1919).

Index des noms

Table